故宫

博物院藏文物珍品全集

故宮博物院藏文物珍品全集

玉器

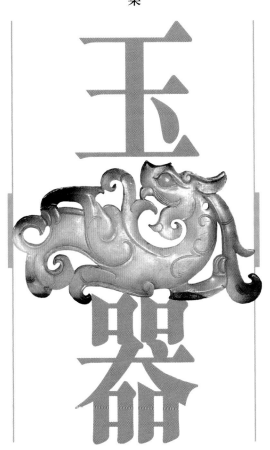

（上）

新石器時期至
魏晉南北朝

主編：周南泉

商務印書館

玉器（上） Jadeware（I）

故宮博物院藏文物珍品全集
The Complete Collection of Treasures
of the Palace Museum

主　　編 ················ 周南泉

副 主 編 ················ 張廣文　張壽山

編　　委 ················ 宋海洋　楊　杰　趙桂玲

攝　　影 ················ 胡　錘

出 版 人 ················ 陳萬雄

編輯顧問 ················ 吳　空

責任編輯 ················ 李翠蓮　陳　杰

裝幀設計 ················ 三易設計有限公司

版式設計 ················ 甄玉瓊

出　　版 ················ 商務印書館（香港）有限公司
　　　　　　　　　　　　 香港筲箕灣耀興道 3 號東滙廣場 8 樓
　　　　　　　　　　　　 http://www.commercialpress.com.hk

發　　行 ················ 香港聯合書刊物流有限公司
　　　　　　　　　　　　 香港新界大埔汀麗路 36 號中華商務印刷大廈 3 字樓

製　　版 ················ 昌明製作公司
　　　　　　　　　　　　 香港北角英皇道 430 號新都城大廈 C 座 536 室

印　　刷 ················ 中華商務彩色印刷有限公司
　　　　　　　　　　　　 香港新界大埔汀麗路 36 號中華商務印刷大廈

版　　次 ················ 2006 年 2 月第 1 版第 3 次印刷
　　　　　　　　　　　　 © 商務印書館（香港）有限公司
　　　　　　　　　　　　 ISBN 13 - 978 962 07 5185 1
　　　　　　　　　　　　 ISBN 10 - 962 07 5185 X

故宮博物院藏文物珍品全集

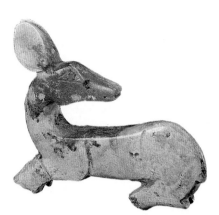

總序

楊新

故宮博物院是在明、清兩代皇宮的基礎上建立起來的國家博物館，位於北京市中心，佔地72萬平方米，收藏文物近百萬件。

公元1406年，明代永樂皇帝朱棣下詔將北平升為北京，翌年即在元代舊宮的基址上，開始大規模營造新的宮殿。公元1420年宮殿落成，稱紫禁城，正式遷都北京。公元1644年，清王朝取代明帝國統治，仍建都北京，居住在紫禁城內。按古老的禮制，紫禁城內分前朝、後寢兩大部分。前朝包括太和、中和、保和三大殿，輔以文華、武英兩殿。後寢包括乾清、交泰、坤寧三宮及東、西六宮等，總稱內廷。明、清兩代，從永樂皇帝朱棣至末代皇帝溥儀，共有24位皇帝及其后妃都居住在這裏。1911年孫中山領導的"辛亥革命"，推翻了清王朝統治，結束了兩千餘年的封建帝制。1914年，北洋政府將瀋陽故宮和承德避暑山莊的部分文物移來，在紫禁城內前朝部分成立古物陳列所。1924年，溥儀被逐出內廷，紫禁城後半部分於1925年建成故宮博物院。

歷代以來，皇帝們都自稱為"天子"。"普天之下，莫非王土；率土之濱，莫非王臣"（《詩經·小雅·北山》），他們把全國的土地和人民視作自己的財產。因此在宮廷內，不但匯集了從全國各地進貢來的各種歷史文化藝術精品和奇珍異寶，而且也集中了全國最優秀的藝術家和匠師，創造新的文化藝術品。中間雖屢經改朝換代，宮廷中的收藏損失無法估計，但是，由於中國的國土遼闊，歷史悠久，人民富於創造，文物散而復聚，清代繼承明代宮廷遺產，到乾隆時期，宮廷中收藏之富，超過了以往任何時代。到清代末年，英法聯軍、八國聯軍兩度侵入北京，橫燒劫掠，文物損失散佚殆不少。溥儀居內廷時，以賞賜、送禮等名義將文物盜出宮外，手下人亦效其尤，至1923年中正殿大火，清宮文物再次遭到嚴重損失。儘管如此，清宮的收藏仍然可觀。在故宮博物院籌備建立時，由"辦理清室善後委員會"對其所藏進行了清點，事竣後整理刊印出《故宮物品點查報告》共六編２８冊，計有文物１１７萬餘件（套）。１９４７年底，古物陳列所併入故宮博物院，其文物同時亦歸故宮博物院收藏管理。

二次大戰期間，為了保護故宮文物不至遭到日本侵略者的掠奪和戰火的毀滅，故宮博物院從大量的藏品中檢選出器物、書畫、圖書、檔案共計１３４２７箱又６４包，分五批運至上海和南京，後又輾轉流散到川、黔各地。抗日戰爭勝利以後，文物復又運回南京。隨着國內政治形勢的變化，在南京的文物又有２９７２箱於１９４８年底至１９４９年被運往台灣，50年代南京文物大部分運返北京，尚有２２１１箱至今仍存放在故宮博物院於南京建造的庫房中。

中華人民共和國成立以後，故宮博物院的體制有所變化，根據當時上級的有關指令，原宮廷中收藏圖書中的一部分，被調撥到北京圖書館，而檔案文獻，則另成立了“中國第一歷史檔案館”負責收藏保管。

５０至６０年代，故宮博物院對北京本院的文物重新進行了清理核對，按新的觀念，把過去劃分“器物”和書畫類的才被編入文物的範疇，凡屬於清宮舊藏的，均給予“故”字編號，計有７１１３３８件，其中從過去未被登記的“物品”堆中發現１２００餘件。作為國家最大博物館，故宮博物院肩負有蒐藏保護流散在社會上珍貴文物的責任。１９４９年以後，通過收購、調撥、交換和接受捐贈等渠道以豐富館藏。凡屬新入藏的，均給予“新”字編號，截至１９９４年底，計有２２２９２０件。

這近百萬件文物，蘊藏着中華民族文化藝術極其豐富的史料。其遠自原始社會、商、周、秦、漢，經魏、晉、南北朝、隋、唐，歷五代兩宋、元、明，而至於清代和近世。歷朝歷代，均有佳品，從未有間斷。其文物品類，一應俱有，有青銅、玉器、陶瓷、碑刻造像、法書名畫、印璽、漆器、琺瑯、絲織刺繡、竹木牙骨雕刻、金銀器皿、文房珍玩、鐘錶、珠翠首飾、家具以及其他歷史文物等等。每一品種，又自成歷史系列。可以説這是一座巨大的東方文化藝術寶庫，不但集中反映了中華民族數千年文化藝術的歷史發展，凝聚着中國人民巨大的精神力量，同時它也是人類文明進步不可缺少的組成元素。

開發這座寶庫，弘揚民族文化傳統，為社會提供了解和研究這一傳統的可信史料，是故宮博物院的重要任務之一。過去我院曾經通過編輯出版各種圖書、畫冊、刊物，為提供這方面資料作了不少工作，在社會上產生了廣泛的影響，對於推動各科學術的深入研究起到了良好的作用。但是，一種全面而系統地介紹故宮文物以一窺全豹的出版物，由於種種原因，尚未來得及進行。今天，隨着社會的物質生活的提高，和中外文化交流的頻繁往來，無論是中國還是西方，人們越來越多地注意到故宮。學者專家們，無論是專門研究中國的文化歷史，還是從事於東、西方文化的對比研究，也都希望從故宮的藏品中發掘資料，以探索人類文明發展奧秘。因此，我們決定與香港商務印書館共同努力，合作出版一套全面系統地反映故宮文物收藏的大型圖冊。

要想無一遺漏將近百萬件文物全都出版，我想在近數十年內是不可能的。因此我們在考慮到社會需要的同時，不能不採取精選的辦法，百裏挑一，將那些最具典型和代表性的文物集中起來，約有一萬二千餘件，分成六十卷出版，故名《故宮博物院藏文物珍品全集》。這需要八至十年時間才能完成，可以説是一項跨世紀的工程。六十卷的體例，我們採取按文物分類的方法進行編排，但是不囿於這一方法。例如其中一些與宮廷歷史、典章制度及日常生活有直接關係的文物，則採用特定主題的編輯方法。這部分是最具有宮廷特色的文物，以往常被人們所忽視，而在學術研究深入發展的今天，卻愈來愈顯示出其重要歷史價值。另外，對某一類數量較多的文物，例如繪畫和陶瓷，則採用每一卷或幾卷具有相對獨立和完整的編排方法，以便於讀者的需要和選購。

如此浩大的工程，其任務是艱巨的。為此我們動員了全院的文物研究者一道工作。由院內老一輩專家和聘請院外若干著名學者為顧問作指導，使這套大型圖冊的科學性、資料性和觀賞性相結合得盡可能地完善完美。但是，由於我們的力量有限，主要任務由中、青年人承擔，其中的錯誤和不足在所難免，因此當我們剛剛開始進行這一工作時，誠懇地希望得到各方面的批評指正和建設性意見，使以後的各卷，能達到更理想之目的。

感謝香港商務印書館的忠誠合作！感謝所有支持和鼓勵我們進行這一事業的人們！

1995年8月30日於燈下

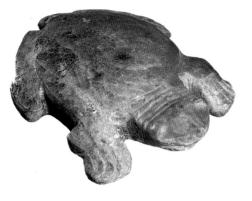

目錄

總序　　　　　　　　　　6

文物目錄　　　　　　　10

中國玉器年代表　　　15

導言　　　　　　　　　16

圖版

新石器時代　　　　　1

夏商　　　　　　　　49

西周　　　　　　　　93

春秋　　　　　　　　125

戰國　　　　　　　　145

漢　　　　　　　　　217

魏晉南北朝　　　　271

文物目錄

新石器時代

13
玉斧
含山文化　15

26
玉刻符璧
良渚文化　29

1
玉鴞形佩
紅山文化　2

14
玉鐲
含山文化　16

27
玉神人紋璜
良渚文化　30

2
玉鴞形佩
紅山文化　3

15
玉玦
含山文化　17

28
玉神人紋嵌飾
良渚文化　32

3
玉鴞形佩
紅山文化　4

16
玉璜
含山文化　18

29
玉琮形管
良渚文化　34

4
玉獸形梳
紅山文化　5

17
玉雙虎首璜
含山文化　19

30
玉神人紋兩節琮
良渚文化　35

5
玉鏤雕雲形器
紅山文化　6

18
玉多孔璧
含山文化　20

31
玉神人紋琮
良渚文化　36

6
玉馬蹄形器
紅山文化　7

19
玉葉形飾
含山文化　21

32
玉神人紋多節琮
良渚文化　37

7
玉獸形玦
紅山文化　8

20
玉龜背甲與腹甲複合器
含山文化　22

33
玉神人紋十二節琮
良渚文化　38

8
玉獸形玦
紅山文化　9

21
玉刻圖長方形片
含山文化　23

34
玉三孔鏟
龍山文化　40

9
玉龍
紅山文化　10

22
玉變形側臉人面紋飾
含山文化　24

35
玉刀
龍山文化　41

10
青玉對摺式璜
含山文化　12

23
玉勺
含山文化　25

36
玉變形人面紋斧
新石器晚期　42

11
玉兩節琮
薛家崗文化　13

24
玉直立人
含山文化　26

37
玉人首
石家河文化　44

12
玉璜
崧澤文化　14

25
玉璧
良渚文化　28

38
玉人獸複合式佩
石家河文化　45

39
玉鷹攫人首佩
石家河文化 46

40
玉立雕神人
新石器時期 47

夏 商

41
玉刻紋刀
二里頭文化 50

42
玉弦紋刀
二里頭文化或商早期 51

43
玉戚
三星堆文化 52

44
玉戚
三星堆文化 53

45
玉圓形鉞
商 54

46
玉弦紋戈
商 55

47
玉獸面紋戈
殷商 56

48
玉刀
商晚期 57

49
玉璇璣式環
商 58

50
玉蟬形璇璣式環
商 59

51
玉柄形器
商 60

52
玉獸面紋鰈
殷商 61

53
玉雙龍首玦
殷商 62

54
玉獸形玦
商 64

55
玉弦紋鐲
殷商 65

56
玉箍形器
商 66

57
玉螳螂
殷商 67

58
玉龜
商 68

59
玉燕
殷商 69

60
玉鳥
殷商 70

61
玉鳥
殷商 71

62
玉鳥形柄
殷商 72

63
玉高冠鳥
殷商 73

64
玉刻銘鳥形佩
殷商 74

65
玉雙鳥式璜
殷商 76

66
玉牛頭
殷商 78

67
玉豬頭
殷商或西周初期 80

68
玉獸頭
殷商 81

69
玉牛形嵌飾
殷商 82

70
玉龍形小刀
殷商 83

71
玉龍
商 84

72
玉羊紋塑
殷商 85

73
玉牛形塑
殷商 86

74
玉龍形塑
殷商 87

75
玉人首
殷商 88

76
玉人首
商 89

77
玉直立式人形佩
殷商 90

西 周

78
玉琮
西周 94

79
玉虎紋璦
西周 95

80
玉鳳紋璜
西周 96

81
玉龍紋璜
西周 97

82
玉龍紋璜
西周 98

83
玉雙龍紋璜
西周 100

84
玉龍鳳紋柄形器
西周 101

85
玉龍鳳紋柄形器
西周 102

86
玉人龍鳳複合紋柄形器
西周 104

87
玉魚形佩
西周 106

88
玉魚形佩
西周 107

89
玉鳥形佩
西周 108

90
玉鳥形佩
西周 109

91
玉鳥紋佩
西周 110

92
玉鳳紋佩
西周 111

93
玉鳳紋飾
西周 112

94
玉鳳紋佩
西周 113

95
玉鹿形佩
西周 114

96
玉龍形佩
西周 115

97
玉蟬紋嵌件
西周 116

98
玉蟬紋塾
西周 117

99
玉鴞形嵌飾
西周 118

100
玉側視人頭像
西周 120

101
玉鏤雕人形佩
西周 121

102
玉鏤雕人形佩
西周 122

103
玉人龍複合形佩
西周 123

春 秋

104
玉變形夔龍紋瑗
春秋中期 126

105
玉鏤雕龍紋璜
春秋早期 127

106
玉獸紋璜
春秋中期 128

107
玉龍紋璜
春秋晚期 129

108
玉龍紋璜
春秋晚期 130

109
玉龍紋璜
春秋晚期 131

110
玉雙龍首璜
春秋晚期 132

111
玉雙龍首璜
春秋晚期 134

112
玉虺龍紋衝牙
春秋早期 135

113
玉龍形衝牙
春秋晚期 136

114
玉鏤雕鳳紋飾
春秋早期 137

115
玉雙鳥紋嵌件
春秋 138

116
玉虺紋韘
春秋 139

117
玉虎
春秋中期 140

118
玉獸首紋劍飾
春秋晚期 142

119
玉人首
春秋晚期 143

戰 國

120
玉瑗
戰國 146

121
玉扭絲紋瑗
戰國 147

122
玉龍紋瑗形佩
戰國 148

123
玉四鳥紋環形佩
戰國 149

124
玉出廓式環
戰國 150

125
玉穀紋璧
戰國晚期 152

126
玉獸面蠶紋璧
戰國晚期 153

127
玉鏤雕雙鳳紋璧
戰國 154

128
玉螭鳳紋璧
戰國 156

129
玉鏤雕四龍紋璧
戰國 157

130
玉鏤雕螭龍合璧
戰國 158

131
玉雙螭首璜
戰國 159

132
玉臥蠶紋雙龍首璜
戰國 160

133
玉龍首璜
戰國晚期 161

134
玉穀紋璜
戰國 162

135
玉出廓式雙鳳紋璜
戰國 163

136
玉五孔龍首璜
戰國 164

137
玉雙犀首璜
戰國 165

138
玉出廓式璜
戰國 166

139
玉出廓式璜
戰國 168

140
玉鏤雕雙龍首璜
戰國 169

141
玉龍首觿
戰國晚期 170

142
玉鏤雕鳥紋飾
戰國 171

143
玉龍鳥紋佩
戰國 172

144
玉雲紋飾
戰國 174

145
玉瓶式佩
戰國晚期 175

146
玉管形飾
戰國晚期 176

147
玉穀紋條形璧
戰國晚期 177

148
玉龍紋璧
戰國 178

149
玉龍形佩
戰國 179

150
玉龍形佩
戰國 180

151
玉龍形佩
戰國 181

152
玉龍形佩
戰國 182

153
玉犀牛形衝牙
戰國 184

154
玉龍鳥紋佩
戰國 185

155
玉鏤雕龍形佩
戰國 186

156
玉龍鳳共體形佩
戰國 188

157
玉雙龍佩
戰國 189

158
玉雙龍佩
戰國 190

159
玉龍抱瑗佩
戰國 191

160
玉螭形佩
戰國 192

161
玉一首雙身龍紋嵌飾
戰國 193

162
玉螭鳳紋韘
戰國早期 194

163
玉鳳鳥紋韘
戰國 195

164
玉雙龍首帶鈎
戰國 196

165
玉龍首帶鈎
戰國 198

166
玉獸首帶鈎
戰國 199

167
玉鳥形帶鈎
戰國 200

168
玉獸形帶鈎
戰國 201

169
玉柿蒂紋劍首
戰國 202

170
玉朵雲紋劍首
戰國 203

171
玉獸面紋璏
戰國 204

172
玉穀紋璏
戰國晚期 205

173
玉獸面紋璏
戰國 206

174
玉勾雲紋珌
戰國 207

175
玉獸鈕印
戰國 208

176
玉人首鳥紋佩
戰國 209

177
玉直立人
戰國 210

178
玉變形蟠虺紋盉
戰國中期 212

179
玉勾連雲紋燈
戰國 214

180
青玉蟠虺紋龍形佩
戰國早期 215

漢

181
玉獸面螭紋璲
漢 218

182
玉浮雕螭紋璲
西漢 219

183
玉螭紋璲
西漢 220

184
玉獸面紋珌
西漢 221

185
玉鏤雕虎紋珌
漢 222

186
玉鏤雕螭鳳紋珌
漢 224

187
玉鏤雕螭紋韘
西漢 226

188
玉螭鳳紋韘
漢 227

189
玉夔鳳紋韘
漢 228

190
玉鏤雕雙獸韘
東漢 229

191
玉剛卯
漢 230

192
玉嚴卯
漢 231

193
玉蟬形唅
漢 232

194
玉豬
漢 233

195
玉浮雕螭紋飾
漢 234

196
玉天馬
漢 235

197
玉天馬
漢 236

198
玉臥羊
漢 237

199
玉臥虎
漢 238

200
玉臥羊形硯滴
漢 239

201
玉辟邪
漢 240

202
玉辟邪
漢 242

203
玉辟邪
漢 243

204
玉舞人佩（二件）
漢 244

205
玉翁仲（二件）
漢 245

206
玉拱手直立人
漢 246

207
玉鏤雕螭形佩
漢 247

208
玉雙螭佩
漢 248

209
玉鏤雕龍紋珩
漢 249

210
玉"四靈"紋瑗
漢 250

211
玉鏤雕三螭瑗
漢 252

212
玉鳳紋蒲璧
西漢 254

213
玉獸面紋璧
西漢 255

214
玉獸面蒲紋璧
西漢 256

215
玉鏤雕龍鳳紋璧
西漢 257

216
玉"益壽"銘穀紋璧
東漢 258

217
玉"長樂"穀紋璧
東漢 260

218
玉四鳳紋圓筒形器
漢 262

219
玉羽觴
漢 263

220
玉雲紋高足杯
漢 264

221
玉夔鳳紋樽
漢 265

222
玉辟邪戲子紋水滴
漢 266

223
玉螭龍紋柄洗
東漢 268

魏晉南北朝

224
玉雲虎紋璜
魏晉 272

225
玉朱雀紋珩
南北朝 274

226
玉雲形珩
南北朝 276

227
玉鏤雕雙螭佩
魏晉 277

228
玉雙螭紋璲
魏晉 278

229
玉辟邪
魏晉 279

230
玉螭紋韘
魏晉 280

231
玉螭紋單柄匜
魏晉南北朝 282

232
玉螭紋橢圓形杯
魏晉 283

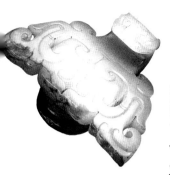

中國玉器年代表

			公元前 B.C.
新石器時代			?–1767/1524
	遼河流域		
		興隆窪文化	6000–5000
		查海文化	6000–5000
		新樂文化	5300–4800
		紅山文化	3500–3000
	黃河流域		
		裴李崗文化	5500–4900
		磁山文化	5400–5100
		仰韶文化	5000–3000
		大汶口文化	4300–2500
		龍山文化	2900–2000
		齊家文化	2000–1500
		二里頭文化	2100–1700
		馬家窰文化	3300–2050
	長江流域		
		河姆渡文化	5000–3300
		大溪文化	4400–3300
		馬家濱文化	4000–3000
		北陰陽營文化	4300–3200
		薛家崗文化	3200–3000
		崧澤文化	3900–3300
		屈家嶺文化	3150–2080
		良渚文化	3300–2200
		含山文化	3000–2300
		石家河文化	2700–2400
		卡若文化	3300–2100
	珠江流域及台灣地區		
		石峽文化	2900–2700
		卑南文化	3300–300
夏			公元前 21 世紀—16 世紀
商			1523–1028
周			1122/1027–256
	西周		1122/1027–771
	東周		770–221
	春秋時期		770–475
	戰國時期		475–221
秦			221–206
漢			206—公元 A.D.220
	西漢		206–公元 A.D.9
	東漢		公元 A.D.25–220
			公元 A.D.
魏晉南北朝			220–589

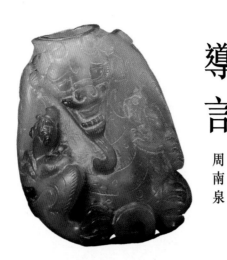

導言

新石器時代至魏晉南北朝玉器

周南泉

故宮博物院現藏古玉三萬多件，來源主要是清宮舊藏，還有相當部分是1949年以後通過多種途徑收進的，多為帝王賞用和民間收藏及出土精品，且甚多孤品或絕品，其中多數未發表過。故宮博物院藏玉來源廣，數量多，品質精良，自新石器時代起至清代的玉器都很齊全，故這批古玉，在一定程度上代表了中國古玉器的基本面貌，其重要性已引起世人注意。

迄今所知，在世界發現有古玉的國家和地區，除了中國外，尚有南、北美洲，新西蘭，南亞地區的痕都斯坦⑴ 等少數幾處。惟這些國家和地區的古玉器，有的雖很早出現，但其後中斷而未延續下來，或是時斷時續，有的則出現較晚。總的情況是數量很少，不成系統，製作技術不精，甚至某種技法，包括所用玉料似都非出自本地區，故至今未引起世人注意，亦不為人所了解。惟獨中國的古代玉器，源遠流長，令世人矚目，在世界藝術的百花叢中獨樹一幟。

中國古代玉器所以有如此高的地位，與特定的地理環境、特殊的民族文化有關。中國的玉料藏量在世界上屬最豐富的地區之一，而且品種齊全，質地優良。由於從新石器時代早期已製造玉器，中國的玉器製造技法獨特而先進，造型紋飾典雅，內涵深奧神秘。玉器在中國的用途非常廣泛，在政治、經濟、文化、思想、倫理道德、宗教信仰上都發揮過其他藝術品不能取代的作用。上至帝王，下至一般市民百姓無不喜愛。

中國古玉雖在整個歷史時期中時興時衰，時多時少，但就某一個歷史時期言，又是相對獨立成體系的，有着明顯的區別和變化。為此，本古玉圖卷，將按歷史階段分為新石器時代至魏晉南北朝，隋唐至明代和清代玉器三卷。新石器時代至魏晉南北朝玉器，是玉器史上由始創至成熟的時期，其造型、紋飾及內涵無不與神靈和儀禮有關，甚至對玉料本身亦賦與許多人格化了的 "德" ⑵ 的觀念，產生超乎玉料本身的特殊功能；用玉去表現權威和等級，要求 "君子比德於玉"，規定"君子無故玉不去身"；崇信"玉入九竅，可防屍不朽"⑶等。

隋唐至明代玉器由於隋唐重新大統一，對外文化交流的發展和各民族的融合，致使玉器在製作技術、造型紋飾、品種用途和內容含意等，都有與前一時期不同的新變化，有使人如入另一個天地之感。器物多由以前的自然崇拜轉變為天人合一之器，顯示威嚴的儀仗和實用的玉工具型器一概退出歷史舞台，"六器"（又稱禮器）⑷中的璧、圭及神靈化了的龍、鳳、螭等，至此時則被賦與新的含義，如璧、龍和螭繼續出現，但已逐漸演化為替天執行權力的皇帝象徵，並處在全高無上的絕對地位。前期對玉器和玉料所提倡的"首德次符"（"符"指玉質的色和玉器的造型紋飾）觀念，至此時則轉變為所造玉器無不與日常生活和倫理欲望息息相關。也就是說，玉"德"已降到次要地位，而玉料和玉器之"符"提高到首要地位。故這時期的玉器，造型紋飾，多為看得見、摸得着的鳥獸魚蟲、花草樹木、人神仙佛等題材，並以此寓意人們的期望，使玉器出現"圖必有意，意必吉祥"的新景況。

至於清代玉器，故宮博物院是清代的皇宮，凡帝王后妃所用的玉器皆絕大部分藏於本院，這在其他任何一個博物館都無法相比的，其藏品質美形雅，題材廣泛，涉及各種用途。從製造技術角度看，可以說代表了古玉器發展的最高水平。為此，清代玉器列為單獨一卷。

新石器時代諸文化玉器

新石器時代製作和使用玉器，是最近幾十年開始發現並得到科學證實的。迄今所知，新石器時代已正式定名的文化有數十個，但發現有玉器遺存的文化只有十餘處。其中著名的有中國東北地區及遼河流域的查海文化、⑸新樂文化、⑹紅山文化；⑺黃河流域的有大汶口文化、⑻仰韶文化、龍山文化；長江流域的有卡若文化、⑼大溪文化、⑽河姆渡文化、⑾馬家濱文化、⑿崧澤文化、⒀薛家崗文化、⒁含山文化、⒂良渚文化、⒃石家河文化；⒄珠江流域和東南沿海地區的石峽文化、⒅卑南文化⒆等。

值得注意的是，深入認識新石器時代玉器雖僅有幾十年的歷史，但其中若干文化的玉器早在科學定名和發掘之前，已不斷出土並相繼進入帝宮，或先流入臣民之家而最終成為故宮博物院的藏品。這些藏品和後來新收的某文化，已為考古資料所證實的某文化玉器，構成了故宮博物院的新石器時代玉器收藏。其中可斷定為某文化的包括紅山文化、龍山文化、薛家崗文化、崧澤文化、含山文化和良渚文化的玉器。以下就有關的各期文化中較多的幾處玉器略作介紹。

紅山文化分佈於遼寧省西部、內蒙古自治區東部、河北省北部和吉林省南部的遼河流域一帶。其年代，距今已有6000至5000年間，是在同一地區的查海文化和新樂文化的基礎上產生發展起來的。

紅山文化已發現的玉器品種很多，並具有鮮明的地方特色。如所用玉料，絕大多數是產自遼寧省岫岩縣一帶的蛇紋石（又名岫岩玉），少數質堅硬者似是產自寬甸縣的透閃石（或即俗稱老岫岩玉）。其色有白、青、黃、碧四種。用其製成的玉器，雖埋入土中五六千年，但多無浸蝕和沁色，即使有，亦僅在表面或局部。紅山文化玉器是熟練地掌握玉料的開片、穿孔、琢紋、拋光等四道工序製成的。有如其他新石器文化及此後各代那樣，它們也是用某種材質的工具帶動解玉沙（又名金剛砂）磨磋琢製而成。在無金屬的新石器諸文化中，用的是竹、木、骨、牙等工具，在使用金屬的各代，則用青銅或鋼鐵。惟獨在紅山文化中，是用牛筋等韌性材質。由於帶動解玉沙的工具特殊，磨琢時用力點集中在周邊而非中央，所用的筋條又較粗，故紅山文化所琢的線條粗且圓滑，周邊深寬而中央漸淺，器緣往往是鈍刃狀等（見圖1至10）。這與其他時代玉器（見圖17以後）的琢磨痕絕不相同。

紅山文化玉器，目前所見有十多個品類，但從用途看只有三大類：一類是器具或嵌飾；一類是神秘的神靈動物或祭器；一類是以與現實生活有密切關係的動物為本摹作的佩玩器。總的來看，它們的古樸渾厚，注重造型的神奇而輕視紋圖的瑰麗，均具有北方民族質樸豪放的品格（見圖1至10）。

含山文化，1987年發現於安徽省含山縣凌家灘，這是首次發現而且是惟一的一處遺址，早期發掘報告將其年代定在距今5000年前後，據故宮博物院研究員張忠培先生近期的考證，將此文化期定於大概距今5000年以上至6000年之間，與前述紅山文化時間相近似或略晚。

含山文化出土的玉器，絕大部分已移交故宮博物院收藏。據發掘報告稱，其遺存有上下兩層。下層發現的玉器有玉斧、玉鐲、玉璧、玉玦、玉璜、玉管、玉菌形器、玉扣形器、玉刻紋飾、玉半圓形飾、玉勺、玉長方形片、玉三角形片、玉龜背與腹甲、玉笄等；上層發現的有玉人、玉璜、玉玦、玉鈕扣形飾、玉環和玉璧等。含山文化地處長江中下游，它晚於同一地域的河姆渡文化和馬家濱文化，與同一地區的薛家崗文化相當，而早於良渚文化。含山文化玉器的出土為這一地域的玉器產生及演變提供了重要的研究資料。如其中的玉玦、玉璜、玉管等，顯然是受河姆渡文化和馬家濱文化同類型玉器影響；又如玉斧、玉璧、玉環等，原認為是良渚文化始創，含山文化的發現為良渚文化的同型器找到了根源；又如玉料，出土後有的浸蝕呈雞骨白色，有的具偏黃綠的斑紋，這種特徵，與同一地域中薛家崗文化、良渚文化的玉器相似，可能都產自至今尚未被發現的同一處玉料礦藏。

含山文化玉器的特性主要反映在環套合璧、多孔玉璧（見圖18）、雙虎首玉璜（見圖17），最早製成的玉器皿——勺（見圖23），推測有河圖、洛書含意的長方形刻紋片（見圖21），及世不多見的玉龜甲（見圖20）和玉整體直立人（見圖24）等，引起考古界的高度重視。

浙江省良渚地區有玉器出土的傳聞和報告，早於本世紀30年代已開始。惟早期出土的玉器，究竟為何時物，在一、二十年前是不明確的。值得指出的是，儘管二十世紀30年代才有正式報導良渚地區有玉器出土，但就故宮博物院原清宮舊藏玉器、仿玉琮而作的瓷器及有關文字記述情況分析，良渚地區及現今定名為良渚文化的玉器，最晚在清乾隆年間，甚至早在宋或漢已有出土。從漢人著述以及出土情況看，雖漢代不通用玉琮，但當時對玉琮的描述很詳，稱其形為“外方、內圓、牙外”。[20] 良渚文化以後至漢以前玉琮多無“牙外”，即四角不琢刻紋飾之形，故此以牙外描述玉琮無疑是當時人已經見過傳至漢代的良渚文化玉琮而言。又如宋代出土和傳世的瓷和石琮，亦作“外方、內圓、牙外”形，且上大下小而長高，[21] 這與良渚文化玉琮亦極似。更令人信服的是，原清宮舊藏一批玉琮，被乾隆錯定名為輞頭，且將玉琮上的神人紋及器形倒置放（見圖30、31），經鑑定，該批無疑亦是良渚文化玉琮。此外，在原清宮舊藏玉器中，還有一批其他器類的良渚文化玉器（見圖25至30），由此可見，良渚文化玉器之出土，可能在清乾隆時期以前已開始。

良渚文化正式定名是1959年，後經發掘和調查，其範圍遠不止浙江良渚地區一處，而是廣及整個太湖流域。其年代經測定約在公元前5300至4200年之間。良渚文化玉器，大多光素無紋，但也有許多琢刻紋圖的。所飾紋的手法有單陰線、淺浮雕和鏤雕三種。飾紋主要有直線弦紋、雲雷紋（又稱回紋）、鳥紋、神人紋和刻符等。這其中，尤以神人紋和刻符最受學術界注意。所謂神人紋，又稱獸面紋，其形有繁簡之分。繁者，形作戴羽冠的人頭和臉面，雙人手，胸腹間飾圓形或蛋形目和獠牙的獸面，身下有爪足等。表面看來，其整體圖紋若有人、神鬼和猛獸（或鳥）的三者合一。[22] 這種神人紋的立體形象應與現在平面所見完全不同，其立體形象可能有三種形態：一為人首、神鬼身、獸鳥足的神人；一為身飾獸面紋或是有紋身的巫師；一為騎於獠牙神鬼、或猛獸或怪鳥的人，亦可稱為“升天”神人（其身腹部的是上述三種神怪物之一的正面頭部，下部的爪足是所騎上述三物之一種的前兩足，而其雙人手又開是扶抓上述三物之一的動作）。這三種推測，哪一種更符合良渚文化的真實情況，尚待今後更多的考古資料來證實，但從目前情況看，筆者傾向於它是神人或人騎獸（或鳥），在天空或地上飛走之態。

概括化的神人紋，多省略上述具體的人面、羽冠、手和足。只以若干橫弦紋表示羽冠，雙圓圈目表示人面或身腹處的獸面等（見圖28）。

附有刻符的良渚文化玉器有玉璧和玉琮兩種，所刻皆單線陰紋，所刻圖有鳥、山形及其他不規則的符號。這些符號均引起考古界和學術界的極大興趣，有的稱其為原始圖騰，有的認為是原始文字。今所見已有十餘件玉器上的二十多種符號，但被科學發掘者僅一器上有。原清宮舊藏品中有三件刻符玉琮，一件現藏台北故宮博物院，另兩件現藏北京故宮博物院

（見圖32、33）。另有一件為刻符玉璧（圖25）。所刻符皆為其他良渚文化刻符玉器所未見。

良渚文化玉器另一重要問題，是玉器飾紋是用甚麼工具造成的。目前有的學者和考古工作者認為是用青銅金屬砣具（形扁圓，邊緣有刃）帶動解玉沙琢磨而成。有的則認為，當時尚無金屬工具，因而也不可能有砣具，應是用比玉硬且有韌性的器具，如“它山之石”或鯊魚牙等在玉器上直接刻畫而成。筆者同意後一種說法，因為該文化迄今仍未發掘過金屬器具，而所刻琢之紋，凡直條劃線深淺邊距皆相同，似用壓尺為界在尺邊來回拉動刻成；而弧線似由一段段直線相接而成，且接口處往往留有刻畫時的叉道（見圖28、32、33）。這與用金屬砣具琢刻的飾紋（見圖59至77）明顯不同，亦與前述紅山文化玉器飾紋有別。

早在二十世紀50年代，湖北省鍾祥縣石家河地區已有玉器出土的報導。但新石器時期石家河文化有玉器的正式報告，是最近十年間的事。據考，石家河文化的年代，距今約5000至4000年間，所出土的玉器有璧、璜、管、珠、蟬、鷹、鳳、獸頭、人頭等。在故宮亦有一批年代不詳之傳世玉器，據筆者意見，很可能是石家河文化遺物。如本卷收錄的玉人首（見圖37）、玉人獸複合式佩（見圖38）、玉鷹攫人首佩（見圖39）等三器，從器身所飾的獸首、鷹、人首等題材、玉料、製作手法和風格看，皆與石家河文化出土的玉器相似，故此處斷為石家河文化玉器正式發表。

從上述石家河文化出土和傳世玉器看，該文化所用玉料皆為蛇紋石類（近似岫岩玉）礦物，但硬度略高於紅山文化所用蛇紋石玉料。這些玉料雖經入土埋葬數千年，但浸蝕不重，有者只及表面的局部。石家河文化玉器的製造技藝高於新石器其他文化，在剔地陽紋和鏤雕等方面尤為突出，對商周玉器的製作有重要的影響。如該文化的剔地陽紋琢法（見圖37至39），是商周常用的玉器飾紋手法，古玉研究者曾主張這種雕刻手法始於商代（見圖63），然其始創實與石家河文化有關。

夏商玉器

中國歷史上的夏朝情況，人們只能從古文獻中略知一二。近年來隨着河南省偃師縣等二里頭文化遺址的陸續發掘，人們才對夏文化有了較多了解。偃師縣的二里頭文化遺存有四個文化層，目前或認為它們的時代皆屬夏文化，或主張第一、二層屬夏文化，第三、四層則為早商。無論哪種說法為是，都表示證實了夏文化的存在。

據今所知，二里頭文化只在三、四層發現玉器，這就是說，如上述四個文化層皆為夏朝遺存，則在夏朝晚期已有玉器；若僅第一、二層為夏文化，則夏朝玉器至今仍未發現。筆者推測，即使第三、四層確是早商文化，但在夏朝以前的新石器時期及其後的商代，包括此處早商時期，都有如此精妙的玉器發現，說明夏朝極有可能有玉器，不過目前尚未發現而已。

從出土情況看，二里頭文化玉器有刀、戈、戚（原名牙璋）、斧（原名圭）、鏃、錐、鐲（原名琮）、矛、柄形器、管等。其中，最引人注意的是在陝西神木縣石峁地區龍山文化已有並延至此處的刀、戈、戚和首次發現的玉柄形器等。[23] 這些玉器長且寬大，但較薄並有刃，仿自工具或武器，但均不能實用，只是一種統治者專門顯示威武和神聖的儀仗用具。

二里頭文化玉器中，有光素無紋的，亦有飾紋精美的。所見飾紋中有直線陰弦紋（見圖41）、直線交叉的幾何紋、繩索紋（又名扭絲紋或雲雷紋）、花瓣紋（又名魚鱗紋）、獸面紋和人面紋等。它們多用單陰線表示，亦似良渚文化玉器那樣是用堅硬的工具直接刻畫而非用砣具刻成。在一件玉柄形器上首次發現使用雙勾紋（即用兩條陰刻平行線表示的線紋），首次出現"臣"字形目（即用當時象形文字中的臣字表示人或獸鳥的眼目），是商代晚期及西周玉器用此飾紋法的先例，有重要的影響。

商代後期，即殷商期（即商王朝自盤庚遷殷——今河南省安陽市以後），是中國古玉發展史中又一個高潮。玉器數量之多，品種之全，製作之精均令世人矚目。這一時期的玉器，主要發現於殷商都城。此外，在四川省廣漢市、湖南省和江西省新干縣大洋洲，相當於商晚期墓葬和遺址中亦發現一批。值得指出的是，上述各處玉器，早在清代及以前就有出土並轉入皇宮收藏，其中不少是二十世紀科學發掘中尚未發現的器型和紋飾（見圖45至77），可補充考古發現之不足。

殷商期玉器，若按用途結合器型分，計有實用工具和形如工具的非實用器、武器或形如武器的儀仗器、禮器、佩飾、實用器皿、人神鬼怪器、真實和非真實的像生動物器及插嵌結綴於它物上的用器等八大類。這八大類玉器中，前兩類已開始走向衰微，有的已經消失。玉禮器（又稱六器或六瑞，包括璧、琮、圭、琥、璜和璋），至此時，琮和璧的數量和精美度均不如良渚文化，而璜不僅數量多，且器形和紋飾都大有變化。其他五類玉器多為此時首創，或在原有基礎上再發展，尤其是像生形器（見圖57至74）的激增引人關注。像生形器與現實生活密切相關，並被人們視為珍奇和神靈，推測這類玉器的繁榮與"圖騰"崇拜有關。

殷商時所用玉料，經驗證，已首次用崑崙山產透閃石（又名"軟玉"、"真玉"或和闐玉）製作器物。且因青銅器具廣泛應用而首次製成金屬砣具琢玉。所琢紋若從單條砣線看，有中央粗，兩端細，中央深，兩端淺之感（見圖53）。這與以前用牛筋、硬具等非砣具所琢之紋有明顯的差別。

殷商時期玉器特點甚多，如經常以雙勾作飾紋（見圖65）；以"臣"字紋作人和動物的眼目（見圖66、67和77）；器緣多切割出不規則的齒脊牙（見圖45、53）；器身，特別是人神和像生器的飾紋多與本形有關（見圖53至77）；龍有雙足、雙角，角呈酒瓶狀（見圖54、47）；人形多跪地，雙手撫膝，也有直立而兩面飾紋不同的（見圖77）；還有首次發現在玉器上琢出銘文（見圖64）等。

由於文獻記述不詳，學者對一些夏商玉器之定名及其用途還有不同看法。目前爭論最多的是自清中期以來原名玉璇璣和最近二十年以來原定名為玉牙璋者。玉璇璣之名，源於清人吳大澂《古玉圖考》一書，此後國內外學者多沿其說。十年前，已故考古學家夏鼐先生專文指出其用非"天文儀器"物，故定名有誤。但究竟定何名和作何用為確，夏鼐先生未進一步解釋。[24]筆者最近研究認為，鑒於此類器出現於新石器時代和商代，而其出土地又在黃河中下游和出海處的沿海地區，即水風災害多發並較嚴重的地區。這使人想到古人認為"天圓"而作璧，象徵天進而祭天，認為"地方"而作琮，象徵地進而祭地，玉璇璣亦可能是製成水或旋風之形，以代表水或風，進而祭祀水神或風神，以求得到它們的保佑。而其名，在未正式確定其用途之前，可暫名"玉璇璣形環"（見圖49、50）。[25]

與"玉璇璣"情形相同，對現今考古和文物界定名為"玉牙璋"或"玉璋"者，亦有商榷的必要。按玉璋，為六種禮器之一，其形據《說文》稱是"半圭"狀，即從中線縱切後的半邊圭。在戰國至漢代的玉器和碑文中都能找到物證，證明它與所有六器一樣，多呈幾何造形和無刃。據古書中所稱，"牙璋"其實就是璋用於"發兵"的專名，而不是有甚麼特別形狀。[26]凡此說明，把這種形如刀戈，一端有凹弧刃，近內處有脊牙邊者（見圖43、44），定名為"牙璋"似乎不妥。如前述，這種器出現於新石器時代晚期至商代，在邊遠地區的四川和南方各地可能延續到更晚，從其形和時間上看，與其稱為禮器，倒不如視其與玉刀、玉戈、玉鉞一樣，是顯示威武的儀仗器。其名可暫定為玉戚。

西周玉器

總的來看，是夏商，特別是殷商期玉器的延續。但隨着時間的推移，統治者愛好，故此期玉器大多有或多或少的發展變化。玉器類別仍與殷商期已有的八大類相似，但每類的品種和數量則有新的變化。夏商至殷商期很普遍的仿工具類玉器，至此期有的已消失，有的已走下坡路；仿武器而作的儀仗器中的刀、戚兩種已不使用，所存戈和鉞均趨於小型或作其他用途；與人神有關的玉器中，人頭或人面形器相對減少，圓雕和兩面不同形象的玉人（見圖77）至此時極罕見，但始自石家河和良渚文化，至商代仍存在的獠牙式神鬼頭像仍繼續出現。值得指出的是，此期與人神有關的形象，多作側身和側臉形，由跪地撫膝形轉變為蹲踞式，並於身體的各部位加飾長舌龍或以龍代替手和足，給人以更為神奇之感（見圖100至103）；又如殷商時突然增多的像生類玉器，由數十種減至十餘種，惟其中玉虎、玉鹿和玉魚三種相對增多（見圖79、87、88、95）；六器中的琮，此期雖比殷商期多和典型，但多光素無紋（見圖78），而玉圭則首次出現，並大量使用。[27] 玉佩的最大變化是出現了成組串飾。從二里頭文化開始的玉柄形器，在此期達到頂峰，數量之多，製作之精都是空前的（見圖84、85、86）。值得指出的是，以往只把玉柄形器視為某種不知其樣式的器物之柄，今經多年出土實物驗證和現場觀察，它們並不是器物之柄，而是在其前端嵌綴一組由小玉片組成的圖飾，[28] 其作用很可能有辟邪壓勝之意。

西周玉器在器型和紋飾上亦出現了一些前所未見的變化。如首次發現扁平梯形佩（見圖94），束帛形扁平器、專供死者覆蓋臉面的玉面罩（古稱"鱗施"）及玉刀劍把等。殷商時流行的單線陰紋、雙勾和"臣"字形目等，此時依然可見，惟某些細部則有變化。如刻琢陰線，多用斜砣法，飾紋有斜坡感（見圖89、90）；雙勾往往有粗細之分，其中粗線似用斜砣琢飾，較細之線似用垂直刀（實為砣具）刻劃而成；而"臣"字形目則多在眼角處加飾延長線（見圖86）。此外，西周玉器的紋飾，主要是以神秘色彩很濃的神靈為題材，具有強烈的裝飾效果，這與殷商玉器紋飾多與本形有關的現象形成鮮明的對比（見圖79至86）。非現實且大大誇張和神化了的鳳，在紅山文化、石家河文化偶有所見，商代遺物尚未發現（殷墟"婦好"墓雖出土有一件，但多認為有可能是石家河文化物傳至商代者）。自進入西周以來，在玉器上經常能見的一種圓目、柱形冠，鷹鉤嘴，長尾從背部上翹至頭頂的鳥（見圖92至94），筆者認為，它們無疑就是復現的鳳。或者，在殷商時被稱為怪鳥、神鳥的，至西周時演變為此形的鳳。

春秋玉器

春秋是自商和西周玉器向戰國和漢魏玉器大轉變的過渡期，起着承前啟後的作用。主要表現如下：玉器品類有明顯變化，西周時仍有的仿工具和武器形的玉器幾乎消失；六器中除玉璜仍向前發展且數量較多外（見圖105至111），其他五種相對衰落；像生器中的玉虎（或兼有玉六器中的玉琥作用），一花獨放，有增無減，且製作形態之美較前有過之而無不及（見圖117）；西周萌芽的成組佩玉至此達到成熟階段，組串的形式由簡單發展到多樣。串綴物上下有序，通常是上有珩（亦寫作衡或橫），中有雙璜和圓環形器（見圖104），最下則有沖（亦寫作衝）牙（見圖112、113），間串琚、瑀（即不同質料礦物或琉璃製成的珠管）等；人神器中的人頭或人面形器（見圖119）已很罕見，跪地撫膝人和人獸複合人、蹲踞舉掌式人等均已不見，並由跪地而坐，但雙手拱於胸前的貴族式人代替。[29]

這時期還出現了多種前所未見並對後來有重要影響的新器物。重要的有玉帶鉤、玉具劍飾物和由殷商實用玉韘轉變的佩玩玉韘等。值得提出的是，玉具劍飾物是新出現的，僅見玉劍首（見圖118）和玉璏兩種，且造型亦與後來的有別。[30]

春秋玉器的紋飾，早期仍有短而密的雙勾紋（見圖110、112），及至中、晚期，所有的飾紋均由隱起而琢，似龍非龍，似蟲非蟲，形小而密，且界線不清、頭尾交連的所謂"寄生蟲"紋（或名夔龍紋）所取代。它在人神器、佩飾和其他玉器上都有出現（見圖104至109、111）。春秋玉器的製作趨向精巧，身輕體薄，有的將一器分剖成二器，致使一面有原物之飾紋，而另一面因為剖開後體較薄而不可再施琢紋，故平素無紋（見圖104等）。

一些傳統玉器的使用方法亦發生了變化，如玉璜，雖造型和以前相同，但在穿孔和佩帶方式上則有差異。如穿孔，此前的玉璜，或僅一端有一孔（指新石器時代早期物），或只在兩端各穿一孔（指新石器時代中期至春秋早期物），佩帶在身上時是弧凸的一側朝下，凹弧的一側朝上；而春秋中期的玉璜，大多除仍有兩端的穿孔外，另於近弧一側的中部加穿一孔（見圖105、110），為此，其佩帶時，是與前面所說的情況完全相反，如若作成組佩玉之玉珩，其兩端之孔還有掛綴其他佩件之用。

戰國玉器

按通行的分期法，自戰國始，中國已從奴隸社會（夏商至春秋）進入到封建社會。隨着社會生產力的發展，以青銅工具為主變為以鐵工具為主，即從青銅文化過渡到另一種文化。反映在玉器生產上及選材、品種、器形和紋圖等，都有一些重大的，甚至是劃時代的變化。

戰國的玉料，百分之九十以上均是用自殷商始出現的崑崙山系玉。鑒於此種玉料的硬度僅略高於鐵，以鐵為鑽具，雖鑽孔時會被解玉沙磨損一點，但不明顯，用肉眼看仍感孔徑大小相等。故自戰國始，玉器上的穿孔再不是此前普遍見到的喇叭形孔，而成直徑上下大小相近狀。而春秋及以前玉器均用竹、木或青銅鑽具帶動解玉沙去穿孔，鑽孔時，鑽具被較其硬的沙磨成錐狀，故器孔呈喇叭形狀。此外，鏤空玉器、活環套鏈玉器的製作技術亦空前提高（見圖120至179）。

此期玉器按用途分，主要有禮器、佩飾、實用器具和葬玉等四大類。禮器中的六器，至此期已完備無缺，並進入全盛期。如玉璧的形式，除少量保持光素無紋外，又新出現了鏤空出廓璧、兩璏套環璧、一璧切開為兩璜的合璧等（見圖125至130）。又如璧上飾紋，亦是以往極罕見的，凡戰國當時流行的紋圖，在玉璧上都能見到。正因為玉璧空前發達，故此期出現玉璧"價值連城"的故事。至於玉器中的佩飾，已有的仍繼續沿用，並有大發展，而成組玉佩、玉具劍飾物、玉韘的盛行，與當時渲染的"君子比德於玉"，"君子無故，玉不去身"的倫理思想有着密切的關係。玉器中的實用器皿，始見於含山文化，殷商時有發展，及至此時，品種大增，已知有玉耳杯（又名羽觴）、玉燈（見圖179）、玉奩（見圖178）、玉樽、玉盒等，並為此後的玉製實用器皿多樣化發展奠定了基礎。玉帶鈎在春秋時雖已出現，但極罕見，至戰國時，其數量和形式都有很大進展，尤其形式方面，精美多變，引人矚目，這正如《淮南子．說林訓》所載：“滿堂之坐，視鈎各異於環帶也。”玉具劍飾物，在戰國時已進入成熟期，形式固定，品種齊全，如玉劍首已由側視呈梯形變為扁圓形，玉璏定型為菱形（見圖171）。此外，春秋時未見，飾於劍鞘上的玉璲（見圖172、173）和玉珌（見圖174）兩種，亦首次出現。至此，四種玉具劍飾物已經完備，並對漢代玉具劍飾物製作有着重要影響。

戰國玉器的最突出變化，莫過於玉器上的飾紋。以往常作動物器官的紋飾，至此期則單獨出現為幾何式飾紋。如以往作目、眉、口、耳等器官紋飾，至此時則成了排列有序和極富裝飾美的穀紋（又名乳丁紋）、臥蠶紋（又名渦紋）、蒲紋、雲紋、勾連雲紋、竹節式紋、網狀紋、繩索紋（又名扭絲紋）等。至於以往的寫實和非寫實像生紋飾，有的已消失，有的則面目全非。此期最流行“S”形龍，神奇和多變（見圖150至159），並新派生出所謂的螭（又名螭虎或蟠螭）（見圖128）。

秦漢魏晉南北朝玉器

秦朝因國祚只有十餘年，故其玉器遺存極少。其中史書所載極詳但實物無存的秦始皇“傳國玉璽”，可說是當時首創，名重一時的玉器。此外，在陝西省西安市秦阿房宮遺址出土品中有玉扁平琮、玉璧、玉圭、玉璋、玉璜、玉琥、玉蟬、玉佩等器。[31] 或可代表有秦一代玉器的生產面貌。

兩漢玉器，總的來說是戰國玉器的延續，在紋飾圖案方面尤較明顯，幾乎沒有多大變化。但在造型和器類方面，亦有或多或少的變化。此前盛極一時的成組佩玉，因被禁用，除當時未歸順漢朝的“南越國”外，均無製作。但單個使用並有特殊含義的佩，則不僅數量增加，且出現一些新品種，如玉剛卯和嚴卯、玉舞人佩、玉翁仲等（見圖191、192、204、205）。又如葬玉，以往僅見玉面單罩一種，及至此時，則增加玉衣、玉豬（又名玉握，見圖194）、玉枕、玉眼蓋、玉鼻塞、玉耳塞、玉肛門塞和玉唅蟬（見圖193）等。玉像生形器，除自春秋以來消失或減少的玉鳩、玉鷹、玉馬、玉牛、玉羊（見圖198、200）、玉虎（見圖199）、玉熊等復現外，又新出現了玉辟邪（見圖201、202、203）、玉“四靈”（青龍、白虎、朱雀、玄武）（見圖210）等。

兩漢玉器品種、形式的變化中，最引人注意的是其選料之精和器型變大，製作出一批精妙絕倫的大件玉器皿，首次出現數百塊玉器組成的玉衣和多種紋圖同飾於一物之器。這裏收錄的玉“四靈”紋瑗（見圖210）、玉樽（見圖221）等即為其實例。此外，如果說新石器時期玉器頗具神秘感，商代玉器以寫實為主，西周至戰國玉器以裝飾為主的話，則兩漢玉器可說是上述各期玉器的綜合發展，其用途之廣，義蘊之深奧，製作之美皆達到完美的境界，技藝達到空前的水平。

兩漢玉器的發展和變化，是與當時的社會現實緊密相連的。其根源，主要有如下幾個方面：一是漢高祖劉邦是農民出身，加之漢初百廢待興，故周代興起的成組佩玉雖具有美感和禮儀作用，但製作困難，勞民傷財，佩帶時行走、勞動和武功方面極不方便，故曾一度嚴禁製作和使用；二是自漢武帝以後，"絲綢之路"暢通，主要產自新疆和闐的玉料可以源源不斷地運到內地作器，加之漢代"獨尊儒術"，重視孝道，而武帝開始，國力充足，社會大興厚葬之風，故自西漢中期以後，日常生活社會和墓葬中都需要大量用玉器；三是漢代社會流行五行和辟邪風氣，新出現的單個為佩玉器就是這種風氣的產物；四是隨着生產力提高，國內外交往增多，據記載，從國外引進了可以直接在玉器上刻紋飾的金剛石，從而為改進琢玉的技術創造了條件。

在中國玉器發展史上，魏晉南北朝玉器則可以說是中國玉器發展上的低谷。這時的作品絕大多數追隨兩漢的樣式。而數量和品種之少，選料和製作之粗也是前所未見的。

當然，此期玉器亦不是一成不變的，如戰國通用而兩漢罕見的玉珩，至此期突然增多且均呈朵雲形（見圖225、226）；其他如玉韘之紋飾繁複，器物之兩面多飾不同圖案等（見圖224、225），亦給人新鮮感，為此期玉器的發展添了一點新色調。

中國玉器從新石器時代向兩漢發展，並逐漸登上高峰，是一個漫長的歷史過程。及至衰落期的魏晉南北朝，歷數百年斷層，對後來玉器各方面都有深刻的影響。其影響可從唐及其後玉器發展中找到答案。在本全集玉器中卷中，即可見其一脫過去的古風古貌，步入另一個千變萬化的新天地。

註釋：

(1) 拙作〈痕都斯坦地理位置及其地產玉器考〉《故宮博物院院刊》1986年1期。

(2) 《禮記·聘義》在孔子回答弟子子貢一段記述時稱玉有仁、智、義、禮、樂、忠、信、天、地、德、道等十一德；《管子·水地》載玉有仁、智、義、行、潔、勇、精、容、辭等九德；《說苑·雜言》載玉有德、智、義、勇、仁、情等六美（德）；《說文解字·玉部》載玉有仁、義、智、勇、潔五德。

(3) 《禮記》卷九〈玉藻·第十三〉；"君子無故玉不去身，君子於玉比德焉。"又葛洪《抱樸子》："金玉在九竅，則死人為之不朽"；《漢書·楊玉孫傳》："口含玉石，欲化不得。"

(4) 《周禮·春官·大宗伯》："以玉作六瑞，以等邦國。王執鎮圭，公執桓圭，侯執信圭，伯執躬圭，子執谷圭，男執蒲圭。""以玉作六器，以禮天地四方。以蒼璧禮天，以黃琮禮地，以青圭禮東方，以赤璋禮南方，以白琥禮西方，以玄璜禮北方。"

(5) 〈阜新查海出土七、八千年前的玉器〉《中國文物報》1990年2月8日。

(6) 《中國大百科全書》考古學卷586頁"新樂遺址"條。

(7) 〈遼寧阜新縣胡頭溝紅山文化玉器墓的發現〉《文物》1984年6期。

(8) 〈1989年江蘇新沂花廳遺址的發掘〉《文物》1990年2期；《大汶口》文物出版1974年版。

(9) 西藏自治區文物管理委員會〈西藏昌都卡若遺址試掘簡報〉《文物》1979年9期。

(10) 四川省博物館〈巫山大溪遺址第三次發掘〉《考古學報》1981年4期。

(11) 浙江省文物管理委員會〈河姆渡遺址第一期發掘報告〉《考古學報》1978年1期。

(12) 同上。

(13) 黃宣佩、張明華〈青浦縣崧澤遺址第二次發掘〉《考古學報》1980年1期。

(14) 〈潛山薛家崗新石器時代遺址〉《考古學報》1982年3期。

(15) 〈安徽含山凌家灘新石器時代墓地發掘簡報〉《文物》1989年4期。

(16) 《良渚文化玉器》文物出版社1990年版。

(17) 張緒球〈石家河文化玉器〉《江漢考古》1992年1期。

(18) 〈廣東曲江石峽墓葬發掘簡報〉《文物》1978年7期。

(19) 宋文薰〈論台灣及環中國南海史前時代的玦形耳飾〉《台灣第二屆國際漢學會議論文集》
1989年6月。

(20) 《白虎通》載："琮"，"圓中牙身外方"。

(21) 〈四川遂寧金魚村南宋窖藏〉《文物》1994年4期。

(22) 同註(16)圖版6—9。

(23) 《中國美術全集》工藝美術編9玉器卷圖版49。

(24) 夏鼐〈所謂玉璇璣不會是天文儀器〉《考古學報》1984年4期。

(25) 拙作〈神秘的玉璇璣〉台灣《故宮文物月刊》1992年11月期。

(26) 拙作〈論古代的玉璋〉《考古與文物》1993年3期；〈論中國古代的圭〉《故宮博物院院刊》
1992年3期。

(27) 同上。

(28) 拙著《古玉博覽》台灣藝術圖書公司1994年版第(60)"西周獸紋柄形器"條。

(29) 《淅川下寺春秋楚墓》文物出版社1991年版。

(30) 拙作〈玉具劍飾物考釋〉《考古與文物》1982年6期。

(31) 《玉器》陝西旅遊出版社1992年版圖版49至57。

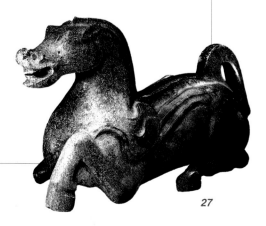

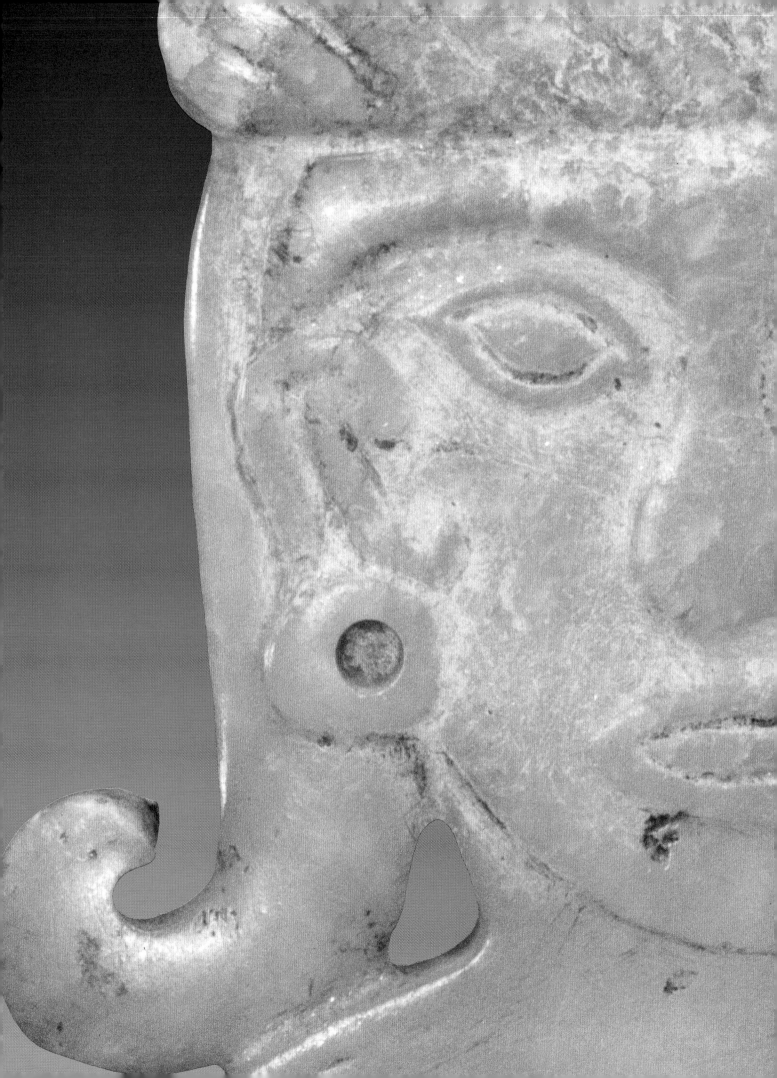

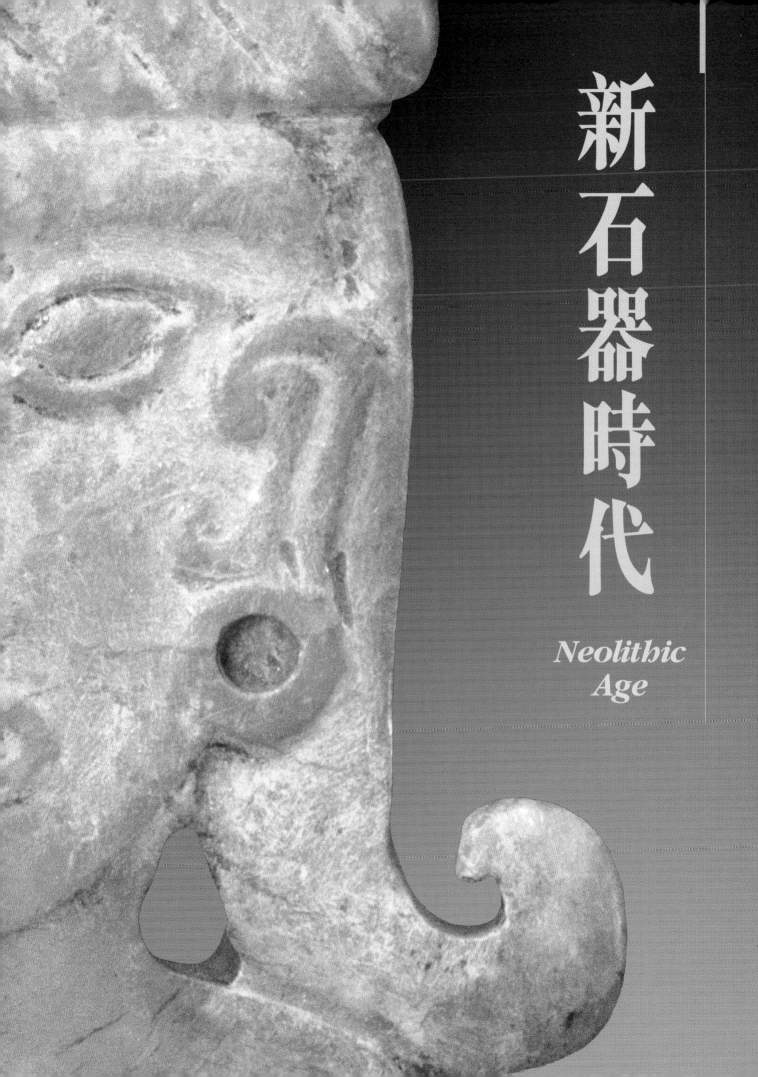

新石器時代

Neolithic Age

玉鴞形佩
紅山文化
高2.5厘米　寬4.6厘米
厚0.4厘米

Jade pendant with owl design
Hongshan Culture
Height: 2.5cm　Width: 4.6cm
Thickness: 0.4cm

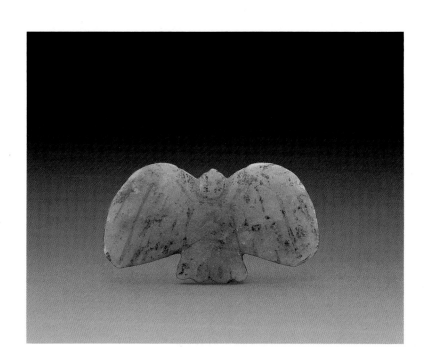

玉料青黃色，通器有土褐色沁斑。鴞體作片狀，正面雕出頭和尖嘴，雙翅開展，尾部較寬，翅、尾間有陰刻線表現羽紋；背面平素無紋，有對穿隧孔，可佩繫。

紅山文化遺址曾出土動物形器很多，其中鳥類也不少，如燕、鴞、鳳和鷹等，皆形體寫實，生動逼真。這些玉鳥與原始農業生產和人類生活有密切的關係。其用途或是吉祥的象徵，或為供奉的神鳥。

玉鴞形佩
紅山文化
高3.7厘米　寬3.5厘米
厚1.3厘米

Jade pendant with owl design
Hongshan Culture
Height: 3.7cm　Width: 3.5cm
Thickness: 1.3cm

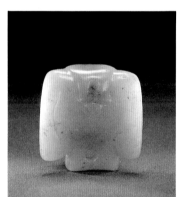

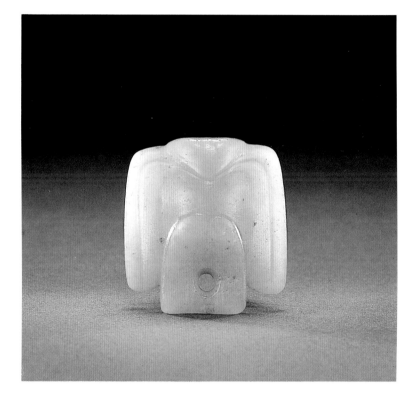

青玉，體略扁，半圓雕，兩面紋飾不同。鴞首作三角形，端部雕有凸起的圓形目、鈎形嘴；雙足收於腹部，作展翅飛翔狀；尾部有一孔，可繫繩；背部似有孔，但鑽口已缺。

玉鴞形佩
紅山文化
高7.3厘米　寬7.9厘米

Jade pendant with owl design
Hongshan Culture
Height: 7.3cm　Width: 7.9cm

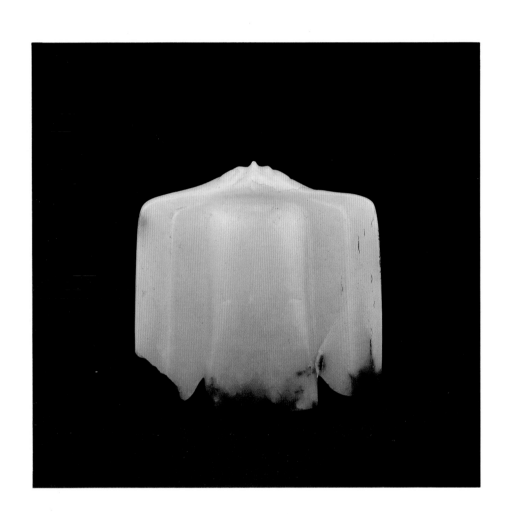

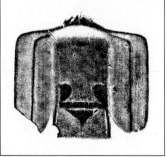

腹面拓片

玉料淺黃色，局部有深褐色沁斑，似為岫岩玉。鴞體扁，如展翅飛翔。
正面鴞首突起，雙眼圓睜。

此器的造型、質地及顏色與紅山文化出土的玉鴞相近，但形體較厚大，
線條簡練，玉質瑩潤，堪稱玉鴞之最。

玉獸形梳

紅山文化
高8.3厘米　寬4.9厘米
厚0.3厘米

Jade animal-shaped comb
Hongshan Culture
Height: 8.3cm　　Width: 4.9cm
Thickness: 0.3cm

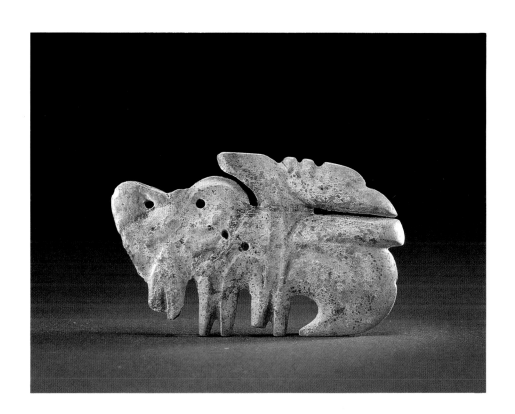

玉料有雞骨白色沁斑。體片狀，兩面形式和紋飾相同，皆於表面沿獸形輪廓磨出淺凹槽，邊緣為刃狀；上下各有不規則的雲狀盤卷，上部有二凸脊，下部有三對凸脊，均排列整齊，間距相等，整體如一側身變形的怪獸，又似一把梳子。整器有四個對穿孔，可佩繫。

此器從雕工上看，邊緣呈刃狀，有棱角；表面有凹槽，光潔度較高，與紅山文化的勾雲形佩接近，當為同期物。在玉器表面不多加裝飾，着重玉質美和大輪廓形似的雕琢手法，是新石器時期北方玉器的特色。

玉鏤雕雲形器

紅山文化
高6.4厘米　長13.7厘米
厚0.75厘米

**Jade pendant with cloud design
in openwork**

Hongshan Culture
Height: 6.4cm　Length: 13.7cm
Thickness: 0.75cm

5

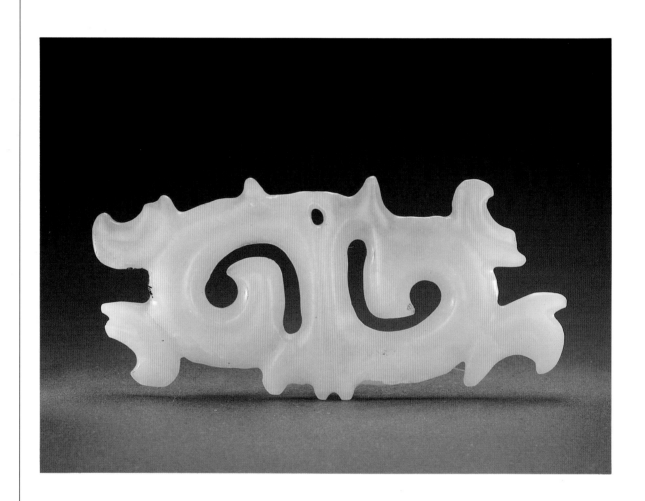

玉料青綠色，一邊有褐色沁斑。體片狀，中部鏤空，四角有卷勾，上端
有二凸脊，下端出三凸脊，兩面磨出與內外輪廓相應的淺凹槽，邊緣成
鈍刃狀，上部有一穿孔，可佩繫。

這類玉器在紅山文化墓葬中屢有發現，由於整體器形如卷曲的雲，故被
文物考古界定名為勾雲形器。至於它的用途，目前尚無定論，但從器上
有隧孔及出土時多置於人骨胸前等情況看，推測是縫綴在織物上，作護
胸或辟邪用的。

玉馬蹄形器
紅山文化
高9.5厘米
上口徑9×7.1厘米
下口徑6.9×5.5厘米

Jade article in the shape of horse's hoof
Hongshan Culture
Height: 9.5cm
Diameter of mouth: 9 x 7.1cm
　　　　　　　6.9 x 5.5cm

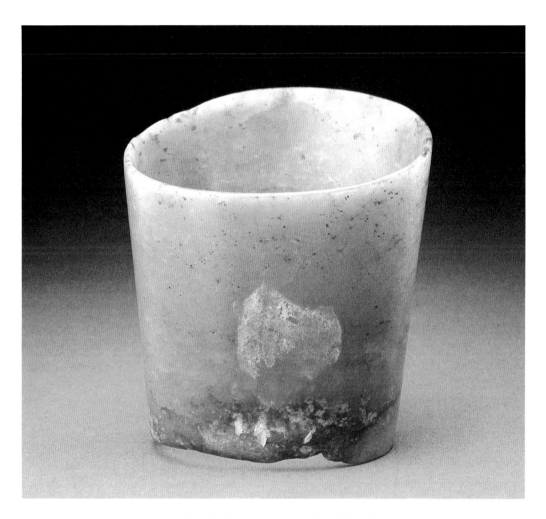

玉料青綠色，有土褐色沁斑。體扁筒狀，上大下小，上端為斜口，下端
為平口，內外壁打磨光滑，邊緣成鈍刃狀，有使用過的磨損。

這種玉器，僅在紅山文化墓葬中出現，出土時發現大多置於人頭骨下或
胸腹間。鑒於其形似馬蹄，故名為玉馬蹄形器。有關用途，目前學術界
尚說法不一：或云套於手腕上，作護臂箍手用；或云套於頭髮上，作髮
箍用；或云置於頭骨下，作枕頭用；或云穿孔懸掛，作樂器敲打。又有
以其形似滿族服飾的馬蹄袖，認為可能是滿服馬蹄形袖口的雛形。

7

玉獸形玦
紅山文化
高12厘米　寬7.6厘米
厚4.2厘米

**Jade animal-shaped Jue
(a penannular ring)**
Hongshan Culture
Height: 12cm　Width: 7.6cm
Thickness: 4.2cm

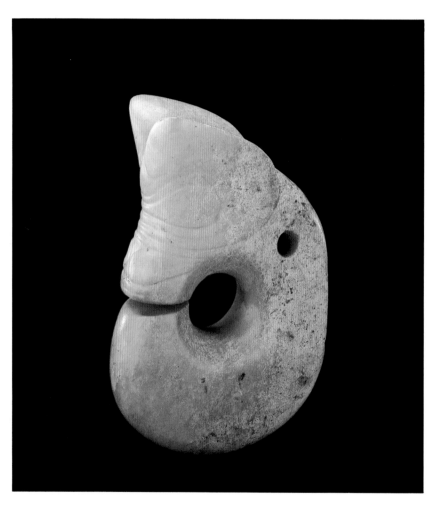

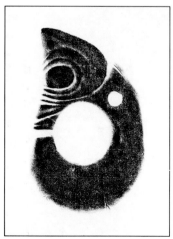

一面拓片

玉料青綠色，局部有淺白色及褐色沁斑，似為岫岩玉。整體圓雕成蜷曲的獸形，中部有一大圓孔，口沿作斜坡狀；耳後亦有一圓孔；首尾銜接處有一缺口。獸大耳豎立，陰刻蛋形眼框，嘴上有多道皺紋，鼻和嘴前突，口微張，身上光素無紋。

此形玉器，十年前尚不知為何時物。近年隨考古發掘的深入，在紅山文化遺址中多次發現，才確定它屬紅山文化遺物。這類玉玦的形體粗大，造型抽象，具有鮮明的時代和地區特點。

玉獸形玦
紅山文化
高15.4厘米　寬10.5厘米
厚4.5厘米
清宮舊藏

**Jade animal-shaped Jue
(a penannular ring)**
Hongshan Culture
Height: 15.4cm　Width: 10.5cm
Thickness : 4.5cm
Qing Court collection

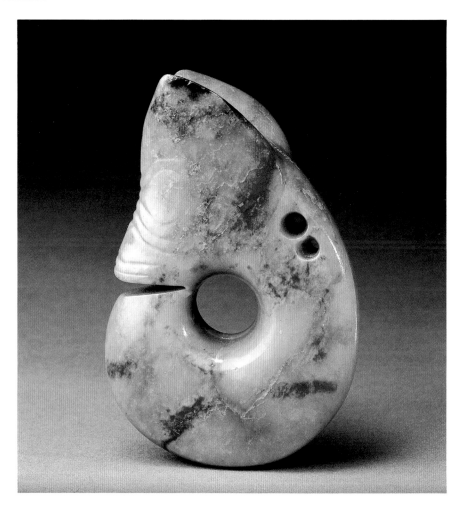

玉料青色，局部有褐色沁斑。獸形較厚重，首似豕，大耳直立，約佔全器三分之一，雙目圓睜，目下有兩道弦紋表示皺紋，鼻下作一道弦紋為嘴，屈身蜷曲成"C"字形，首尾相接處有缺口，中部有一大圓孔，頸部有二小孔，均對鑽而成，可繫佩。

早期玉玦無紋飾，形較小，一般出土發現時置於人頭骨的耳部，似是耳飾。然紅山文化這類環而有缺口的玉器，今多稱為獸形玦，形體粗大，且有的缺口仍相連，背頸部多有孔可供繫掛，似非耳飾。又，此種獸，有的叫龍，有的稱豬或熊，目前尚無定論，但彎體如龍蛇，顯然是某種被神化了的神靈崇拜物，並非寫實的動物形象，可籠統稱為獸形。

玉龍
紅山文化
曲長60厘米
直徑2.2至2.4厘米

Jade dragon
Hongshan Culture
Circumference: 60cm
Diameter: 2.2 — 2.4cm
Unearthed at the site of
Hongshan Culture

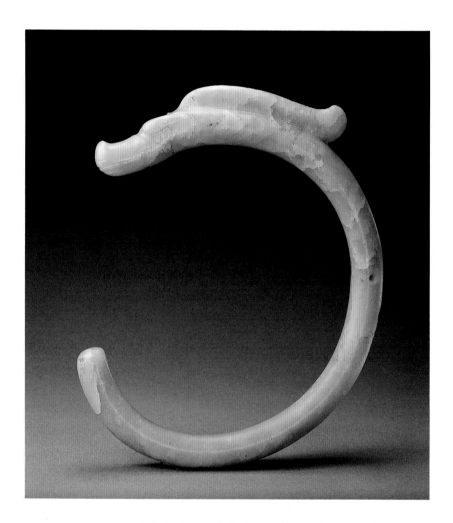

玉料為岫岩玉，黃綠色。玉龍圓雕加陰線琢紋而成，嘴微張，上唇略翹，梳形眉目凸起，腦後有長鬣，鬣緣作鈍刃，兩側有凹槽，身前曲成橢圓形，中腰處有一圓孔，可繫掛。

龍是人們想象並神化了的動物，從現有的考古資料看，最早的龍形，是用貝殼在泥地上嵌綴而成，早在距今7000年前的新石器時代已出現。紅山文化出土的玉龍為迄今所知的最早玉製遺物。

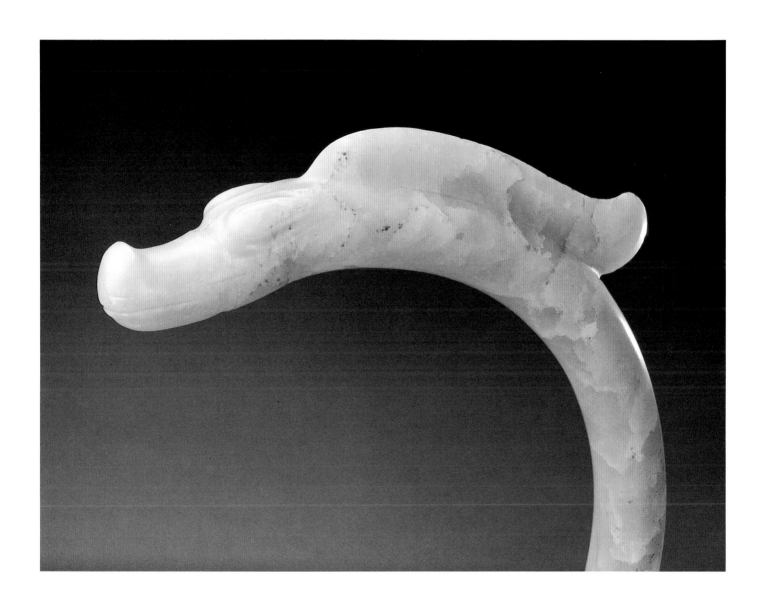

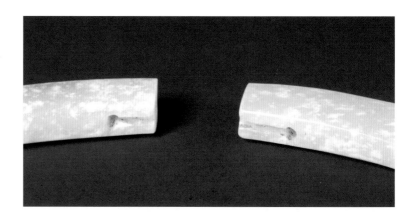

青玉對接式璜

10

含山文化
長16.9厘米　高6.5厘米　厚0.6厘米
1987年安徽省含山縣淩家灘出土

**Jade Huang (a semi-penanular ring) in
two pieces with intersection point**
Hanshan Culture
Length: 16.9cm　Height: 6.5cm
Thickness: 0.6cm
Unearthed in 1987 at Lingjiatan,
Hanshan County, Anhui Province

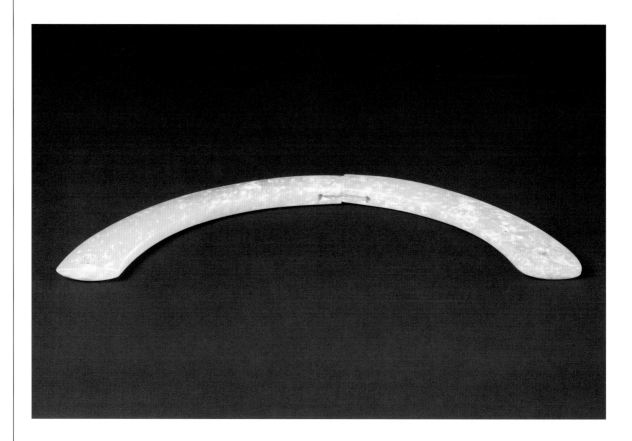

玉呈青綠色，有白斑。璜分兩段，中部有孔及線槽，可穿線相接。兩端
較寬，略薄，有孔，可以穿繩繫佩。

玉兩節琮

11

薛家崗文化
高2厘米　寬1.8厘米　孔徑0.8－0.9厘米
1979年安徽省潛山縣河鎮鄉永崗村墓葬出土

Jade Cong (a long hollow piece with rectangular sides)

Xuejiagang Culture
Height: 2cm　Width: 1.8cm
Diameter of hole: 0.8 — 0.9cm
Unearthed in 1979 in a tomb at
Yonggang Village, Hezhen Township,
Qianshan County, Anhui Province

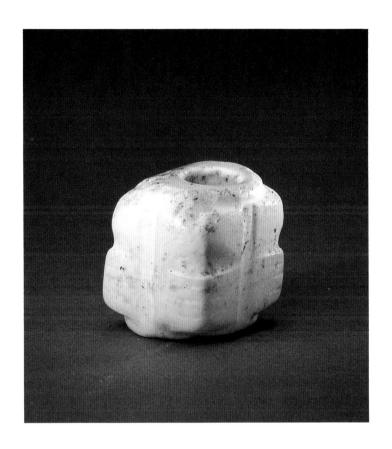

玉料牙白色。體為方筒形，中央有一垂直圓孔，兩端各有一圓環形口，外圍四邊中部有切口，橫分為上下兩節。

此琮是薛家崗文化遺址發現的兩件琮形器之一，亦是迄今所知最早的玉琮，為研究玉琮發展史提供了寶貴的資料。據載，玉琮為"外方、內圓、牙外"形。古代通常認為天圓地方，琮是仿地而作的祭地禮器，但考古界對早期玉琮的演變與用途，均有不同看法。這琮矮且小，與後來的典型玉琮不同，推測早期的玉琮很可能是一種方形墊佩，並非禮器。

玉璜
崧澤文化
高5.2厘米　長10.6厘米
寬4.6厘米　厚0.3厘米

Jade Huang (a semi-annular pendant)
Songze Culture
Height: 5.2cm　Length: 10.6cm
Width: 4.6cm　Thickness: 0. 3cm

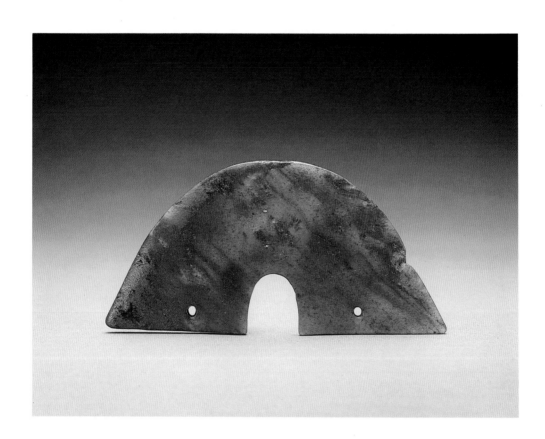

玉料沁成赭黃色。璜作片狀，半璧式，表面光素無紋，一面較平滑，另一面有兩處內凹弧形切割痕。底部有兩孔，可供繫綴。

璜形玉器由來已久，是古代主要精美佩飾之一，也是古代貴族朝聘、祭祀、喪葬、徵召的禮器。此璜與崧澤文化遺址出土的玉璜形制相似，當為同期物。

玉斧
含山文化
長23.7厘米　最寬8.7厘米
厚1厘米　孔徑1.2厘米
1987年安徽省含山縣凌家灘墓葬出土

Jade Fu (axe)
Hanshan Culture
Length: 23.7cm　Maximum width: 8.7cm
Thickness: 1cm　Diameter of hole: 1.2cm
Unearthed in 1987 in a tomb at Lingjiatan,
Hanshan County, Anhui Province

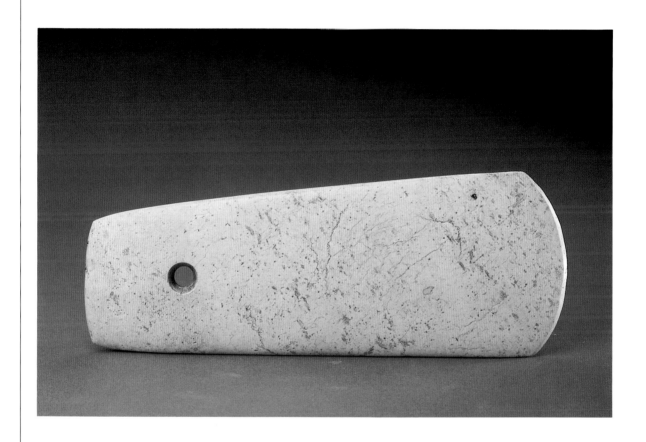

玉料有淺灰和淡綠色沁斑，自然紋路清晰。斧作舌形，橫斷面呈橄欖形，平肩，兩面磨成弧形刃。近肩處有一圓孔，孔徑較小，露出鑽痕。

玉斧在新石器時期出現，最初為生產工具，後逐演變成禮器或儀仗用具。這玉斧並無崩裂和捆紮痕，不似實用器。同墓曾出土斧形器多件，有的有孔，有的無孔，均刃部較鋒利，特別是置於墓頂的一件二十餘斤重大石斧，更是罕見。這顯示含山文化人對玉斧有特殊愛好，玉斧可能具有某種特定的含義。

玉鐲
含山文化
徑9厘米　孔徑6.2厘米
厚1.3厘米
1987年安徽省含山縣凌家灘出土

Jade bracelet
Hanshan Culture
Outer diameter: 9cm　Diameter of hole: 6.2cm
Thickness: 1.3cm
Unearthed in 1987 in a tomb at Lingjiatan,
Hanshan County, Auhui Province

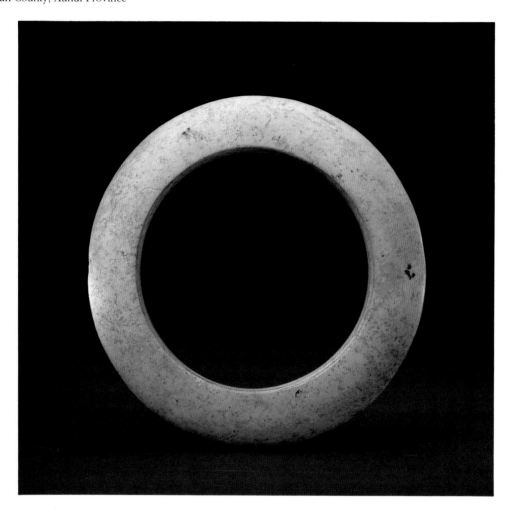

玉料受沁成牙白色。玉鐲外沿薄，近孔壁漸厚，剖面呈三角形。通體規
整，琢磨圓潤，光素無紋。

含山文化出土環形器多件，唯此器最精美。玉鐲在新石器諸文化中曾有
多處出土，數量較多，但剖面呈三角形的非常罕見，對後期，特別是戰
國玉鐲有頗大影響。

玉玦

含山文化
徑6厘米　孔徑2.1厘米
厚0.4厘米
1987年安徽省含山縣凌家灘墓葬出土

Jade Jue (a penannular ring)

Hanshan Culture
Outer diameter: 6cm　Diameter of hole: 2.1cm
Thickness: 0.4cm
Unearthed in 1987 in a tomb at Lingjiatan,
Hanshan County, Anhui Province

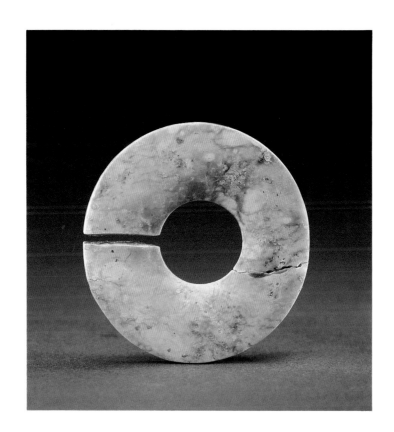

玉料受沁成黃褐色。體扁平，中央有一圓孔，一側有缺口，通體光素無紋。

玉玦在新石器時代及商、周、春秋、戰國墓葬中常有發現，多置於死者的耳部，當為耳飾。古人佩用玉玦有特別的含意：一、表示有能力決斷事情，《白虎通》有"君子能決斷，則佩玦"的說法；二、表示斷絕，《廣韻》曰："玦如環而有缺。逐臣待命於境，賜環則還，賜玦則決"；三、表示決心，有鼓勵的作用，如打仗前，皇帝賜玦，以示決勝。

玉璜
含山文化
高4.2厘米　長23厘米　厚0.6厘米
1987年安徽省含山縣凌家灘墓葬出土

Jade Huang (a semi-annular pendant)
Hanshan Culture
Height: 4.2cm　Length: 23cm
Thickness: 0.6cm
Unearthed in 1987 in a tomb at Lingjiatan,
Hanshan County, Anhui Province

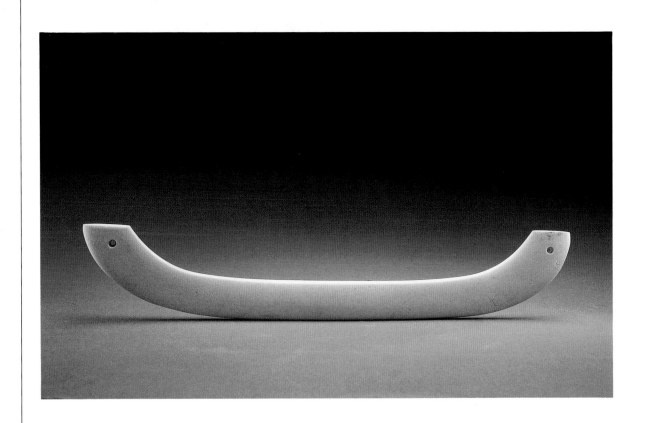

玉料牙白色，堅硬潤澤。璜光素無紋，兩端各有一圓孔，可繫佩。

新石器時代的璜，一般一端或兩端有孔，可佩戴穿繫。這件玉璜器形規整，琢磨圓潤。可見當時玉匠的高超技藝。

玉雙虎首璜
含山文化
長11.9厘米　厚0.4厘米
1987年安徽省含山縣凌家灘墓葬出土

**Jade Huang (a semi-penanular ring) with
double-tiger-head design**
Hanshan Culture
Length: 11.9cm　Thickness: 0.4cm
Unearthed in 1987 in a tomb at Lingjiatan,
Hanshan County, Anhui Province

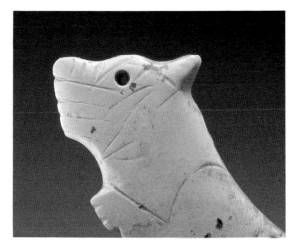

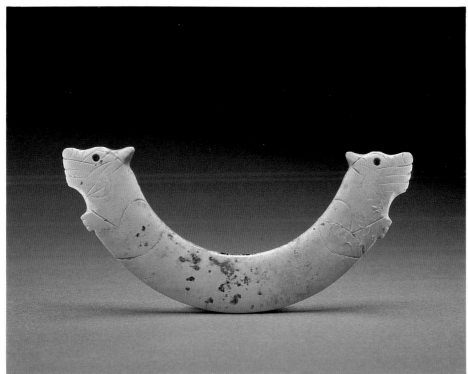

玉料受沁成牙黃色，有褐色沁斑。體略扁，剖面呈橄欖形，兩面形式和
紋飾相同。兩端以切割和陰刻手法，各作一側身的老虎。兩虎相背向，
虎身於中部合為一體，虎口微張，以圓形穿孔為虎目，兼作佩孔，供繫
佩。

玉璜始見於距今約7000年的河姆渡文化，此後在新石器諸文化中，也有
發現，大多光素無紋，少量飾有龍首、龍紋、神人紋等。但作雙虎首式
者，僅此一件，極為難得。玉璜製作精美，並以雙虎目作繫孔，生動有
趣，形制和虎紋裝飾均較突出。

玉多孔璧
含山文化
徑6.9厘米　孔徑2.2厘米
厚0.2厘米
1987年安徽省含山縣凌家灘墓葬出土

Jade multiple-hole Bi (a disc)
Hanshan Culture
Outer diameter: 6.9cm　Diameter of hole: 2.2cm
Thickness: 0.2cm
Unearthed in 1987 in a tomb at Lingjiatan,
Hanshan County, Anhui Province

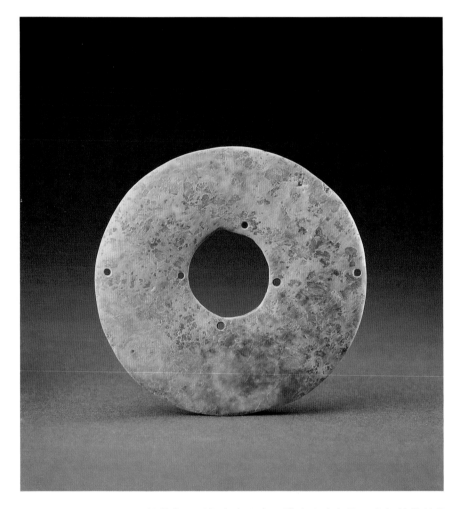

玉料黃色，局部有水沁痕。體表光素無紋，內部外緣較薄，近外邊緣有
兩個對稱孔，近孔邊有對稱的四個孔，均一面打鑽。

此器形式及穿孔佈局，在其他時代的玉璧上很少見。這璧或為嵌飾，或
為組佩中的一件，即各個孔可以穿綴其他佩飾。

玉葉形飾

含山文化
高10.3厘米　底寬6厘米　厚0.5厘米
1987年安徽省含山縣淩家灘墓葬出土

Jade ornament with leaf-veinlike design
Hanshan Culture
Length: 10.3cm　Width of bottom: 6cm
Thickness: 0.5cm
Unearthed in 1987 in a tomb at Lingjiatan,
Hanshan County, Anhui province

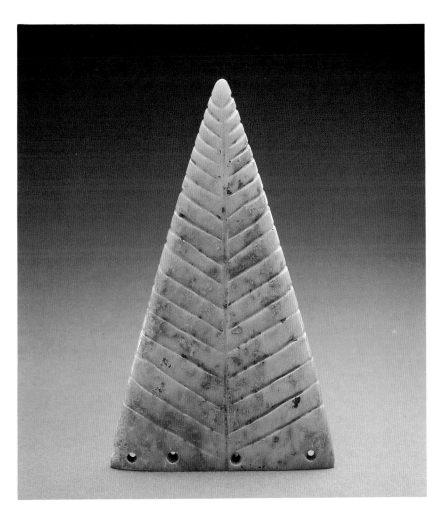

玉料淡黃，有白色沁斑。體扁，三角形。正面中間有一條豎線，兩側各
琢十八條平行且向上傾斜的直線，形似葉脈；一端有四個鑽孔。背面光
素無紋。

此器造型和紋飾別具一格，迄今所知為唯一的一件，是最早的植物形。
據稱，含山文化先民崇拜大樹。此器或是樹的崇尚物。

玉龜背甲與腹甲複合器

含山文化
背甲長9.4厘米　寬7.6厘米　厚0.8厘米
腹甲長7.9厘米　寬7.5厘米　厚0.5厘米
1987年安徽省含山縣淩家灘墓葬出土

Jade article consisting of tortoise's back-shell and belly-shell
Hanshan Culture
Back-shell: Length: 9.4cm　Width: 7.6cm　Thickness: 0.8cm
Belly-shell: Length: 7.9cm　Width: 7.5cm　Thickness: 0.5cm
Unearthed in 1987 in a tomb at Lingjiatan,
Hanshan County, Anhui Province

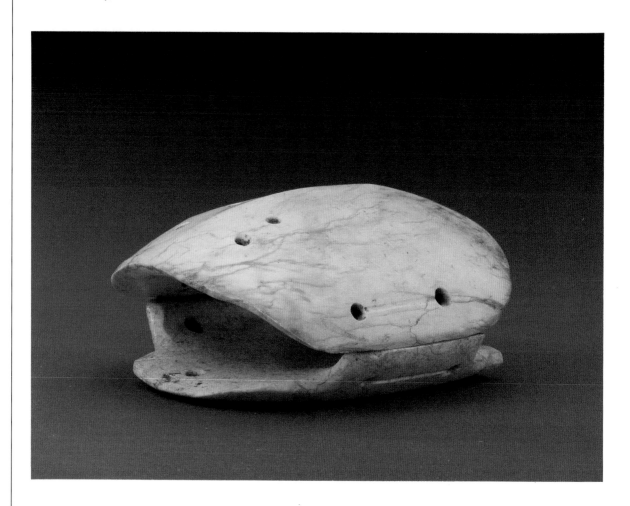

玉料經沁蝕成灰白色。體由龜背甲和腹甲兩件組成。背甲隆起,中間有
凸脊,前部有四個鑽孔,兩側各有兩個鑽孔及有陰凹槽,以備穿繫捆
紮,後端的一孔已破損。腹甲後端平齊,前端弧凸,中部鑽一孔,兩側
翹起,各有兩個鑽孔,並有陰槽相連。

玉龜,紅山文化和良渚文化期都有出土,均在脊部或腹部鑽孔,可能是
某種佩飾。這件玉龜背與腹甲為江淮地區原始文化器物,以寫實手法製
成。器打磨精細,技藝高超。與圖21的一件刻圖玉片同時出土,玉片夾
在兩甲之間。

21

玉刻圖長方形片
含山文化
長11.4厘米　寬8.3厘米　厚0.7厘米
1987年安徽省含山縣淩家灘出土

Rectangular jade piece carved with pattern
Hanshan Culture
Length: 11.4cm　Width: 8.3cm
Thickness: 0.7cm
Unearthed in 1987 in a tomb at Lingjiatan,
Hanshan County, Anhui Province

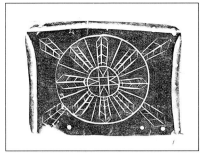

正面拓片

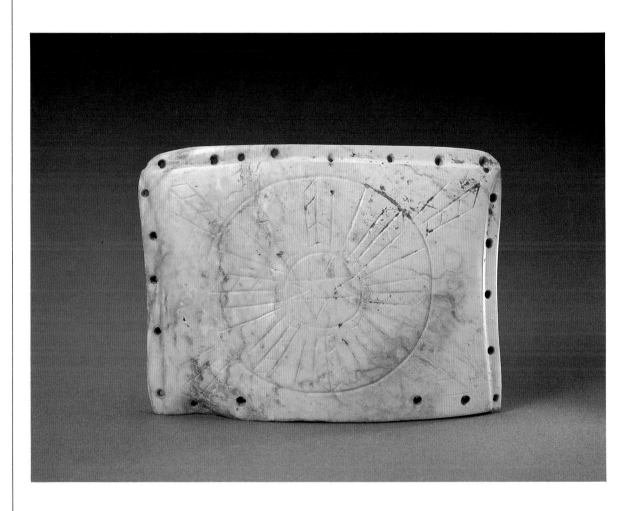

玉料牙黃色。體扁平，呈片狀，背面稍凹無紋。正面微隆起，四邊有多個圓孔，數量不等。由於玉片紋飾神秘，出土時又夾在圖20的龜甲之間，因此很受重視，研究者不少。以為和河圖洛書、八卦等有關。

上古傳說有伏羲時龍馬在黃河負河圖，夏禹時神龜在洛河出現，由河圖洛書畫成八卦之說。玉片夾在龜甲間，照應龜負洛書之說；玉片方形，中有圓形圖象，照應天圓地方的古代宇宙觀念。小圓以一方形為中心，外有八角形圖案。大圓分為八等份，每份有一組箭頭紋；大圓外又有四組箭頭紋。二、四、八等數目引入聯想周易‧繫辭所謂："易有太極，是生兩儀，兩儀生四象，四象生八卦"。外圍鑽孔數目分別為兩側各五個，上下各九個和四個，與洛書："大一下行八卦之宮每四乃還中央"相合。因此，玉片可能是原始無文字時的八卦圖象。若此說成立，則五千年前已有八卦的觀念。

鑽孔、畫圈刻圖可作計數記載時節，是一種曆法活動。玉龜、玉片或可證實中國五千年前已有曆法，並以具體圖象復現於我們眼前。

玉變形側臉人面紋飾
含山文化
長8.9厘米　最寬4.1厘米　厚0.2厘米
1987年安徽省含山縣凌家灘墓葬出土

**Jade ornament carved with
a stylized human mask**
Hanshan Culture
Length: 8.9cm　Maximum width: 4.lcm
Thickness: 0.2cm
Unearthed in 1987 in a tomb at Lingjiatan,
Hanshan County, Anhui Province

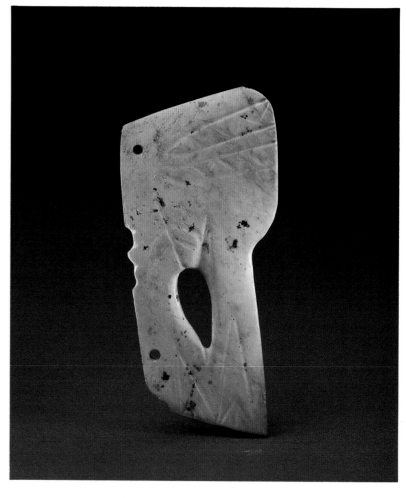

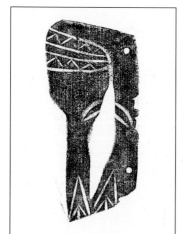

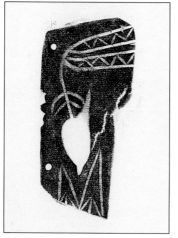

正背面拓片

玉料受沁成淡黃色，局部偏白。體片狀，中間有水滴式孔。兩面形式和
飾紋相同，皆雕一側臉人面，從刻紋上看似有眼、鼻、口和帶紋的高
冠。下部陰刻雙箭頭紋。前端上下有兩個圓孔，可穿繫佩戴。

這件人像玉飾，較之前於陝西神木縣石峁龍山文化出土的一件年代更
早，極難得。

玉勺
含山文化
長16.5厘米
1987年安徽省含山縣
凌家灘墓葬出土

Jade Shao (a ladle)
Hanshan Culture
Overall length: 16.5cm
Unearthed in 1987 in a tomb
at Lingjiatan, Hanshan County,
Anhui Province

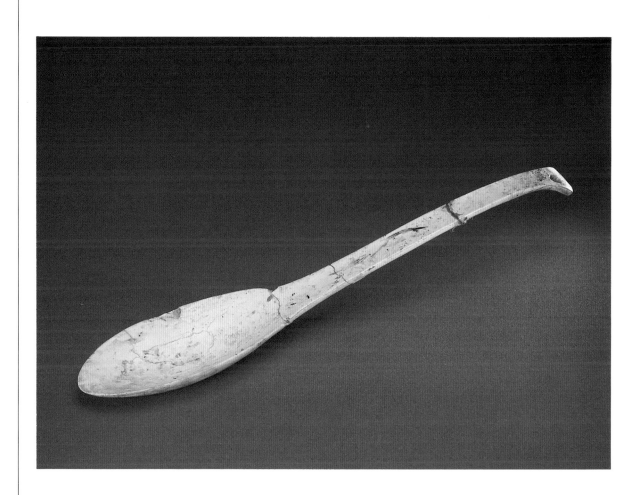

玉料受沁成灰白色。勺尾端有一圓孔。

這是迄今發現最早的玉製實用器皿，且在唐以前只此一件，出土後曾轟動考古界。此器比例尺度恰如其份，形式與今天的湯勺相同，足見古代先民的聰明才智，並知中國人之祖先在距今五六千年以前，就用玉勺作餐具了。

玉直立人
含山文化
高9.6厘米　肩寬2.3厘米　厚0.8厘米
1987年安徽省含山縣凌家灘墓葬出土

Jade standing figure
Hanshan Culture
Height: 9.6cm　Width of shoulder: 2.3cm
Thickness: 0.8cm
Unearthed in 1987 in a tomb at Lingjiatan,
Hanshan County, Anhui Province

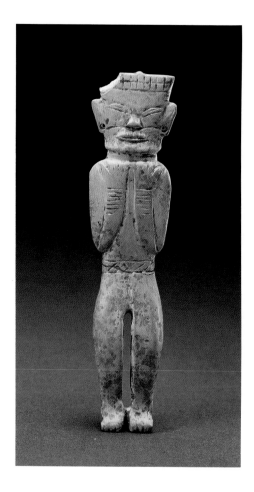
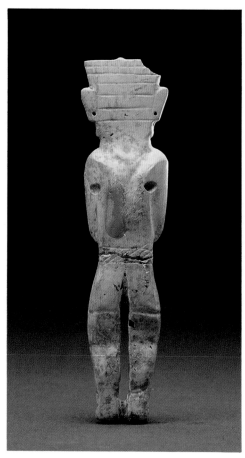

玉料灰白色。玉人作站立狀；大頭，頭戴冠，冠上有用陰線刻畫的格紋；臉上作眉眼、三角形鼻、大嘴、上唇有鬚、兩耳垂處各有一圓孔，以示佩環；短頸寬肩，雙臂貼胸，十指伸開似在閉目祈禱，腕部淺浮雕七道窄袖紋；細腰，腰繫斜紋帶；長腿，兩腿間有一豎縫，露出腳趾。

玉人比例勻稱，造型優美，刀法簡練遒勁，為迄今出土所見新石器時期最完整的直立玉人，反映出江淮地區原始文化期玉匠的高超技能，是研究當時服飾的珍貴資料，在玉器史上佔有重要的地位。

此墓共出土三件玉人，此為其中最精美和完好的一件。

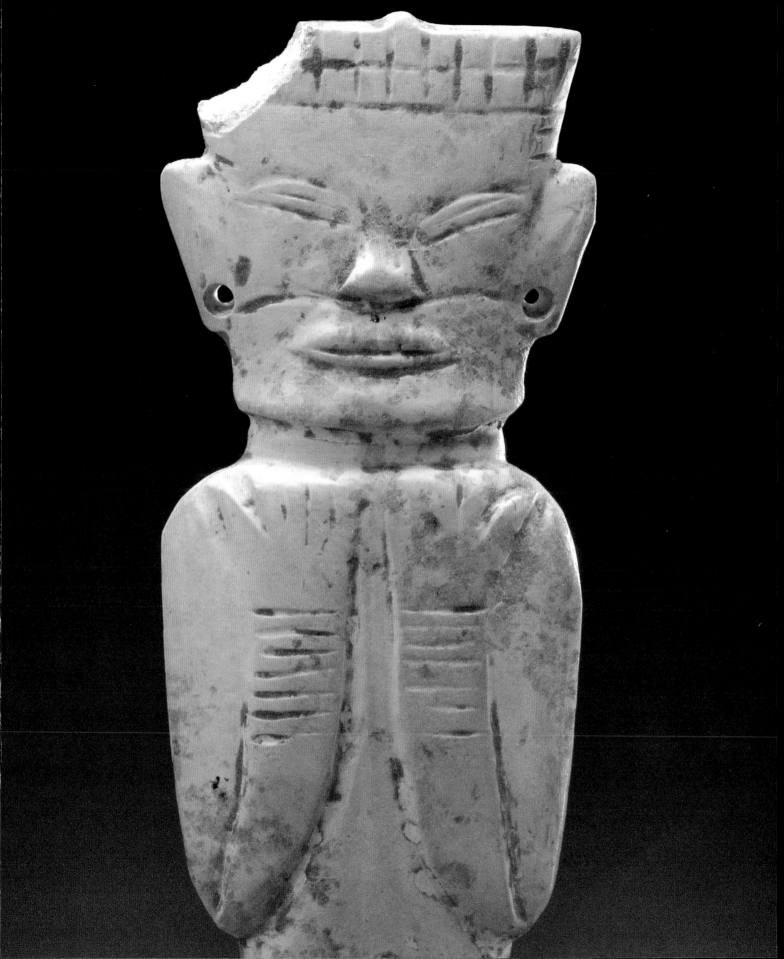

玉璧
良渚文化
徑28厘米　孔徑4.4厘米
厚0.9厘米
清宮舊藏

Jade Bi (a disc)
Liangzhu Culture
Outer diameter: 28cm
Diameter of orifice: 4.4cm
Thickness: 0.9cm
Qing Court collection

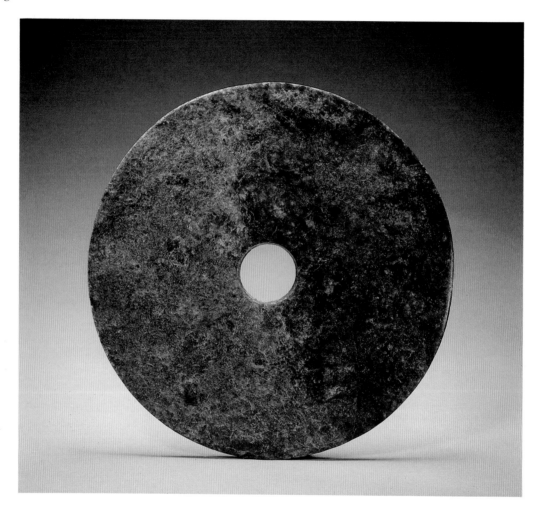

玉料為透閃石，呈土灰兼暗綠色。體扁圓形，兩面光滑平整，光素無紋，中心有一兩面對鑽且鑽痕明顯的圓孔，周邊外側有略向內弧的凹槽一圈。

《説文》稱："璧圓象天。"《周禮》則有："以蒼璧禮天"之説。這説明璧之圓形是仿"天圓"而作，而其功能是主要用於祭天的禮器。

良渚文化的玉璧，直徑多在20至30厘米，厚約1厘米，表面光素，做工較粗，厚薄不均。出土時，多置於死者的胸部和背部。其用途除作隨葬品外，是否用於禮天、辟邪、斂屍或象徵等級與財富，尚需進一步研究。

玉刻符璧
良渚文化
徑22厘米　孔徑4.6厘米
清宮舊藏

Jade Bi (a disc) carved with symbols
Liangzhu Culture
Diameter: 22cm
Diameter of orifice: 4.6cm
Qing Court collection

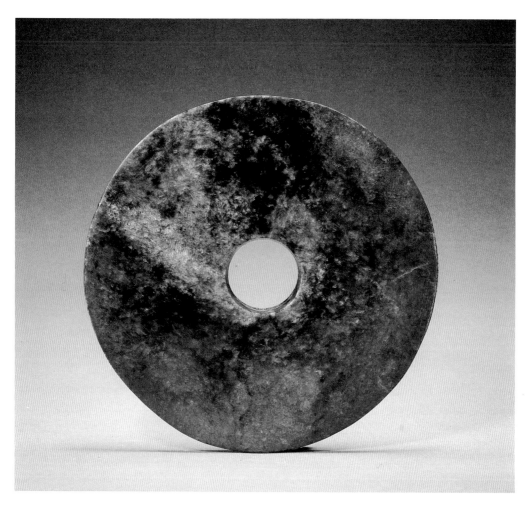

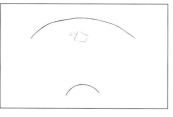

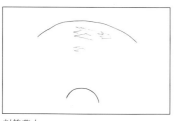

玉料為透閃石，呈青碧色，一側有褐色沁。體扁圓形，光素無紋，中部有圓孔。表面留有多處弧形的切割痕。玉璧兩面靠近邊緣一側，分別用很淺的細陰線琢刻一個圖案，皆用硬具直接雕刻，因日久線條已模糊。

良渚文化墓葬或遺址中，玉璧的出土數量相當可觀，但在器物上雕有圖文刻符的，為數不多，此為其一，極難得。

刻符摹本

玉神人紋璜

良渚文化

長20.8厘米　寬8.3厘米

高0.6厘米

清宮舊藏

**Jade Huang (a semi-annular pendant)
with animal-and-bird design**

Liangzhu Culture

Length: 20.8cm　Width: 8.3cm

Thickness: 0.6cm

Qing Court collection

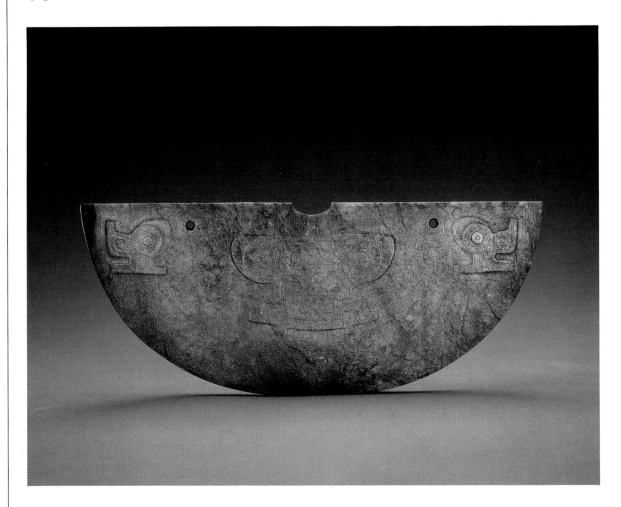

玉料黃褐色，局部有經火變黑的痕迹和細裂紋。體扁平，兩面沿邊有一道陰刻弦紋，弦紋內滿飾陰刻回旋紋錦地。正面浮雕一組獸面紋和兩組鳥紋。獸面居中，琢扇葉形眼廓，兩圈形大眼向上翹，呈拱橋狀；鼻方，嘴微張，口角處露出獠牙。鳥紋分別琢在璜的兩端，側身，眼與鼻均較誇張。獸面和鳥紋上均陰刻回旋紋。背面亦刻陰線回旋紋錦地，當中留三小塊空白，未飾獸面紋和鳥紋。兩側各有一小圓孔，可穿繫。

此器在良渚文化玉璜中，屬於佼佼者。玉璜附有一塊同形楠木板，上刻清乾隆皇帝七言詩一首：“憶昔崑山英氣發，卞氏琢成雜佩物。非琚非珩如半月，九原曾伴葰弘骨。瓌寶至竟難埋沒，牧童失火重瞳掘。剔除苔蘚色怫鬱，土華剝蝕不可抉。雷紋夔篆細毛髮，當年佩服聯韍黻。制為懸磬想抱屈，璜欲言之口終吃。”據此可知，此璜最晚於清乾隆年間出土並進入清宮。

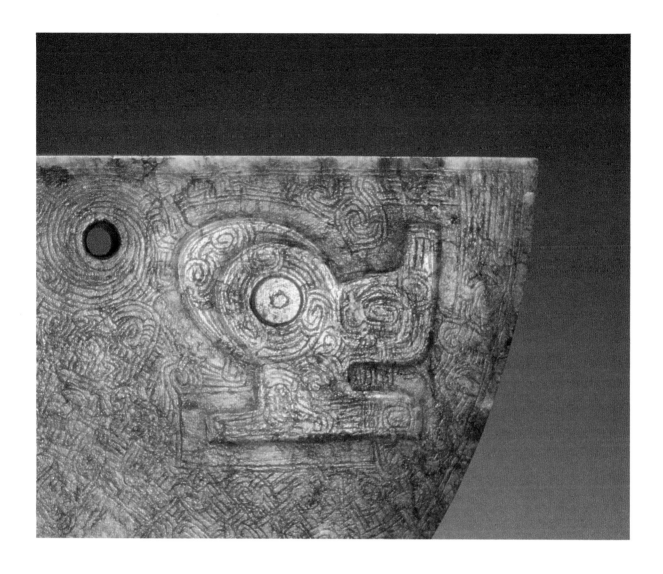

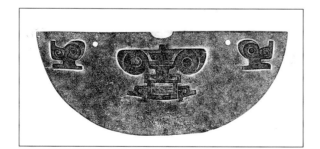

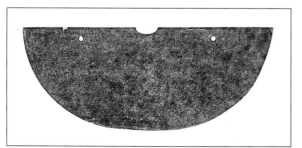

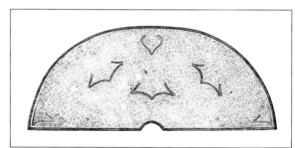

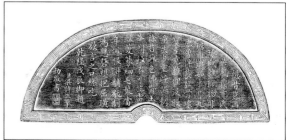

正背面拓片 　　　　　　　　　　　　　　木板正背面拓片

玉神人紋嵌飾
良渚文化
高3.2厘米　寬4.8厘米
厚0.7厘米

**Jade ornament wilth design
of mythical figure**
Liangzhu Culture
Height: 3.2cm
Width: 4.8cm
Thickness: 0.7cm

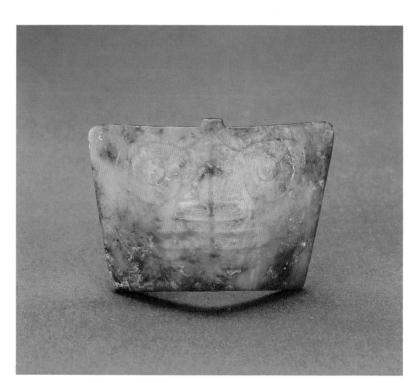

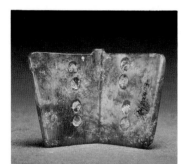

玉料深黃色。器正面弧凸，背面內凹，整體似矮方琮的一角。正面紋飾
以凸棱為中線，琢一組神人紋，神人大眼，但不太清晰，雙臂帶有爪
足，各器官局部有重環紋襯托。背面光素無紋，兩邊緣處各有豎排的隧
孔四對，可穿繫。

這一飾件的造型較特殊，在良渚文化出土玉器中還未見過。考古學家認
為，這一飾件可能與權杖有關。四件大小形狀相同的飾件合起來可成琮
形。背面的繫孔，用於穿綴權杖。它的年代可能比帶神人、神獸紋的良
渚文化琮形器要早，迄今所知僅此一件。

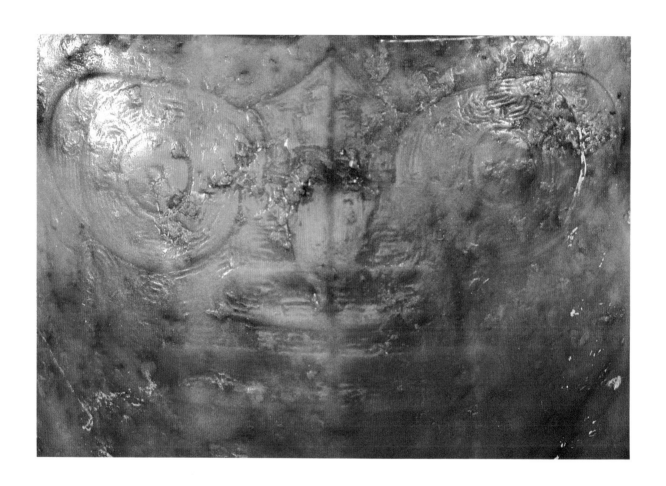

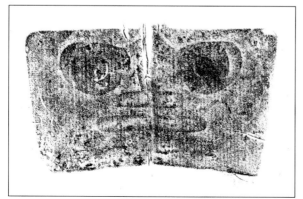

正面拓片

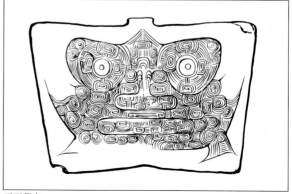

正面摹本

玉琮形管
良渚文化
高7.5厘米
清宮舊藏

Jade tube in the shape of a Cong
Liangzhu Culture
Height: 7.5cm
Qing Court collection

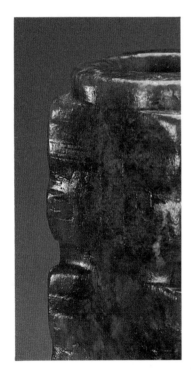

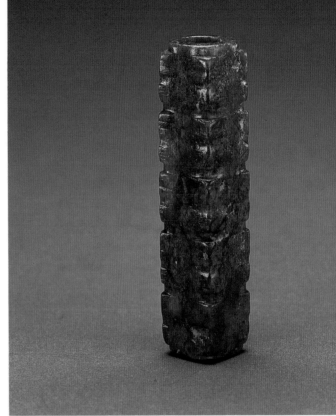

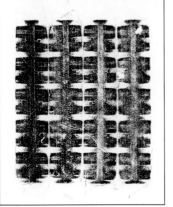

拓片展示

玉料青白色，局部有深褐色沁斑。體方柱形，中心有對穿圓孔，兩端各有一圓環形口，外壁分上下五節，每節四角，各有一組簡化神人紋。

良渚文化玉琮有長高、寬矮、小管式三種。此為小管式玉琮。這種玉琮，從出土情況看，皆為組佩之組件。

玉神人紋兩節琮
良渚文化
高6.7厘米
孔徑11.5－11.7厘米

Jade Cong with design of mythical figure
Liangzhu Culture
Height: 6.7cm
Diameter of hole: 11.5 — 11.7cm

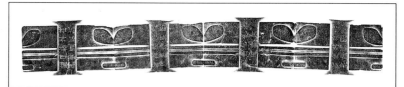

拓片展示

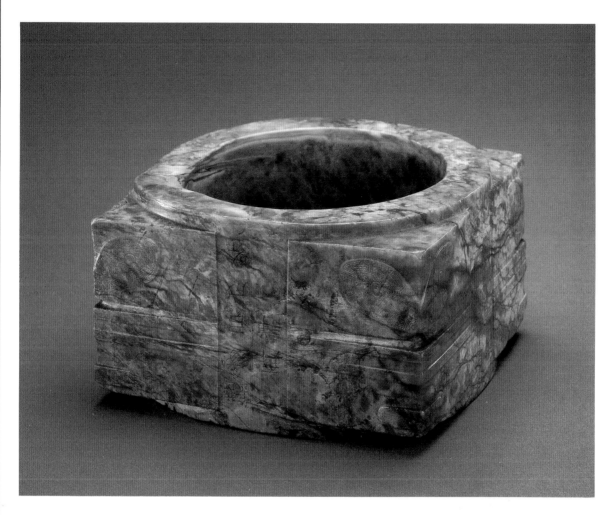

玉料青綠色，局部有較重白色沁斑。體方柱形，兩端各有一環形口，中心有一圓孔。玉琮外周四角皆淺浮雕神人紋，並用兩道橫弦紋相隔。上組四個神人紋，均用淺浮雕琢圓眼，眼外有兔耳形眼廓及不規則的回紋，錦地線條粗細不一；下組四個神人紋，圓環狀雙眼，三角形眼角，凸鼻，鼻上有粗細不規則的回紋。琮四面凹槽內刻有清乾隆皇帝詩一首："雖曰飾竿琳與瑯，置肩魌魊孰能當。近經細繹輈頭錯，遂以成吟一再詳"。末署"乾隆癸丑春御題"及"八徵耄念"和"自彊不息"篆書印。唯因當時工匠不了解神人紋形象，故把詩文倒刻。

由此可知，玉琮至少在乾隆時期已進入宮中，乾隆時將琮孔加大並配上銅胎琺瑯膽。從器的玉質及飾紋風格看，與良渚文化出土的玉琮基本相同，故應為同期玉琮，是良渚文化寬矮式玉琮的代表，惟其上節飾紋略異，未見有同紋者，所知僅此一件。

玉神人紋琮
良渚文化
高6.8厘米　徑8.3厘米
孔徑6.2厘米
清宮舊藏

Jade Cong with design of mythical figure
Liangzhu Culture
Height: 6.8cm　Diameter: 8.3cm
Diameter of hole: 6.2cm
Qing Court collection

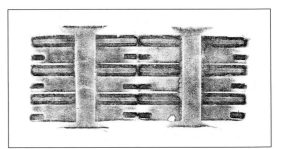

局部飾紋拓片展示

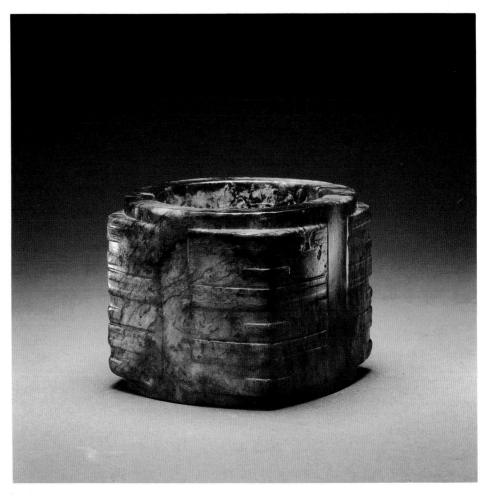

玉料深黃色，局部有火燒痕迹。體外方內圓，中心有通孔。琮外四角於上中下各琢三組神人像，人像為雙圈眼，兩側有眼角，長方形鼻，冠帽以兩條凸線表示，其上刻數目不等的陰線。

良渚文化時期埋葬死人時有祭坑的習慣，故此器的火燒痕，應是經煙火所致，不似後做。

此器進宮後，乾隆皇帝稱此器名為"輞頭"，並命玉匠將他的題詩刻在玉琮內壁上。詩曰："所貴玉者以其英，章臺白光照連城。輞頭曰漢古於漢，入土出土滄桑更。龜采全隱外發色，葆光祇穆內蘊精。是謂去情得神獨，昔之論畫貽佳評。"末署"乾隆戊戌秋御題"並有"幾暇怡情""得佳趣"雙閒章。同時，琮內還有一掐絲琺瑯帶蓋的銅膽，上述題詩也做在銅膽的外壁上。其用途似既可插花，又可把香料放於銅膽內，香氣可從琺瑯膽的孔內溢出。

玉神人紋多節琮
良渚文化
高32.1厘米
孔徑6.3－7.2厘米
清宮舊藏

Jade multiple-joint Cong with mythical figure design
Liangzhu Culture
Height: 32.1cm
Diameter of mouth: 6.3 — 7.2cm
Qing Court collection

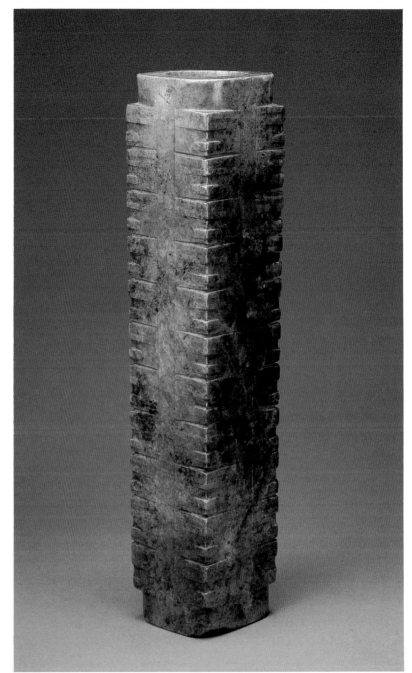

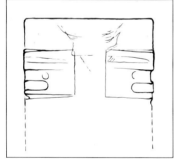

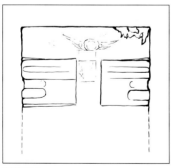

刻符摹本

玉料深褐黃色，局部有黃白色沁。體為外方內圓的柱形，中心有一圓孔，上大下小。兩端各有一四方委角形口。玉琮上下共十一節，每節均以四角為中心，四面以凹槽為界，琢刻四組簡化的神人紋。在玉琮上端相對，兩面的凹槽處各刻有一個隱約似星紋帶雙翼的符號。

在良渚文化玉器中，常見此類型多節琮。惟陰刻各式符號者，迄今未見有經科學發掘的出土遺物可證。

32

37

33

玉神人紋十二節琮
良渚文化
高31厘米　射徑26.5－7.5厘米
清宮舊藏

Jade twelve-joint Cong with mythical figure design
Liangzhu Culture
Height: 31cm
Diameter of hole: 26.5 — 7.5cm
Qing Court collection

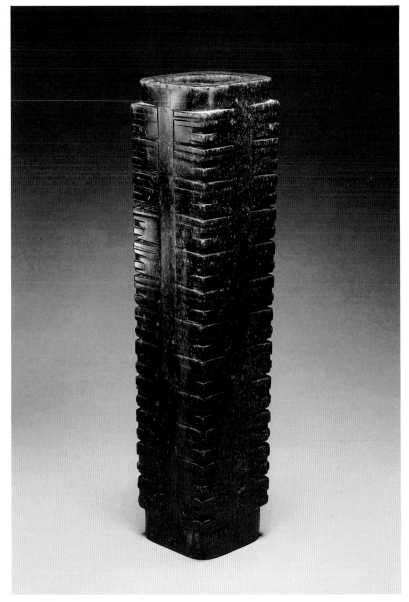

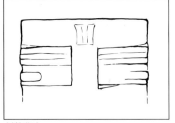

刻符摹本

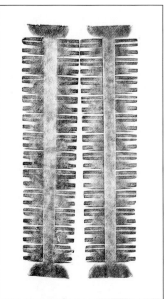

局部飾紋拓片展示

玉料深碧色，似為透閃石。體為上大下小的方柱形，中心有一穿孔，兩端各有一四方委角形口。通器上下共有十二節，每節均以四角為中心，以四面凹槽為隔，各飾一簡化神人紋。神人紋的冠、鼻清楚可見，但雙圓眼已模糊不清。在玉琮大端一側中部近口處，陰琢一組符號。

迄今所知，良渚文化期刻有各種各樣符號的長高型玉琮，除故宮博物院兩件外，另在中國歷史博物館、台北故宮博物院、上海博物館、北京市首都博物館等各有一或兩件。有考證謂這些符號可能與原始文字有關，對研究中國文字起源和原始文化極有價值。

據《周禮·春官·大宗伯》載："以黃琮禮地"，但從目前良渚文化墓葬出土的玉琮來看，還沒有實物資料證明這一說法。例如，在江蘇常州武進寺墩遺址一座墓葬中，發現屍骨周圍放有大小玉琮三十三件，還有玉斧、玉璧等。這種放置玉琮法頗令人費解，推測除表示死者身份高貴外，尚有使屍體不腐的目的。

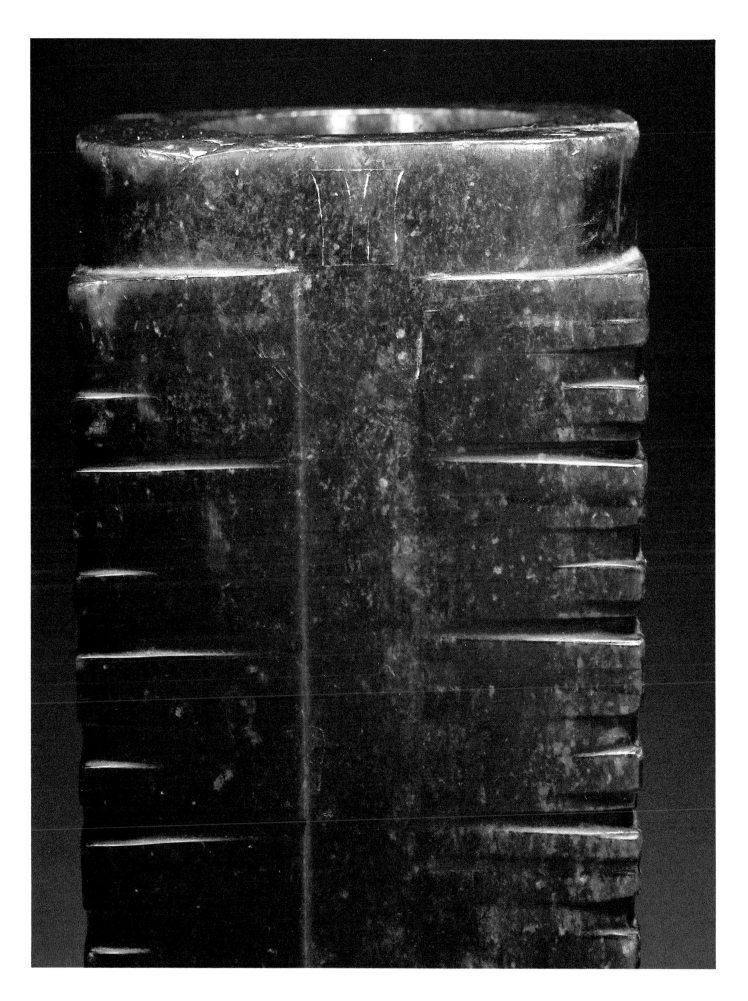

玉三孔鏟
龍山文化
長27厘米　寬16厘米　厚0.8厘米
1930年代初山東省日照縣
兩城鎮出土

Jade Chan (a shovel) with three holes
Longshan Culture
Length: 27cm　Width: 16cm
Thickness: 0.8cm
Unearthed in 1930s at Liangchenzhen,
Rizhao County, Shandong Province

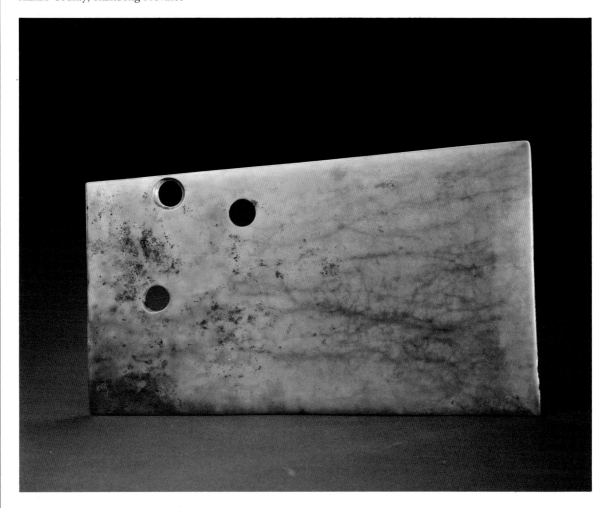

玉料淡黃中帶綠色，一面受沁蝕較重。體扁平，呈肩窄刃寬的梯形，刃
鋒銳，兩面磨成，並稍有崩裂。正中有一圓孔，孔一側上下又鑽兩圓
孔，且各有一深碧色石塞嵌入孔內。

此器是1957年收購的。當時定不準年代和名稱。山東大學歷史系劉敦愿
教授，在1988年第二期《考古》上著文，稱有一件玉鏟原是一位兩城鎮中
醫劉述彷老先生保存的五件出土玉器之一。出土時間在本世紀三十年代
初，因所在地建成了居民區，不易確定具體的出土地點。劉教授所談該
器之尺寸、兩個石塞與此器完全吻合。故此，可以肯定此器就是劉先生
所述之物，亦知它是一件龍山文化期的出土珍品。器面上看不出捆紮和
使用痕迹，已不是生產工具而是禮器、儀仗或祭祀器。

此器製作規整，寬大而薄，原在出土時附有兩個孔塞，其用意待考。

玉刀
龍山文化
長49.1厘米　寬5.9厘米
厚0.1厘米

Jade knife
Longshan Culture
Length: 49.1cm　Width: 5.9cm
Thickness: 0.1cm

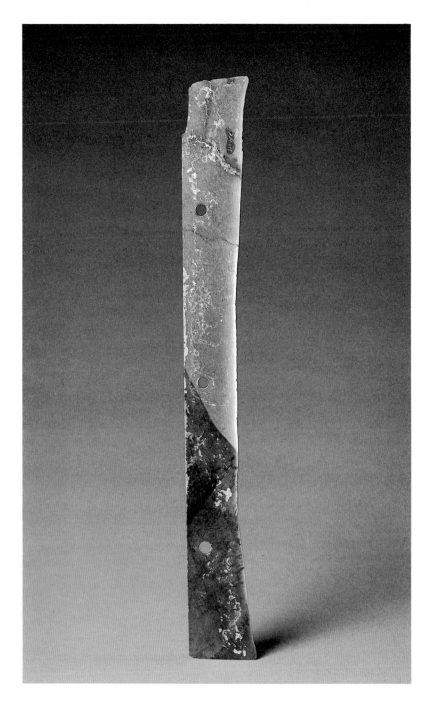

玉料墨綠色。體薄而扁長，寬邊處由兩面磨成薄刃，有三個等距圓孔。
玉刀正面光滑，背面粗澀且有土浸痕，似未經打磨。

這件玉刀的厚薄、色澤及打孔部位和方法都與陝西省神木縣石峁出土龍
山文化的玉刀相似，當為同期物。器雖有利刃，但如此寬薄，顯然不是
實用器，推測為祭祀器或作儀仗禮器。

玉變形人面紋斧
新石器晚期
長21.8厘米　寬5.5厘米
厚0.9厘米

Jade axe with stylized human mask
The late Neolitic Age
Length: 21.8cm
Width: 5.5cm
Thickness: 0.9cm

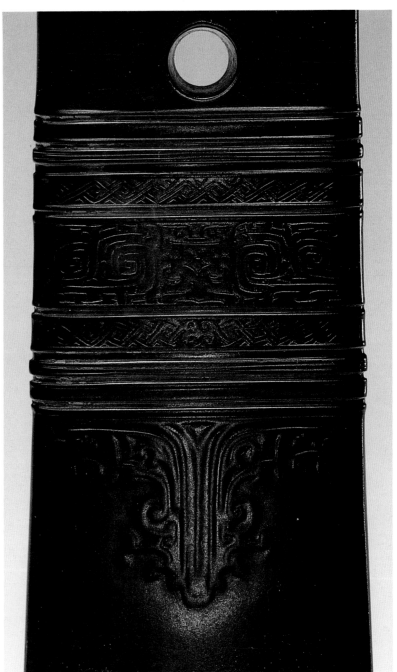

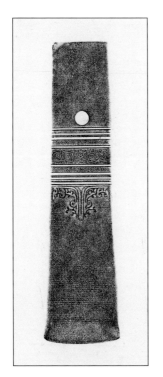

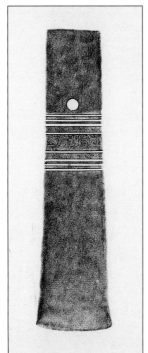

正背面拓片

玉料墨黑色，近肩處有青白色沁斑。體扁長，兩腰略收，呈梯形。玉斧上部正中有一喇叭形孔。兩面均飾凹凸橫弦紋和繩索紋，中間夾有兩組帶渦形目的變形人面紋。正面更以剔地陽紋加飾另一變形人面於其下。

玉斧為一件罕見物。此器之斷代曾有多種說法，但從表面紋飾與用堅硬工具直接琢紋方法看，跟山東龍山文化的玉磷相似；還有它的剔地陽紋法又似石家河文化技藝，所飾繩索紋則似二里頭文化，故其製作年代當在新石器晚期與二里頭文化間。

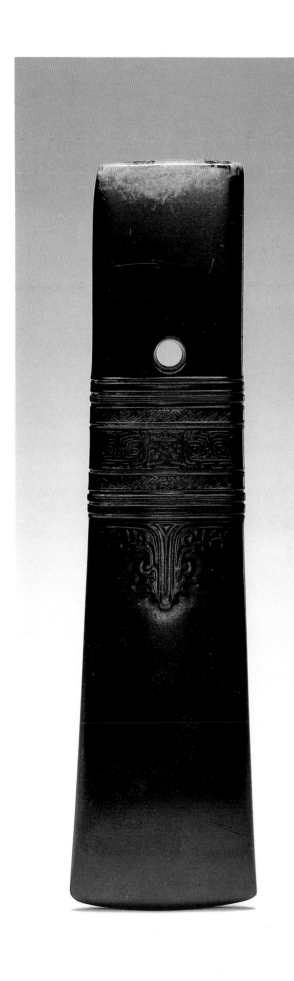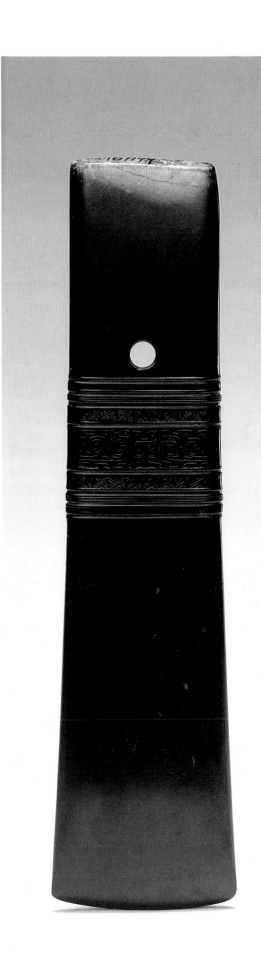

玉人首
石家河文化
高3.7厘米　寬4.2厘米
厚1.7厘米

Jade human head
Shijiahe Culture
Height: 3.7cm　Width: 4.2cm
Thickness: 1.7cm

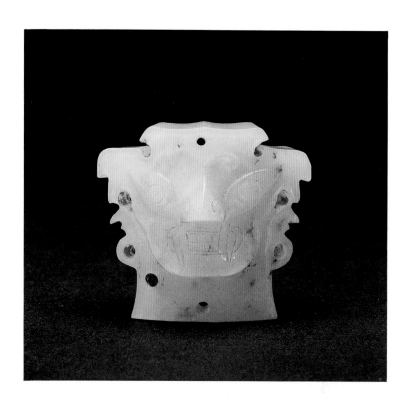

玉料青色。體為半圓雕。正面弧凸,以浮雕剔地陽紋和陰線刻紋法飾一人面,梭形眼,眼珠斜立外凸,三角形鼻,鼻翼處線刻卷勾紋,張口露齒,下頜略翹起,兩耳佩環,頭頂有冠,在上下部中央及左耳下各有一孔。背面內凹,光素無紋。

玉人首在新石器時期的玉雕中並不多見。此器的琢工和人面刻畫的風格特點與湖北省石家河文化遺址出土的一件玉雕人首有許多相似處,當為同期物。

玉人獸複合式佩
石家河文化
高8.2厘米　寬4厘米
厚0.6厘米

Jade pendant with the compound design of human and beast
Shijiahe Culture
Height: 8.2cm　Width: 4cm
Thickness: 0.6cm

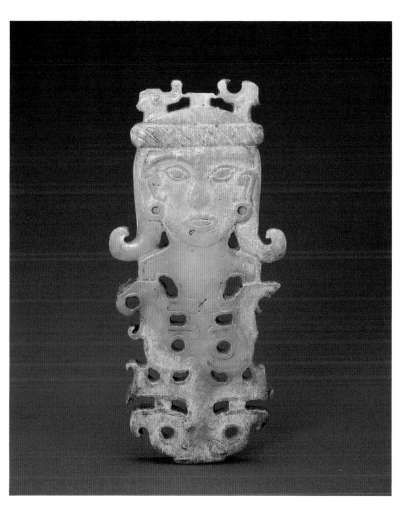

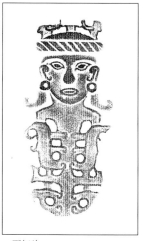

一面拓片

玉料青綠色，局部有較重白色沁斑。體扁平，兩面形式和紋飾相同。通體鏤雕一人首獸身形飾。所飾人首，頭帶繩索紋花冠，冠上似有對稱的簡化雙鳥，長髮垂於兩耳之後，棗核形眼眶，棒鎚形鼻，橢圓形嘴，耳下佩環。器下部為獸首，人身於獸首之上，略變形。

此器之年代，因無出土物可證而長期不為人識，有的認為是新石器時期文物，有的以為屬於商周或以後。從近期出土的玉器看，其獸首頗似湖北石家河地區出土獸首之形，而人首臉部的剔地陽紋及棗核形目等，亦似該文化之風格。為此，初步可視為石家河文化之物。

玉鷹攫人首佩
石家河文化
長9.1厘米　最寬5.2厘米　厚0.9厘米
清宮舊藏

**Jade pendant with design of a
eagle grabbing human heads**
Shijiahe Culture
Length: 9.1cm
Maximum width: 5.2cm
Thickness: 0.9cm
Qing Court collection

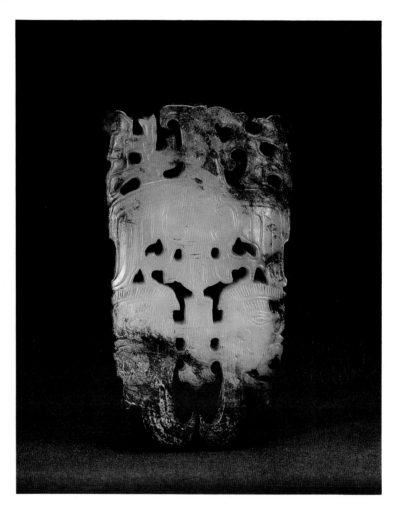

玉料青黃色，局部有褐色沁。體扁，兩面形式和飾紋相同。以鏤雕和剔
地陽紋手法作一鷹和兩個人首。鷹勾嘴、圓目、腦後有飄髮、側首、正
身、展翅、雙爪各攫一人頭。兩個人首的形式、大小相同，各背向一
側，蓄短髮，橄欖形目，閉口、長鬍鬚、側視表情痛苦。

近似的玉鷹攫人首佩，上海博物館和天津藝術博物館各藏一件。關於此
器的年代，由於長期沒有出土遺物佐證，有過多種推測。有的認為是龍
山文化遺物，有的說是商或西周遺物。近年隨考古工作的深入和發展，
對其玉料及製作方法詳加考證，其風格與石家河文化某些出土玉器很相
似，故年代最可能是石家河文化時期。

至於此器的內容含意，亦有多種說法，有說是龍山文化的"圖騰"，有的
說是古先民"人祭"之寫照。究竟何說為宜，目前尚無定論。

玉立雕神人
新石器時期
高14.6厘米　寬6厘米
厚4.7厘米

Jade carved mythical man
The Neolithic Age
Height: 14.6cm　Width: 6cm
Thickness: 4.7cm

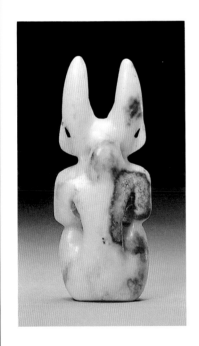

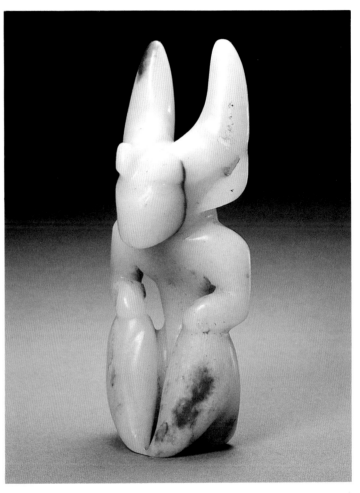

玉料青黃色，局部有赭色沁斑。神人整體呈蹲坐式，頭頂有粗而長的雙角，且自腦後向前彎。面部窄而凸出，赤身細腰，下肢呈水滴形，上肢扶於膝。

所用玉材同紅山文化某些玉器用料類似，風格古樸。神人五官似用粗而淺的陰線琢出，人身局部亦留有線切割的痕迹，但現已模糊。今在河北地區新石器時代遺址中，也發掘到類似的石獸，可作參照。故將這件玉獸的製造年代暫定為新石器時代，或有可能為紅山文化遺物。

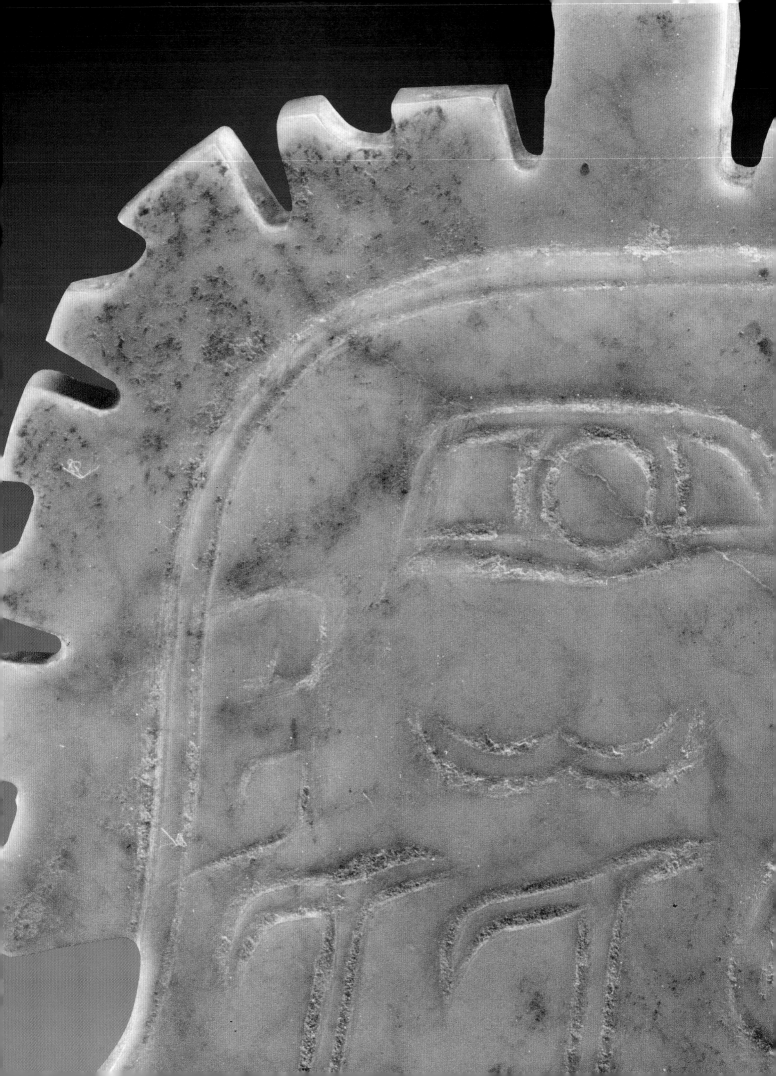

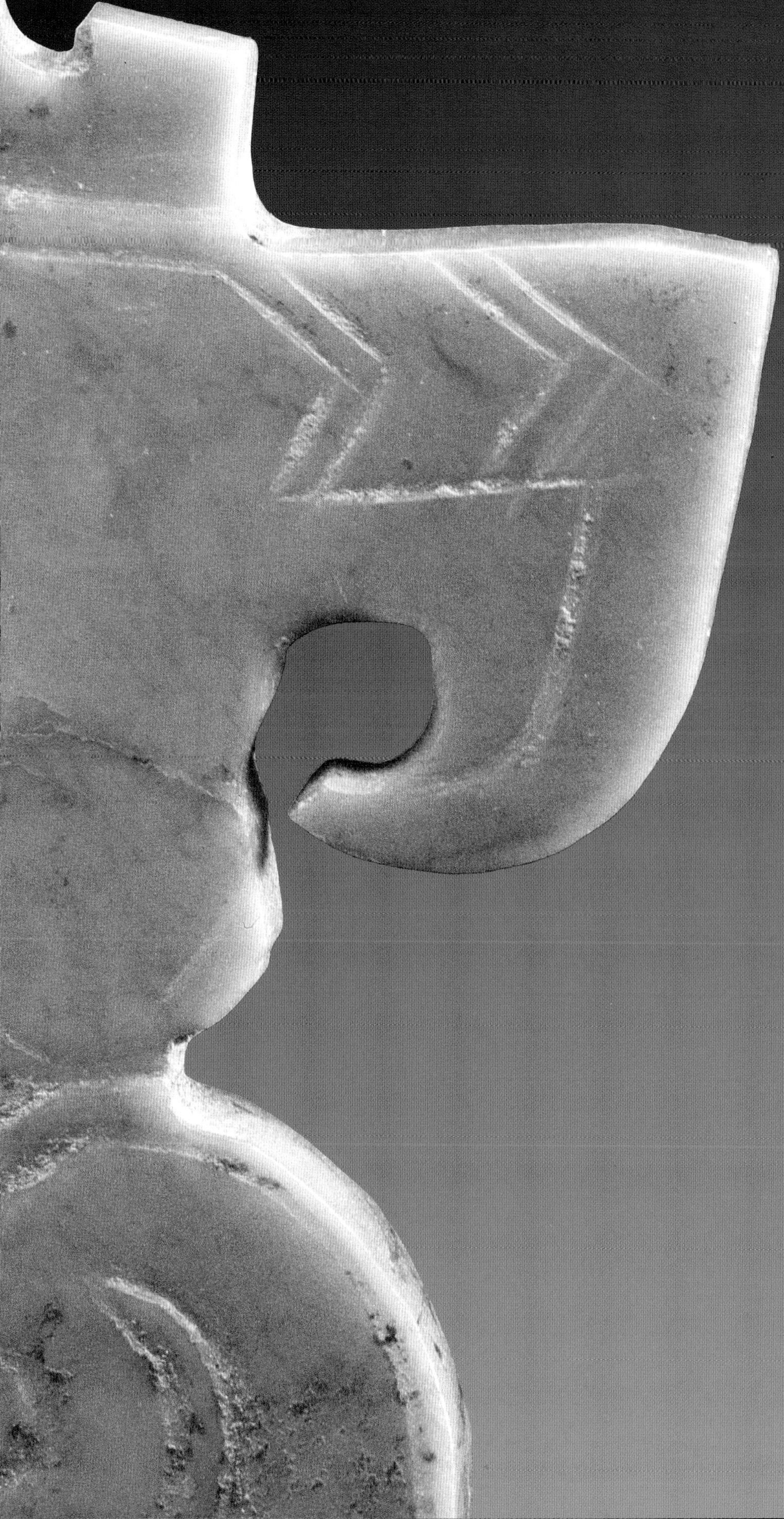

夏商

Xia
&
Shang
Dynasty

玉刻紋刀
二里頭文化
長64.2厘米　寬11.7厘米
厚0.4厘米

**Jade knife carved
with intersecting design**
Erlitou Culture
Length: 64.2cm　Width:11.7cm
Thickness: 0.4cm

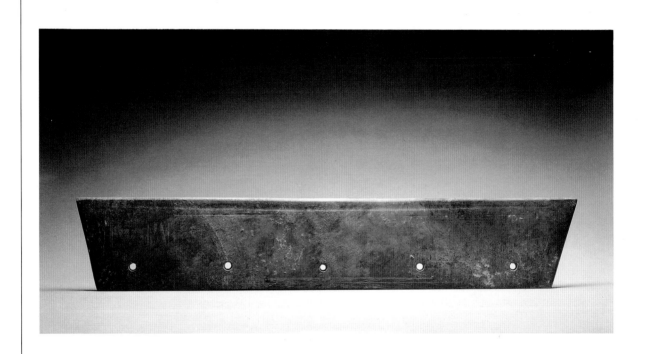

玉料墨綠色，局部有褐黃色沁。體扁長，肩窄刃寬，有等距的圓孔五個，兩端各飾兩組直斜交叉的網格紋。

這刀的形制和紋飾與河南偃師二里頭出土的七孔玉刀基本相似，只是兩端沒有齒紋。從刀的古樸造型、玉質、沁色和紋飾的簡練雕法，可定為二里頭文化三或四期之禮器。

石刀在新石器時期的青蓮崗文化已有出土，但玉製刀則於龍山文化晚期始見，此後河南的二里頭文化、四川的三星堆皆有出土。一般玉刀體寬、長且薄，並無使用痕迹，當為一種貴族的儀仗器，而穿孔多為奇數，是為方便與木柄捆紮而作。

玉弦紋刀
二里頭文化或商早期
長50.7厘米　寬8.6厘米
厚0.3厘米

Jade knife with bow-string pattern
Erhtou Culture or the early part of
Shang Dynasty
Length: 50.7cm　Width: 8.6cm
Thickness: 0.3cm

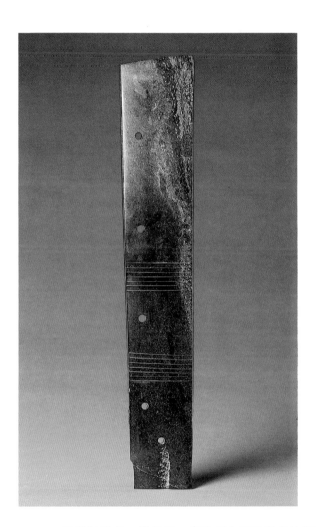

玉料深碧色。體扁平，寬邊有由兩面磨成的銳刃，一側有平列的四孔，
孔距約10厘米。一端微狹，似殘斷，上有一孔。正面陰刻兩組平行弦
紋，每組各有七道弦線。

這玉刀的玉質精良，開片較薄，陰線琢紋筆直、流利，當屬商代早期或
二里頭文化遺物。

玉戚
三星堆文化
長36.8厘米　最寬11.6厘米
厚0.6厘米

Jade Qi (an axe)
Sanxingdui Culture
Length: 36.8cm
Maximum width: 11.6cm
Thickness: 0.6cm

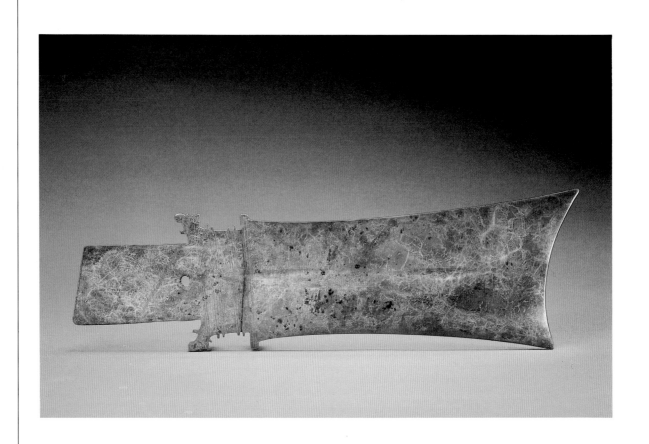

玉料青褐色，白色沁紋。體扁長，片狀，刃作凹弧形。器由"援"與"內"組成，前部較寬稱為"援"，後部似柄稱為"內"。援與內相接處兩側琢對稱凸齒，齒與齒之間以槽陰線相連。內中部有一單面鑽孔。一面留有上下深淺不一的切割痕，但無崩裂，也無捆紮痕和使用痕。

從這件玉器的形制、玉質及受沁情況看，與四川廣漢三星堆的同形器極相似，應為同期物。

這類玉戚最早見於陝西省神木縣石峁龍山文化晚期遺址，其後在二里頭文化、三星堆文化亦有大批發現，在邊遠地區更延續至東周。

關於定名，自清人吳大澂《古玉圖考》起，文物考古界多稱為"玉璋"或"玉牙璋"。古籍稱："璋，半圭也。"也就是說，玉璋之形，應為玉圭縱切的一半。但此器有凹刃，並有內和穿孔，供與木柄捆紮用，明顯是古儀仗器之一，與無刃且多呈幾何形的璋似無關係，故定名為玉璋似不妥。又，古玉器中有一種"戚"，與斧、鉞同用，故用玉戚之名為宜。

玉戚

三星堆文化

長36.5厘米　寬8.1厘米

厚0.6厘米

Jade Qi (an axe)

Sanxingdui Culture

Length: 36.5cm　Width: 8.1cm

Thickness: 0.6cm

44

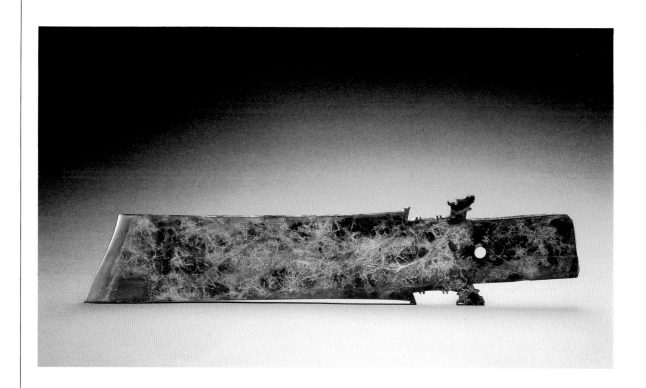

玉料深褐色，局部有灰白色沁斑。體扁平，兩側略成弧形；前端薄，端口成凹形口刃；另一端兩側有對稱的琢齒三組，其中一組作獸首，另兩首略短，器上有一圓孔。

45

玉圓形鉞
商
長19厘米　寬18.9厘米
厚0.3厘米

Round jade Yue (a battle-axe)
Shang Dynasty
Length: 19cm　Width: 18.9cm
Thickness: 0.3cm

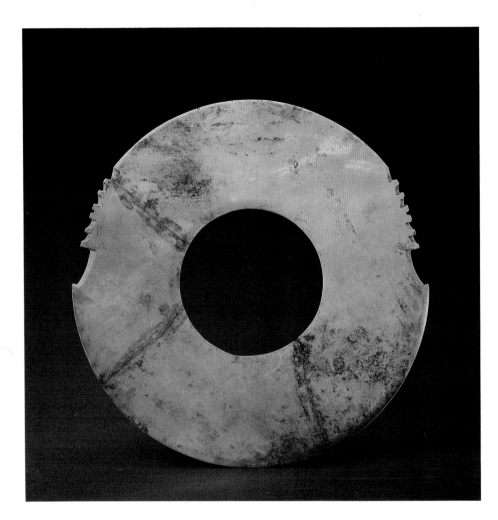

玉料受沁成雞骨白色。體原斷為三塊，後黏合復原。體扁平，圓形，中心有一圓孔，靠肩兩側各有六個凸齒，前後兩面斜削成銳刃。

玉鉞始見於新石器時期，興盛於商代，一般作斧形，很少見有圓形的。鉞是斧屬，用途與玉戚類似，即作儀仗或殉葬用。商或西周玉鉞的左右各削去一部分，並在削去的部位切割出凹凸形戚齒，以便與木柄捆紮時更加牢靠結實。

54

46

玉弦紋戈
商
通長27.2厘米　內長6.9厘米
寬8.1厘米　厚0.6厘米

Jade Ge (a dagger-axe) with bow-string pattern
Shang Dynasty
Overall length: 27.2cm
Inner length: 6.9cm
Width: 8.1cm
Thickness: 0.6cm

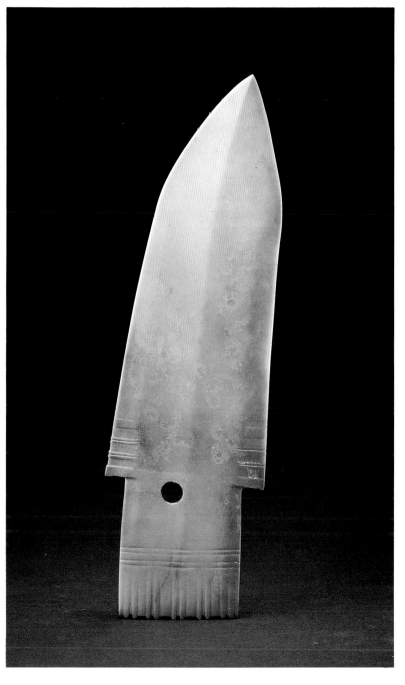

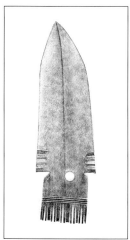

另一面拓片

玉料青白色，局部有褐色沁斑。戈的內部兩面刻有四條陰線，末端有五對齒狀凸脊，近援處有一孔，孔上部兩邊各有三脊；援的兩面中部隨形微凸起一脊線，雙面刃，一側刃部凹弧。

玉戈最早見於陝西龍山文化晚期，商代最為流行，及至西周仍有製作。玉戈有長近一米的，也有短到三、五厘米的。一般早期較長，晚期漸短。

玉戈援部似刀，既直且長，刃部又無使用痕迹，雖形似武器卻不是實用器物，早期應為儀仗用器或禮器，晚期似兼有象徵財富之意。

55

玉獸面紋戈
殷商
長14.9厘米　寬5.1厘米
厚0.4厘米

**Jade Ge (a dagger-axe) with
animal mask design**
Shang (Yin) Dynasty
Length: 14.9cm　Width: 5.1cm
Thickness: 0.4cm

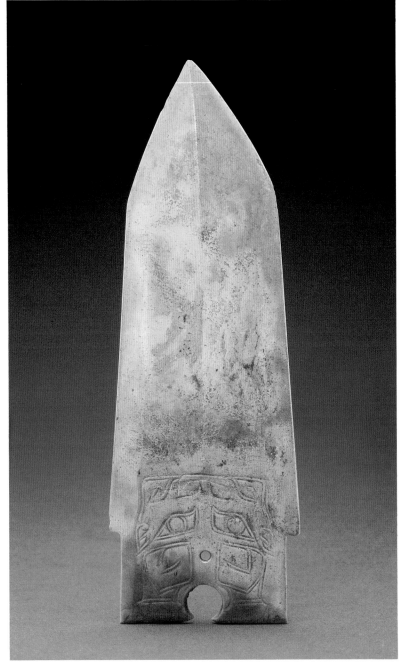

玉料沁蝕成灰白色，局部有淺褐色沁斑。體扁平，援兩側磨成刃，中部有一條自尖到內的脊線，前端尖銳並呈三角形，內兩面均刻雙勾線獸面紋，中間有一圓孔，末端有一殘孔。

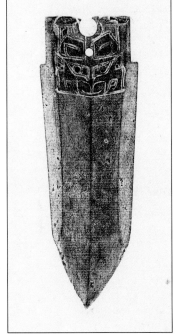

另一面拓片

48

玉刀
商晚期
長15.5厘米　寬2.3厘米
厚0.3厘米

Jade knife
The latter part of Shang Dynasty
Length: 15.5cm　Width: 2.3cm
Thickness: 0.3cm

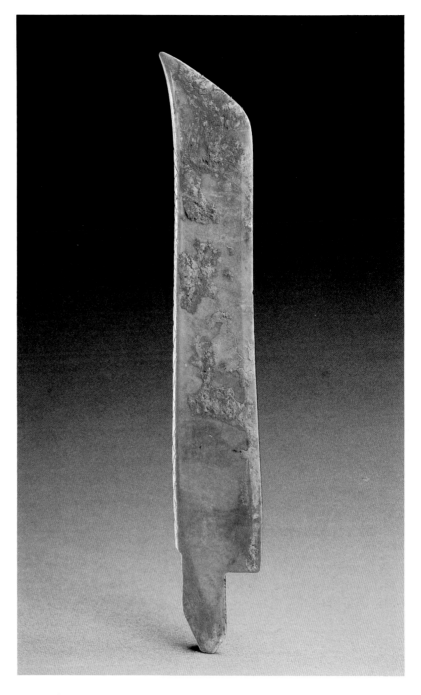

玉料深黃綠色。體薄，片狀。刀尖翹起，兩面磨刃較鋒利；背脊稍厚，中間隆起，兩側淺浮雕連續的"人"字形紋；刀柄處有榫，可與他物接連。

這刀的形制與殷墟婦好墓出土的玉刀極相似，紋飾也類同，應為同期物。至於用途，因器表無使用痕及崩裂，可能為禮器。

玉璇璣式環
商
通牙外徑11.7厘米
內徑6.5厘米　厚0.7厘米
清宮舊藏

Jade ring in the style of Xuanji
(an astronomical instrument)
Shang Dynasty
Outer diameter of serrated edge: 11.7cm
Inner diameter: 6.5cm　Thickness: 0.7cm
Qing Court collection

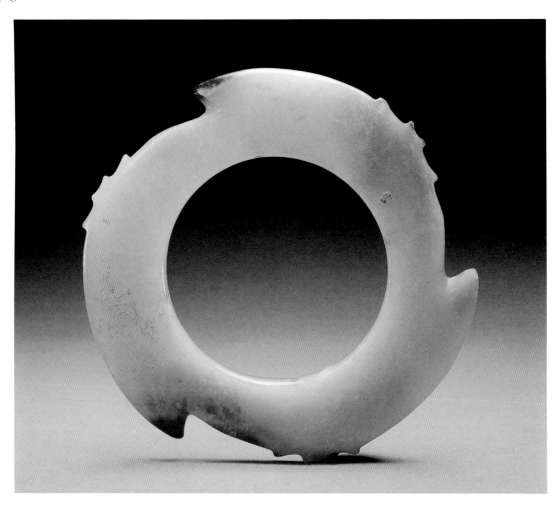

青玉，有褐色沁。體為圓環，片狀。中部有一大圓孔，孔內邊棱上有四個等距的小孔，用途不詳。內緣較厚；外緣漸薄，有三個向同一方向旋轉的凸脊，每脊間各有四個小齒牙。

璇璣式環最早發現於山東大汶口文化，其後在陝西和河南龍山文化遺址中屢有出土。關於它的用途，眾說紛紜，以前認為用作觀察天文，或是織布機上的紡輪，但現在已經否定。河南安陽小屯村的一座商代墓中，發現一件同類器物，置於人骨架的胸部右側，故推測它或為環的變種，或為佩類。又，這類器物均在有水災和風災出沒的黃河流域和沿海地區發現，或可能是仿水渦或旋風而作的原始自然崇拜器，與古人仿天之圓而作璧，仿地之方而作琮的用意相似。

玉蟬形璇璣式環

50

商

徑最寬10.5厘米　孔徑3.3厘米
厚0.4厘米

Jade ring in the style of Xuanji with cicada pattern
Shang Dynasty
Diameter:10.5cm
Diameter of hole: 3.3cm
Thickness: 0.4cm

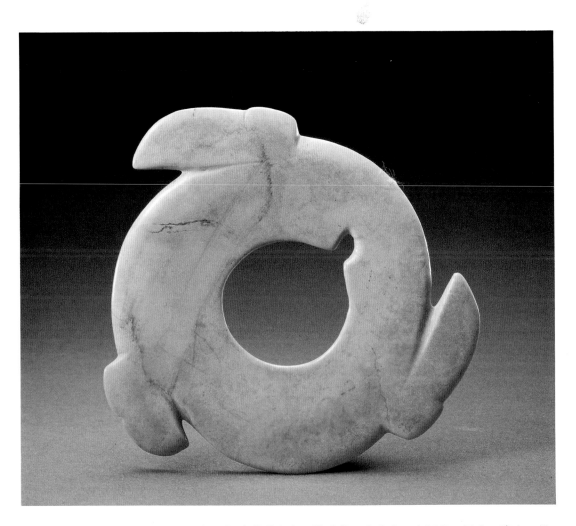

玉料沁蝕成雞骨白色。體片狀，中央有一大圓孔，圓孔一邊有一豁口。外緣經切割，有三組外凸並朝向一致、間距相等的蟬形脊。

玉蟬早在紅山文化已有發現，把蟬紋雕刻在器物上則始於商代。惟在器脊上琢飾蟬形卻不多見。此器刀法簡練，造型渾樸，三個蟬形脊飾令器物更生動活潑，富有新意。

玉柄形器
商
長16.4厘米　寬2.1厘米
厚1.1厘米

Jade article in the shape of a handle
Shang Dynasty
Length: 16.4cm　Width: 2.1cm
Thickness: 1.1cm

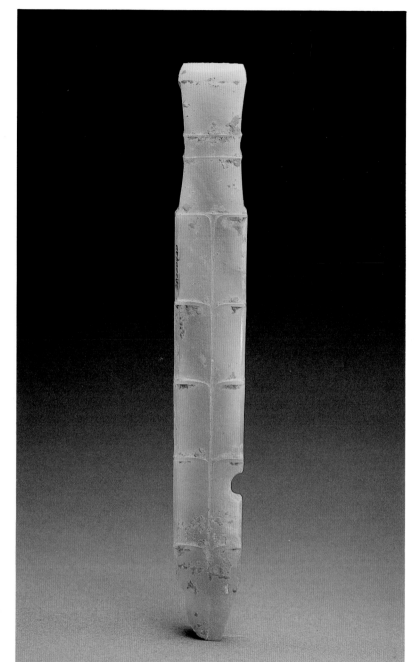

玉料青色，局部有水土沁痕。體扁長，上下共琢為五節，每節雕成花瓣形，其中一節旁側有缺口。一端有凸榫，榫的腰間有兩道凸弧紋；另一端呈尖形。

帶缺口的柄形器，於商代墓葬中很常見，似都是利用餘料改製而成的。柄形器的凸榫，有長短粗細及厚薄之分，有的更帶孔，可作扦插或與其它物件相連。

玉獸面紋鰈
殷商
高3.2厘米　直徑2.8厘米

**Jade archer's ring with
animal mask design**
Shang (Yin) Dynasty
Height: 3.2cm　Diameter: 2.8cm

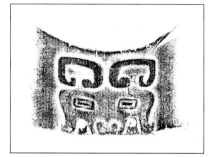
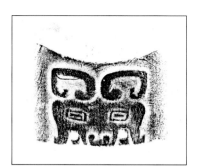

正背面拓片

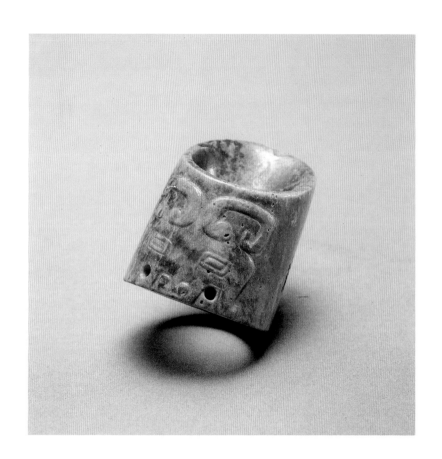

玉料受沁成黃褐色。體作圓筒形，下端平齊，上端為前高後低的斜坡形，中通空。正面凸雕獸面紋，方形眼，雙角盤捲於額頂，渦形鼻，不見嘴。鼻兩側各有一對穿孔，供繫繩用。背面靠近下端有一深槽。

鰈為古代射箭用具，又稱搬指。《說文》："鰈，射決也。"即指此。若將鰈套入拇指，弓弦恰可納入背面的凹槽內，同時用細繩穿越雙孔，縛於手腕。鰈始於殷商，流行於戰國至西漢，惟後期的鰈多已失去了扣弦拉弓的實際用途，變為純粹的裝飾品。

此鰈與在殷墟婦好墓發現的一件相似，當為同期物。

玉雙龍首玦
殷商
外徑3.7厘米　內徑1.5厘米
厚1.2厘米

Jade Jue (a penannular ring) with two dragon heads design
Shang (Yin) Dynasty
Outer diameter: 3.7cm
Inner diameter: 1.5cm
Thickness: 1.2cm

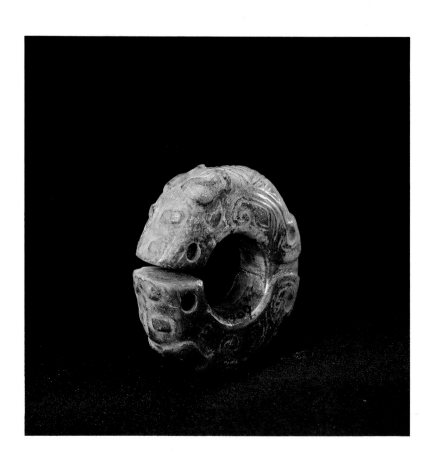

玉料通身有黃褐沁斑。體為環形，中間有一缺口。兩面紋飾相同，皆雕雙龍首，雙龍形狀相似，面面相對，均張口，方眼渦鼻，雙柱形角，雙耳緊貼頸部。兩側脊背飾菱形紋兼三角形紋，身飾鱗紋。兩尾捲曲相接。一龍首口部有一穿孔，另一龍首穿孔未透。尾尖有鑽孔痕迹。

商代玉玦出土很多，有的片狀，兩面均雕蟠龍紋；有的整體圓雕成動物形，背脊有扉棱，身飾商代流行的雲雷紋、鱗紋、三角形紋等。各式玦皆形制規整，小巧美觀。

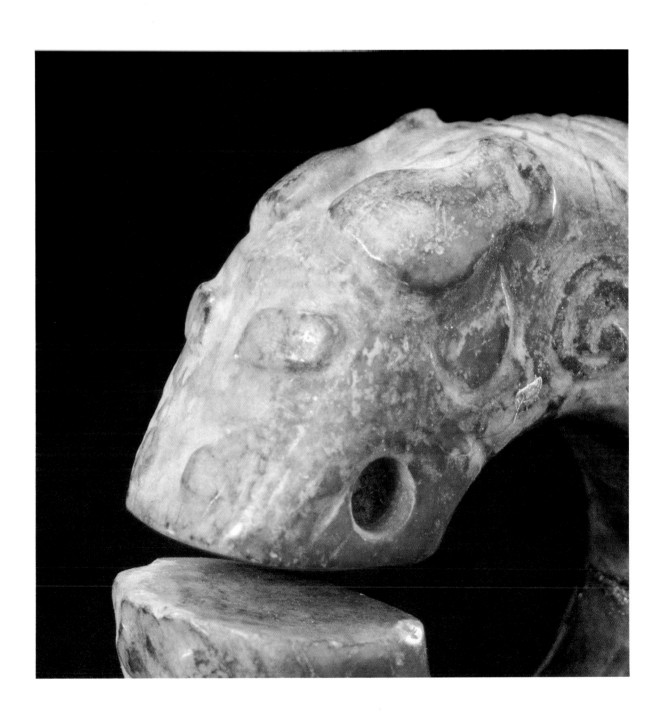

玉獸形玦
商
徑4.4—5.9厘米　厚0.5厘米

Jade Jue (a penannular ring)
with animal design
Diameter: 4.4 – 5.9cm
Thickness: 0.5cm

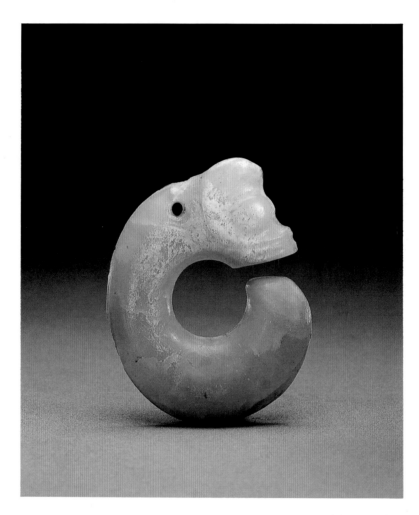

黃玉，有白色沁。體作一如"C"字形的獸，圓目微凸，雙耳豎立，首尾內蜷而不接。正面中央略凸，往邊緣逐漸趨薄，背面粗糙無紋。

此獸頭較大，身光素，風格不同於商代玉玦，似受紅山文化影響，或與之有繼承關係。

玉弦紋鐲
殷商
外徑12.1厘米　孔徑6.7厘米
厚1.4厘米

Jade bracelet with bow-string design
Shang (Yin) Dynasty
Diameter: 12.1cm
Diameter of hole: 6.7cm
Thickness: 1.4cm

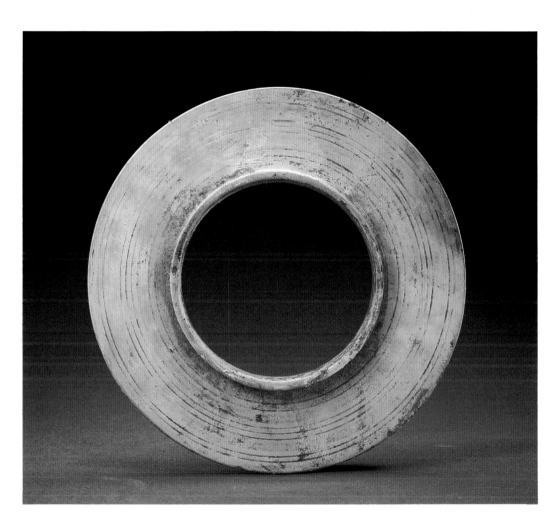

受沁成雞骨白色。體作圓形，中心為一圓孔，兩面各飾相同的三圈圓弦紋。近孔有一圈環形凸脊。

這類器物最早見於新石器時期，在商代仍有所見，此前曾定名為乳環或乳蓋，以為是女性乳房飾物。近年根據考古發掘，始知它是戴在手腕上的飾物，故易名為玉鐲。

玉箍形器

商

高5.4厘米　下口徑6.7厘米

上口徑6.6厘米

Jade hoop-shaped article

Shang Dynasty

Height: 5.4cm

Diameter of lower mouth: 6.7cm

Diameter of upper mouth: 6.6cm

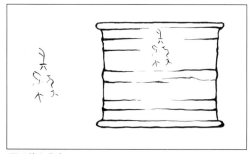

器及銘文摹本

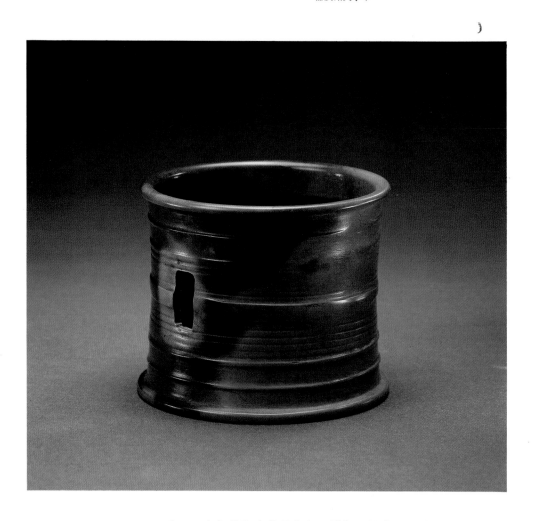

青玉，大部分沁成雞骨白色。體為圓筒式，兩端口沿外折，中腰微束。筒壁極薄，外壁雕勻稱的凸弦紋五道，凹弦紋十道。內壁打磨光滑。腰部一側有一長方形孔。另一側有陰琢篆體銘文。

此器形制較特殊，用途不詳。同樣的類型，在殷墟婦好墓中亦有發現。但此器有銘文，故為珍貴文物。

玉螳螂
殷商
長8.4厘米　寬1.2厘米
厚0.5厘米

Jade mantis
Shang (Yin) Dynasty
Length: 8.4cm　Width: 1.2cm
Thickness: 0.5cm

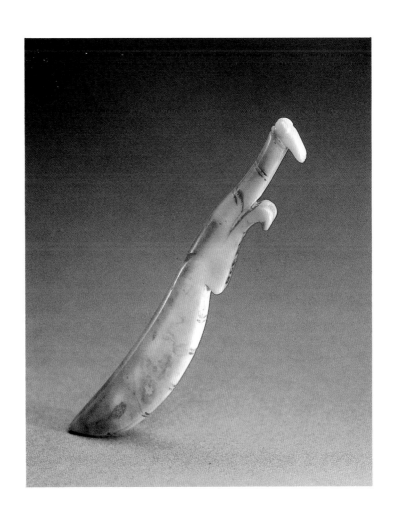

玉料青色，局部有黃褐色沁。體略扁，為半圓雕。螳螂圓目、細腰、寬腹、雙足前屈、身體雙勾紋，作爬行狀。

玉螳螂在商代墓中時有發現，然如此器之精美生動者，極罕見。

玉龜
商
長5.9厘米　寬4.1厘米
厚1.3厘米

Jade tortoise
Shang Dynasty
Length: 5.9cm　Width: 4.1cm
Thickness: 1.3cm

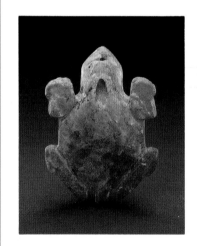

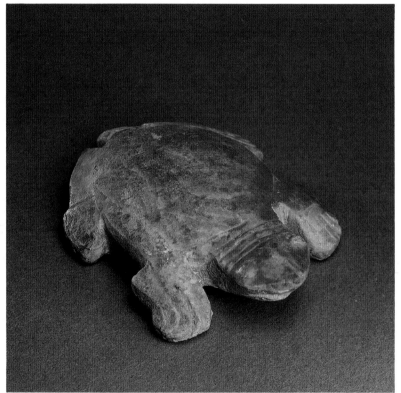

玉料青色，有大面積的赭色沁。玉龜為圓雕，作爬行狀。龜背與頭較厚重。頸部有四條用粗陰刻線的皺褶，背甲微微隆起，尾短；四足前伸，並以陰刻線紋表示趾爪；頭微微上翹，凸眼，張口，似在監視獵物，伺機出擊的神態。龜口下有一對穿孔，可供繫佩。

玉龜最早出現於紅山文化遺址。據說出土時，屍骨的左右手各握一龜，且為一公一母，一頭朝外，一頭朝內；這是否地位與權力的象徵，還有待考證。

商代玉龜在安陽殷墟遺址中多有發現。此件玉龜無論在雕刻技法和外觀造型上都具有商代的藝術特色。

玉燕
殷商
長5.4厘米　寬2.8厘米
厚0.2厘米

Jade swallow
Shang (Yin) Dynasty
Length: 5.4cm　Width: 2.8cm
Thickness: 0.2cm

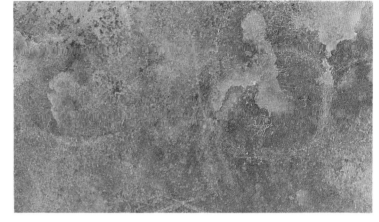

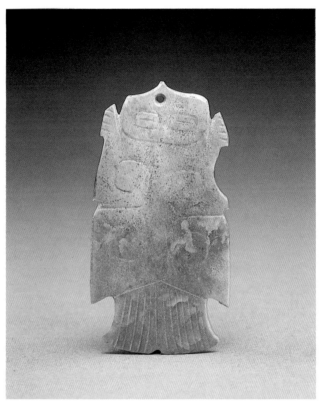

玉料有淺黃色沁斑。燕作薄片狀。正面以陰刻和斜坡刀法施眼、頭、
爪、羽紋和尾；背面平，素無紋。鳥喙後部鑽有一孔，可穿繫佩掛。燕
尾磨成薄刃，有陰刻線紋表示羽毛。

商代玉器，多以鳥、獸、魚、蟲為題材，有的寫實，有的誇張，但皆着
重刻畫頭部，其餘部位求其形似。這類動物形佩飾，尾部多有刃，可用
於簡單的切割。

玉鳥
殷商
高10.9厘米　寬3.5厘米
厚0.4厘米

Jade bird
Shang (Yin) Dynasty
Height: 10.9cm　Width: 3.5cm
Thickness: 0.4cm

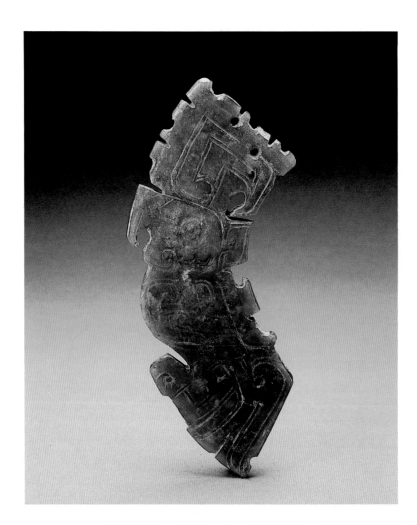

玉料碧色，局部有土沁。體為鳥形，兩面紋飾相同，皆以雙勾法琢圓眼、勾喙、垂尾、高冠，邊緣有出戟紋。玉鳥的高冠處有兩個穿孔，可繫掛。

殷人崇尚鴞、鸚鵡等鳥類，這鳥屬鸚鵡類。商代玉鳥的眼睛，有多種形式，多作"臣"字形眼，少數為小圓洞、圓凸或圓眼上有雙勾眉。這是圓眼玉鳥的代表作。

61

玉鳥
殷商
高6.3厘米　寬4.7厘米
厚0.4厘米

Jade bird
Shang (Yin) Dynasty
Height: 6.3cm　Width: 4.7cm
Thickness: 0.4cm

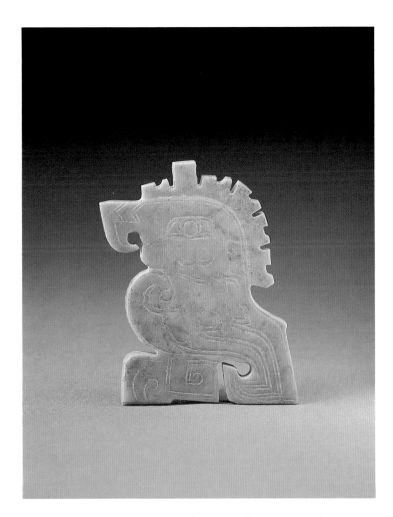

玉料青色，有褐色沁斑。體片狀，兩面紋飾和形式相同，鳥勾喙，有冠，"臣"字形目，用雙勾法雕出羽紋，尾下垂且略向內捲，作站立狀。鳥冠處有一孔，可供佩戴。

此玉鳥突出了頭、目、喙等主要器官，省略不重要的細部，只作象徵性的表現，是殷商玉鳥獨有的裝飾特點。

玉鳥形柄
殷商
高7.1厘米　寬3厘米

Jade handle with bird design
Shang (Yin) Dynasty
Height: 7.1cm　　Width: 3cm

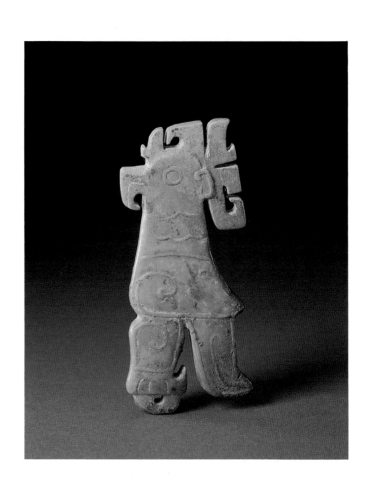

玉料青黃色，局部有淺灰色斑沁。體扁，兩面飾紋相同。以剔地陽紋飾一昂首挺胸，尖嘴、圓眼、高冠、雙翅緊收的鳥，鳥尾垂地，腿部有榫，可作器柄。

以玉作鳥，始見於新石器時期。惟當時的鳥雖有神靈意義，均是摹自現實的鳥，不予人怪異感。此後，特別是殷商和西周，雖主要是寫實性的玉鳥，但亦有部分造型奇特或具有神異性質。此器之鳥為其中一例。

63

玉高冠鳥
殷商
高13.1厘米　寬3.2厘米
厚1.5厘米

Sapphire high-comb bird
Shang (Yin) Dynasty
Height: 13.1cm　Width: 3.2cm
Thickness: 1.5cm

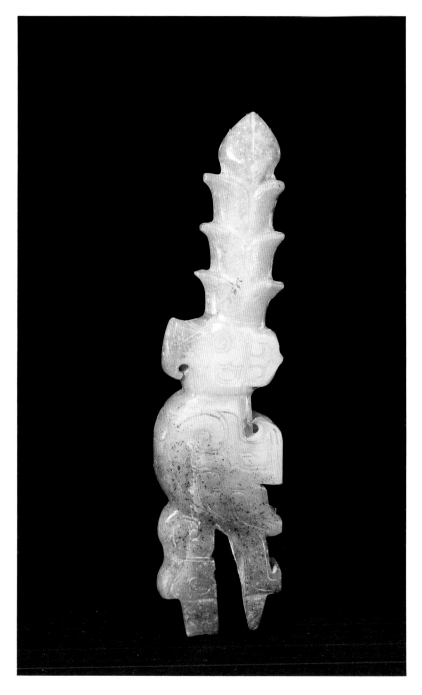

青玉，局部有墨斑。鳥用圓雕，作多層花式高冠，圓眼、勾喙、雲形
耳，雙翅飾雙勾雲紋，足及尾下有短榫，可作柄。

縱觀商代出土和傳世玉鳥，像這種作多層塔式高冠的，迄今所知僅存一
件，它或為神鳥，或為當時人有意誇大鳥冠而作。

玉刻銘鳥形佩
殷商
高9厘米　寬4厘米　厚0.6厘米
清宮舊藏

Sapphire bird-shaped pendant inscribed with two characters
Shang (Yin) Dynasty
Height: 9cm　Width: 4cm
Thickness: 0.6cm
Qing Court collection

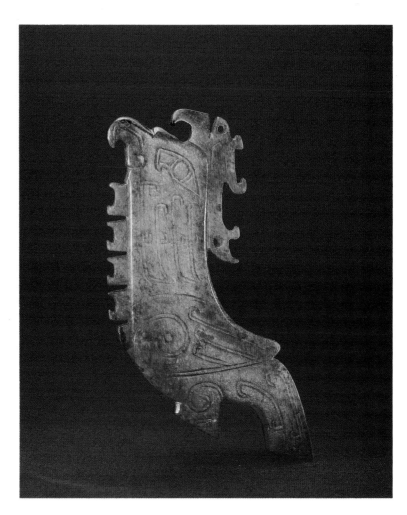

青玉，通身有紅色沁，體片狀，兩面形式和紋飾相同。鳥高冠、勾喙，頷下有五脊。以雙勾琢"臣"字形眼及身、翼、爪的細部。鳥冠兩側各單線陰刻一字。

商代玉器中，此為首次見有刻文字者，所見字體與甲骨文、金文同。

此器為傳世刻銘精品之一，極為珍貴。其銘"𦥑𠂤"二字，可能是器物主人的名和官職。

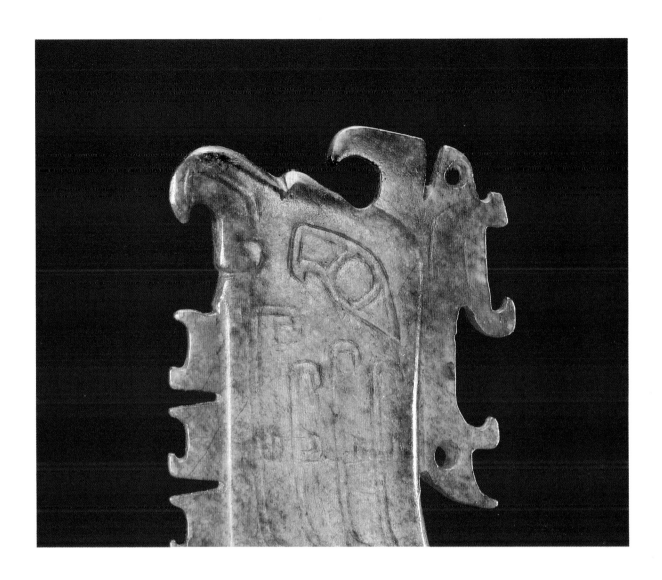

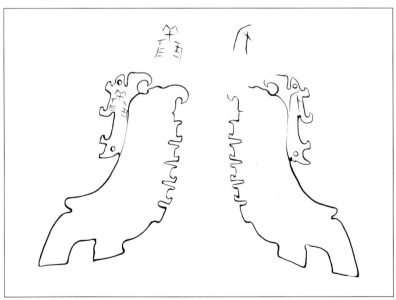

器及兩面銘文摹本

玉雙鳥式璜
殷商
高9.2厘米　寬16.8厘米
厚0.3厘米

**Jade Huang (a semi-annular pendant)
with double-bird design**
Shang (Yin) Dynasty
Height: 9.2cm　Width: 16.8cm
Thickness: 0.3cm

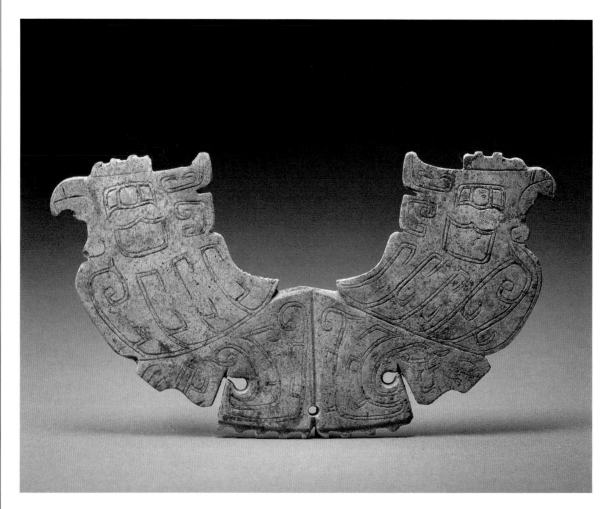

玉料青白色，局部因腐蝕已變成雞骨白色，器側面扁平，正面呈不規則
的半瑗形。璜兩面形式和飾紋相同。兩端以雙勾飾兩隻頭背向尾相連的
鳥，胸脯外突，"臣"字目，鷹勾嘴，短冠，爪前屈，兩尾間有一小圓
孔，可繫佩。

玉璜的造型和紋飾，到商周時更豐富和完美。但這種以雙鳥合為一體的
玉璜，在商代始出現，對後來同類做法有重要影響。

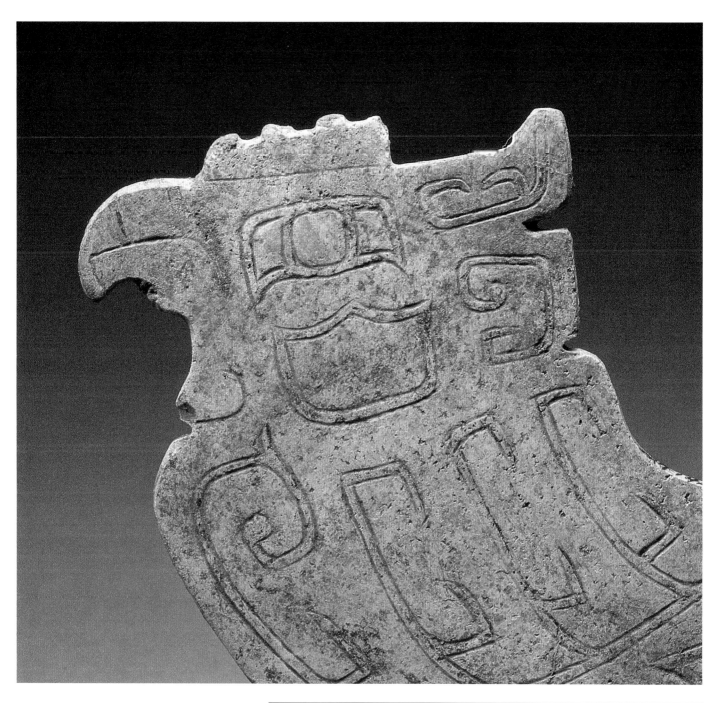

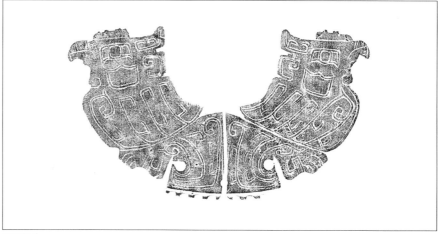

同面拓片

玉牛頭
殷商
高3.8厘米　寬4.6厘米
厚2.1厘米

Jade cow's head
Shang (Yin) Dynasty
Height: 3.8cm　Width: 4.6cm
Thickness: 2.1cm

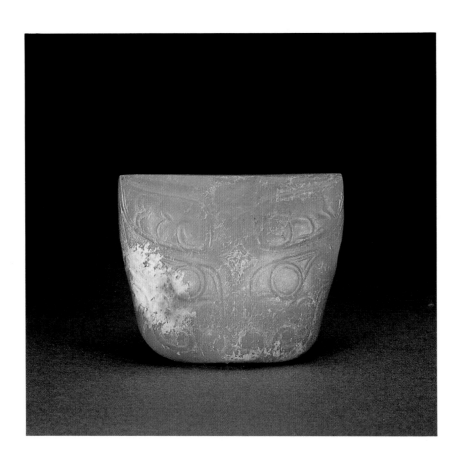

玉料綠黃色，似是岫岩玉，局部有花白色沁斑。體扁平，呈上寬下窄的
梯形。

兩面陰刻牛面紋，牛頭上有彎曲的雙角，"臣"字形眼，嘴微張。四邊各
有對穿的喇叭形圓孔，可繫佩。

牛做為農業勞役之用，同時也是人們的崇拜物之一，或做為祭奉神靈祖
先之用。

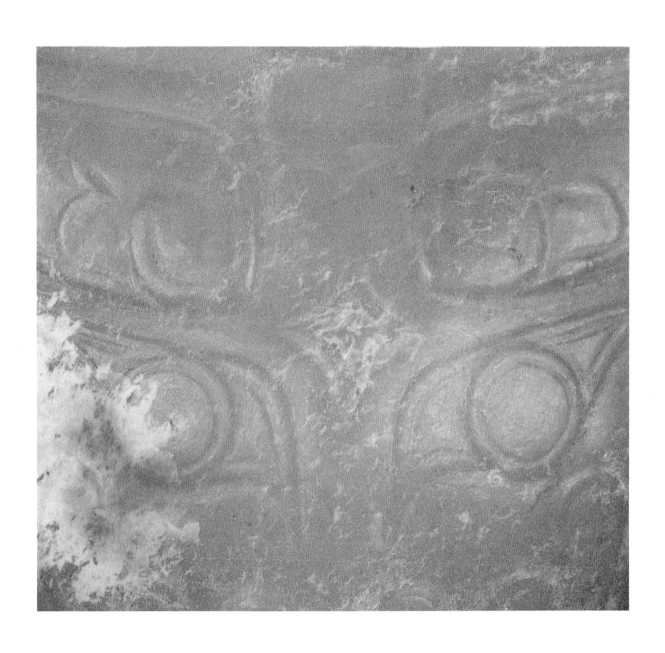

玉豬頭
殷商或西周初期
高4.6厘米　寬2.8厘米
厚1.2厘米

Jade pig's head
Shang (Yin) Dynasty or the early
part of Western Zhou Dynasty
Height: 4.6cm　Width: 2.8cm
Thickness: 1.2cm

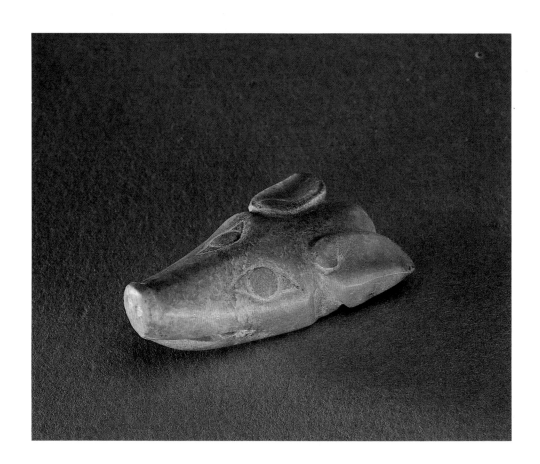

玉料青綠色，局部有花褐色沁斑。玉豬造型簡練，豬耳翹立，"臣"字形
目，鼻、嘴略尖平。底部有一斜圓孔，可繫佩。

商周時期的玉豬出土較少，可能是表示對祖先的崇拜或作供奉物之用。

玉獸頭
殷商
長4.6厘米　寬3.6厘米
厚0.6厘米

Jade animal head
Shang (Yin) Dynasty
Length: 4.6cm　Width: 3.6cm
Thickness: 0.6cm

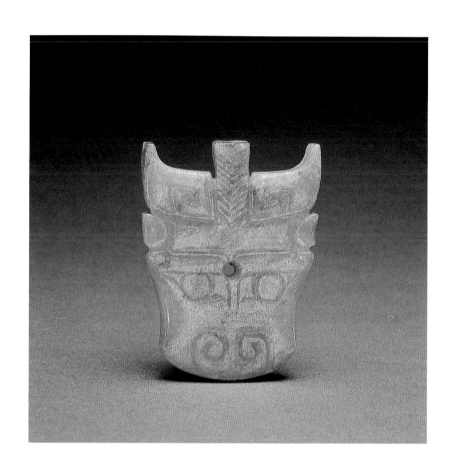

玉料青黃色，局部有花白色沁斑。體扁平，呈上寬下窄的梯形。背面平
素無紋，正面用浮雕加陰線飾獸的眼、鼻、嘴、角，像牛頭。器下端有
一個對穿的喇叭孔，可穿繫。

此獸雙角間有一箭尾裝飾，很罕見。

玉牛形嵌飾

殷商
高3.6厘米　寬5.1厘米
最厚1.3厘米

Jade ornament with buffalo design
Shang (Yin) Dynasty
Height: 3.6cm　Width: 5.lcm
Maximum thickness: 1.3cm

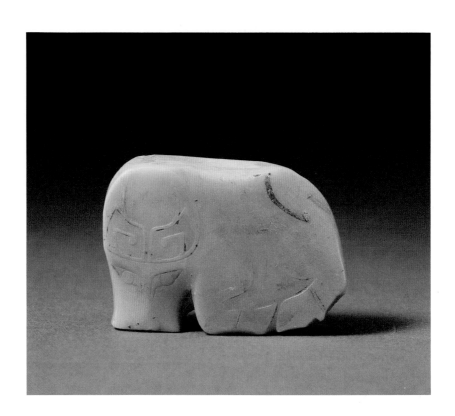

玉料青色，局部有白色沁。體略扁，厚薄不均。正面以剔地陽紋和單陰線飾一條牛。牛有雙角、"臣"字目，垂首，跪臥。背面平素無紋，近四邊各有一對雙通的隧孔供結紮。

殷商時的玉牛常有出土，但作嵌飾，且同時用剔地陽紋和單陰線紋者較罕見。

玉龍形小刀
殷商
高5.8厘米　寬3.5厘米
厚0.4厘米

Jade dragon with a pocket knife
Shang (Yin) Dynasty
Height: 5.8cm　Width: 3.5cm
Thickness: 0.4cm

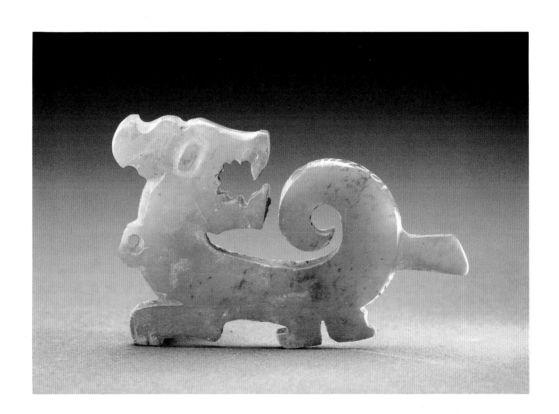

玉料青色，體片狀。雕一回首之龍，柱形角，橢圓形眼，張口露齒，足前伸。胸部有一圓孔，尾部突出一帶薄刃的刀形飾，可作切割用。

商代有些片狀動物刀法簡練，粗獷有力。只求神似，不加修飾。尤其是口部用鑽頭打成的牙齒，既抽象又寫實。表現出玉匠豐富的想象力和高超琢玉技藝。

這種在尾端帶薄刃的動物形片狀玉器，在商代很常見，為當時一種實用工藝品。

玉龍
商
高6.3厘米　厚2.1厘米

Jade dragon
Shang Dynasty
Height: 6.3cm　　Thickness: 2.1cm

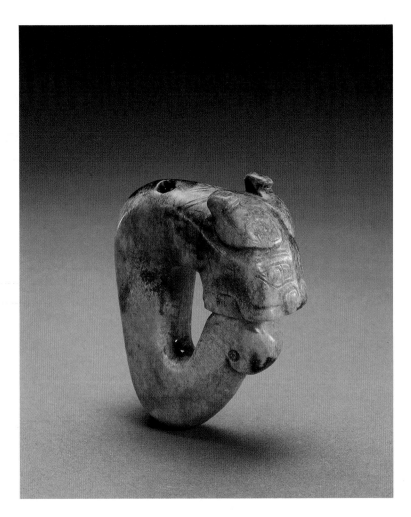

青玉，有黃褐及黑色沁，龍首尾銜接成不規則的環形，龍大頭，頭頂上
有雙柱形角，雙勾琢"臣"字眼，浮雕渦形鼻，張口，尾尖向外翻捲。肩
背雕菱形紋，並有對穿孔，可供佩繫。

商代玉龍多作蟠曲形，頭上都有柱狀的角，張口露齒，雙足。此玉龍雕
法粗獷、簡潔，為商代玉龍的典型代表作之一。

玉羊紋璯
殷商
長3厘米　腹徑2.6厘米

Jade pendant with ram design
Shang (Yin) Dynasty
Length: 3cm
Diameter of belly: 2.6cm

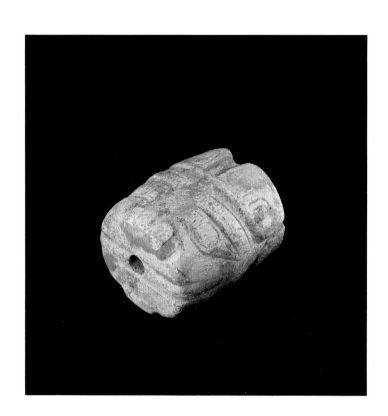

玉浸蝕成雞骨白色。體圓雕成圓柱形，中間有一穿孔。兩面紋飾相同，
各雕一"臣"字形眼、粗眉、雲形耳(或角)、寬鼻的羊面紋。

清人吳大澂在《古玉圖考》中説：璯玏同字，圓璯俗名穩步玏，疑是馬鞭
之柄。

"璯"是後來的名稱。通常又稱"管"、"墜"或"柱形器"。可單獨為佩，或
作組佩中的配件。有的還可鑲嵌在其器物上。

商代出土玉璯不少，但飾羊頭形的尚屬罕見。

玉牛形墊
殷商
長4.8厘米　孔徑0.9厘米
清宮舊藏

Jade pendant with cow design
Shang (Yin) Dynasty
Length: 4.8cm
Diameter of hole: 0.9cm
Qing Court collection

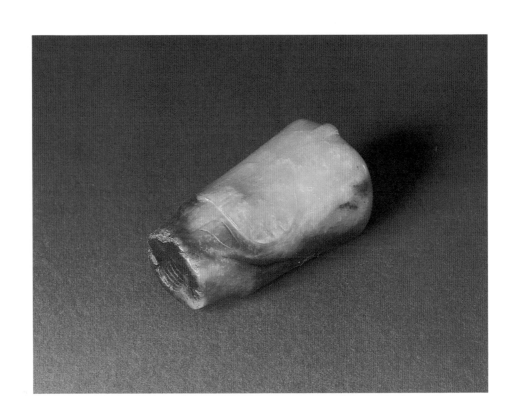

玉料青綠色，局部有黑灰色沁斑。體呈圓筒形，兩端粗細不等，中心有
一個對穿圓孔。玉牛口端平，"臣"字眼，彎角，尾微突而短。

此器較長粗，孔較大，或作器柄用。

玉龍形觷
殷商
高2.3厘米　長6.5厘米
寬2.5厘米

Jade pendant with dragon design
Shang (Yin) Dynasty
Height: 2.3cm　Length: 6.5cm
Width: 2.5cm

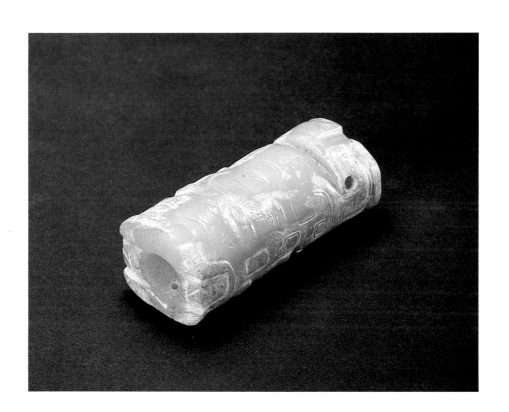

玉料青色，有大面積白色沁斑。體兩端粗細不等。面飾一龍，有柱形角，貼於頸部，張口露齒，"臣"字眼，渦形鼻，尾長而回曲，四肢屈於腹下。以雙勾、單陰線和淺浮雕等手法琢出口、鼻、耳及重環紋、尾紋和簡單的鱗紋。器中間有一孔貫穿頭尾，與口下底部的小圓孔相通，可穿繫。

玉人首
殷商
高4.3厘米　寬3.4厘米
厚1厘米

Jade human head
Shang (Yin) Dynasty
Height: 4.3cm　Width: 3.4cm
Thickness: 1cm

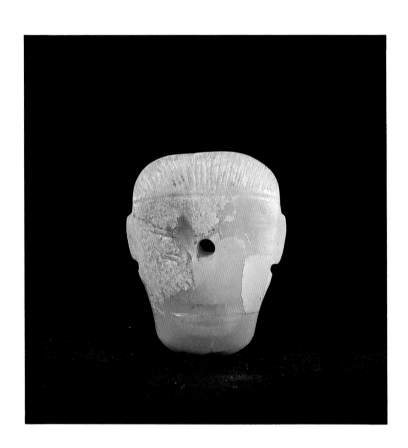

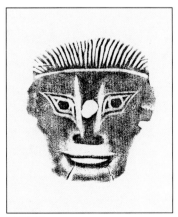

正面拓片

青玉，大面積有灰白色沁。體略扁，正面弧凸，背面內凹。正面以雙勾飾一人頭。臉上"臣"字形眼。大鼻，闊嘴。頭髮用短直的粗陰線刻出，兩側各琢一耳，人頭的兩眼間有一對鑽孔，以供鑲嵌或繫佩。

商玉人首的形態一般有正視和側視兩類，製作工藝有圓雕和片雕，摹作對象的身分有貴族和奴隸。此器似是奴隸的正面頭像，可能屬於"人祭"用品。

玉人首
商
高6.3厘米　寬2.6厘米
厚0.7厘米

Jade human head
Shang Dynasty
Height. 6.3cm　Width. 2.6cm
Thickness 0.7cm

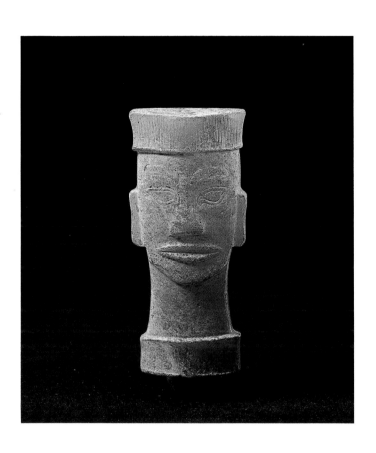

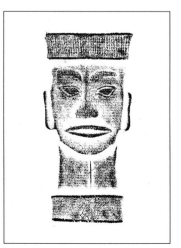

正面拓片

青玉有灰白色沁。體圓雕。人首正面飾"臣"字眼，寬眉，三角形鼻頭，大嘴微張，長耳。頭戴冠，冠上陰刻細豎紋。器下端的短榫處，殘留着半個鑽孔。可扦插或作柄用。

從玉人首的高冠和形象來看，頗顯尊嚴高貴。似是奴隸主的形象。

玉直立式人形佩
殷商
高8.1厘米　寬1.5厘米
厚0.8厘米

**Jade pendant with design of
standing figure**
Shang (Yin) Dynasty
Height: 8.1cm　Width: 1.5cm
Thickness: 0.8cm

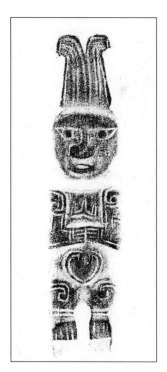

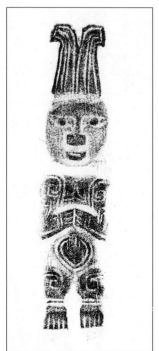

兩面拓片

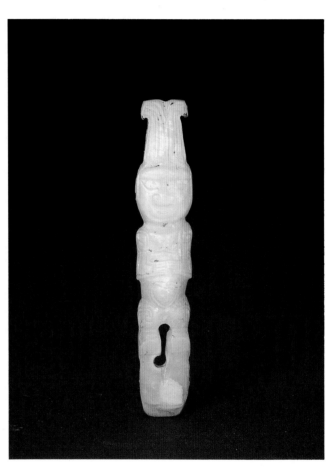

玉料白色。兩面紋飾相同。玉人站立，飾"臣"字形眼，方鼻，口微張，
雙手相交置於腹部，短腿，陰刻腳趾。身飾雙勾雲紋。腿及足下有兩個
相通的圓孔，下端有扁長榫。似是插嵌飾件或柄形器。

立體玉人最早出現於含山文化，殷商時更多。

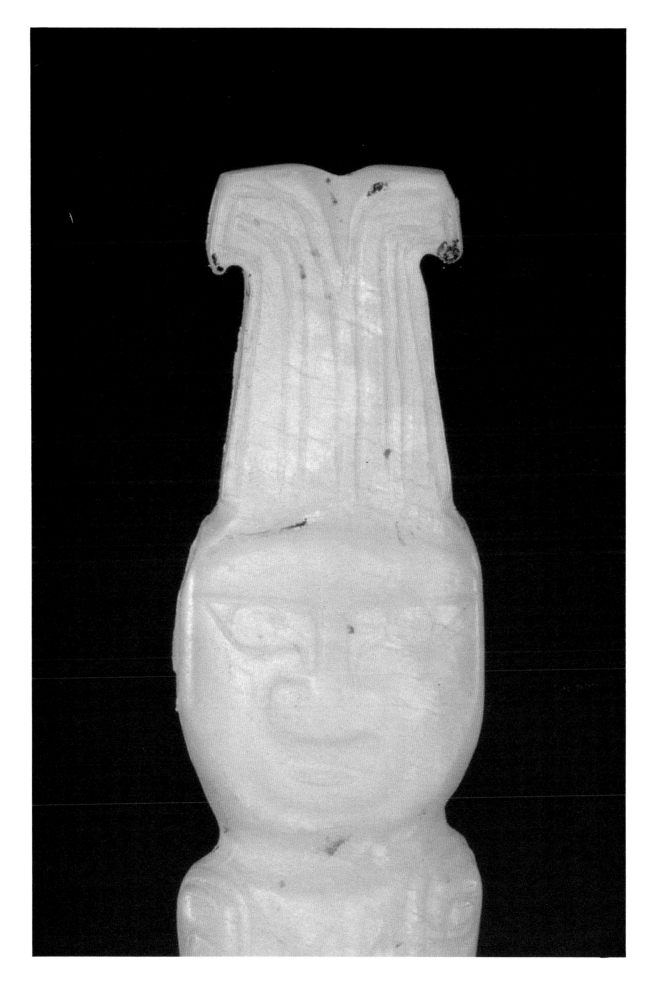

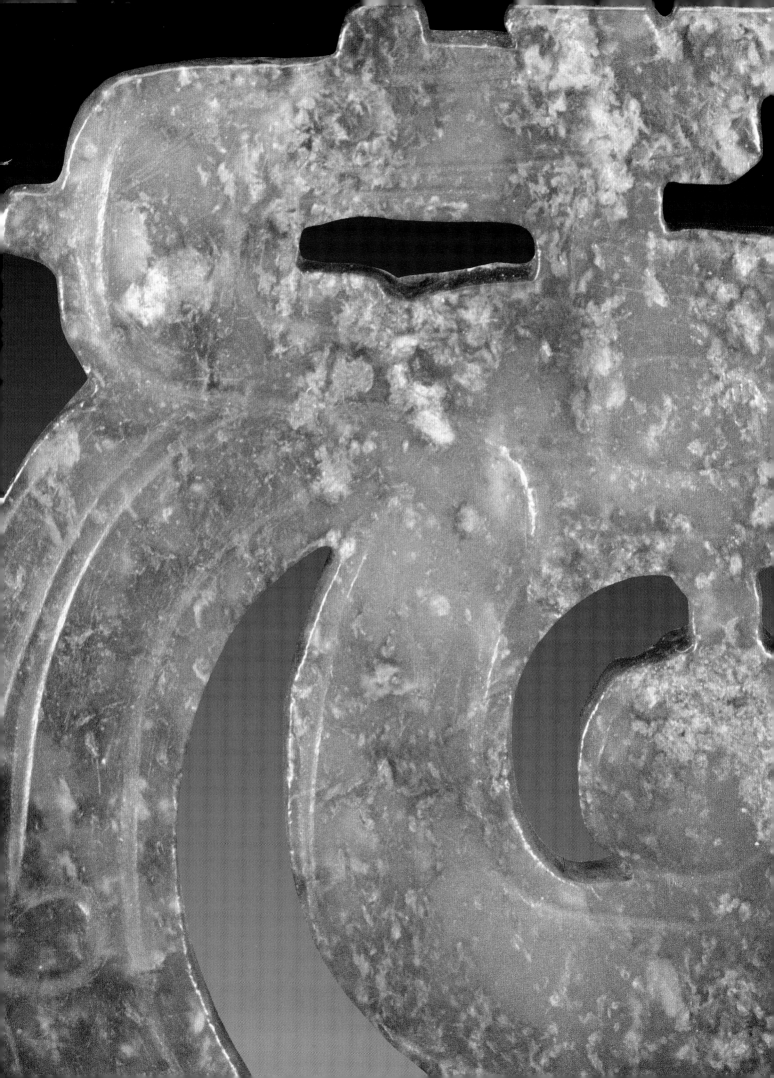

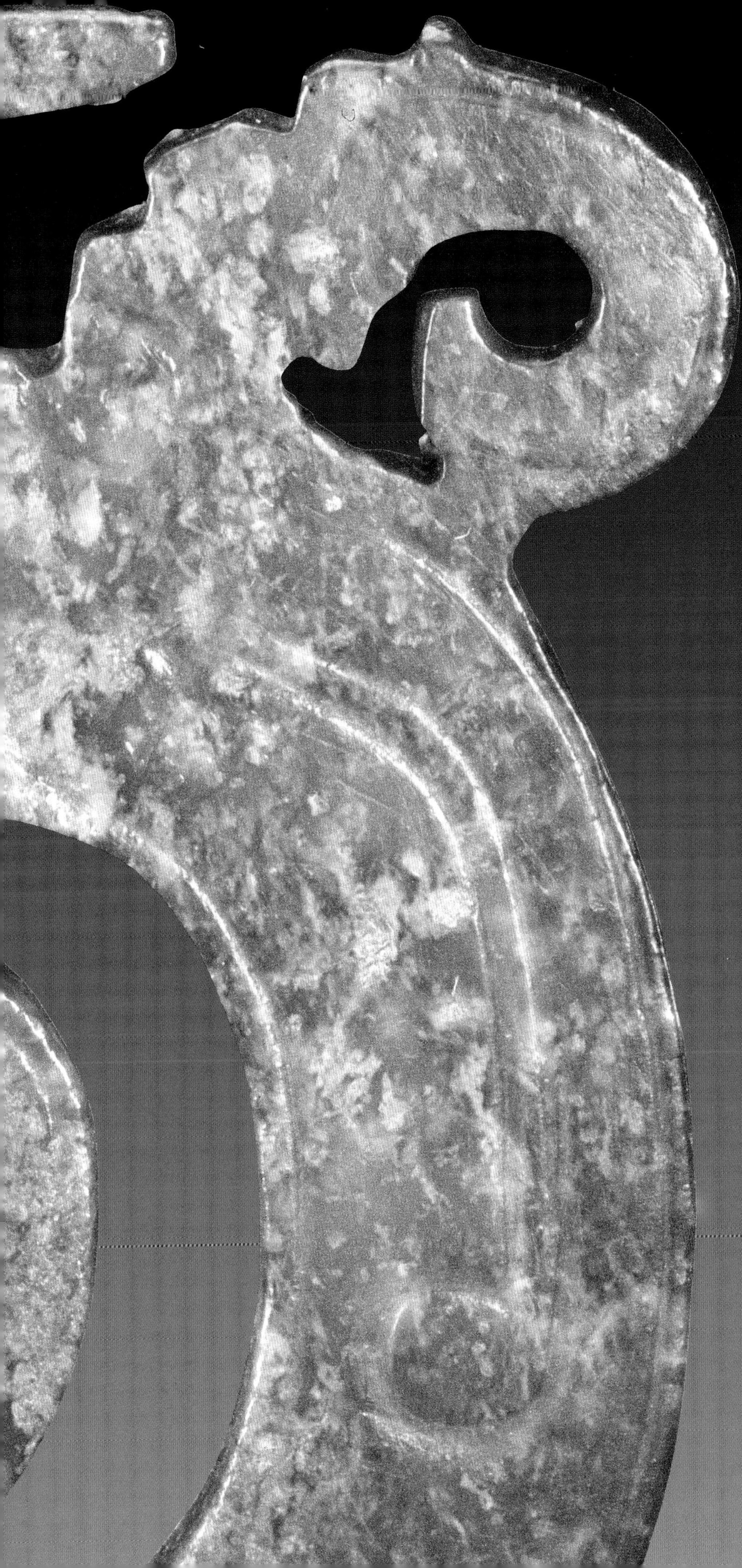

西周

*Western
Zhou
Dynasty*

玉琮
西周
高4.7厘米　寬7.3厘米

Jade Cong (a long hollow piece with rectangular sides)
Western Zhou Dynasty
Height: 4.7cm　Width: 7.3cm

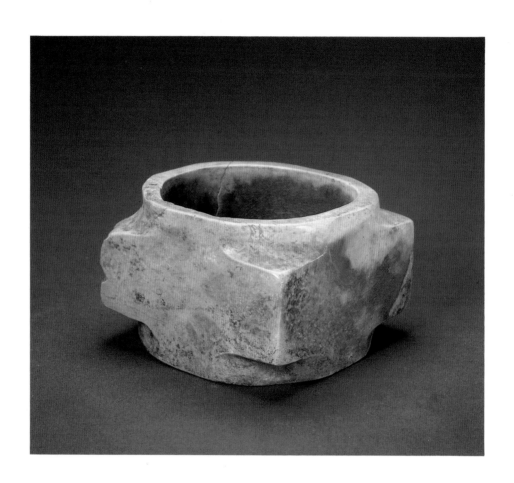

玉料青灰色,局部有雞骨白色沁。體方柱形,上端比下端略大,中間有一個對穿圓孔,四面光素無紋飾。

西周出土玉琮,大多無紋,此器即為其典型。

玉虎紋瑗
西周
徑16.1厘米　孔徑5.9厘米
厚4厘米

Jade Yuan (a disc with an orifice)
with tiger design
Western Zhou Dynasty
Diameter: 16.1cm
Diameter of orifice: 5.9cm
Thickness: 4cm

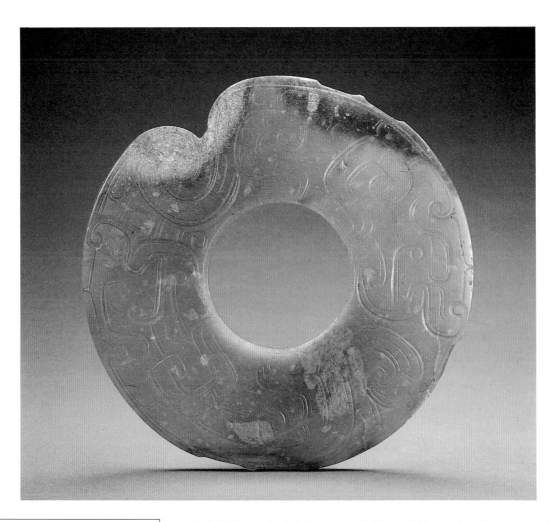

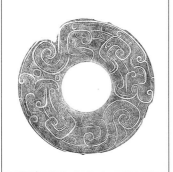

一面拓片

玉料青綠色，局部有白色沁斑。體扁平，有缺口，作不規則圓形，中間有一孔。器兩面紋飾相同，內外沿有一寬邊，肉處用雙勾陰線刻出虎紋。虎側身行走，"臣"字形眼，身上有斑紋。

關於此器的名稱，據《爾雅‧釋玉》載，凡寬度(古稱"肉")小於孔(古稱"好")徑的，統稱為瑗。帝王為顯身分尊貴，在出行時，前面須有一人牽拉着走，於是帝王手握瑗的一端，拉夫另抓一端，相牽而行。因此，瑗有援助之意。

瑗在新石器時期一般光素無紋，到商、周時期始出現紋飾。此器紋飾較特別。

玉鳳紋璜
西周
長9.2厘米　寬1.8厘米　厚0.4厘米
清宮舊藏

**Jade Huang (a semi-annular pendant)
with phoenix design**
Western Zhou Dynasty
Length: 9.2cm　Width: 1.8cm
Thickness: 0.4cm
Qing Court collection

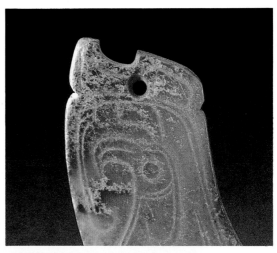

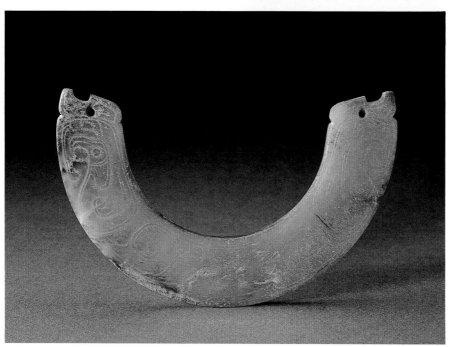

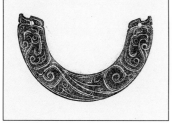

一面拓片

青玉，有黃色沁。體扁平，半瑗形。兩面形式和紋飾相同，以陰線飾兩
組對稱鳳紋。器兩端各有一孔以供繫佩。

鳳和夔紋是西周玉器上最常見的紋飾。其中鳳紋多作長頸，勾喙，尾往
上捲的形態，至於工藝手法則多用雙勾，斜刻成長弧線。

玉璜的種類很多，弧度和肉質處的寬度也不盡相同。但基本上分為兩大
類：一類為半璧狀，多見於新石器時代的良渚文化；另一類是商周流行
的窄弧形璜，形似半環半瑗，或三分之一瑗、環，其形可能與古人崇拜
自然現象的虹有關。此玉璜即屬後一類。

玉龍紋璜
西周
高3.8厘米　長8厘米
厚0.4厘米

Jade Huang with dragon design
Western Zhou Dynasty
Height: 3.8cm　Length: 8cm
Thickness: 0.4cm

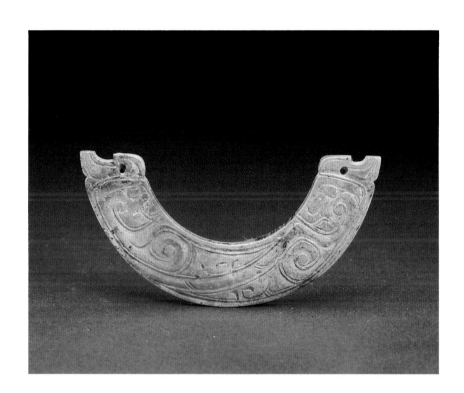

玉質沁成雞骨白色。體片狀，半圓形。兩面紋飾相同，兩端各雕一龍首，龍角處有一穿孔，兩龍身軀在璜的中部斜向交疊為一體。

玉龍紋璜
西周
高8.7厘米　長16.6厘米
厚0.75厘米
清宮舊藏

Jade Huang with dragon design
Western Zhou Dynasty
Height: 8.7cm　Length: 16.6cm
Thickness: 0.75cm
Qing Court collection

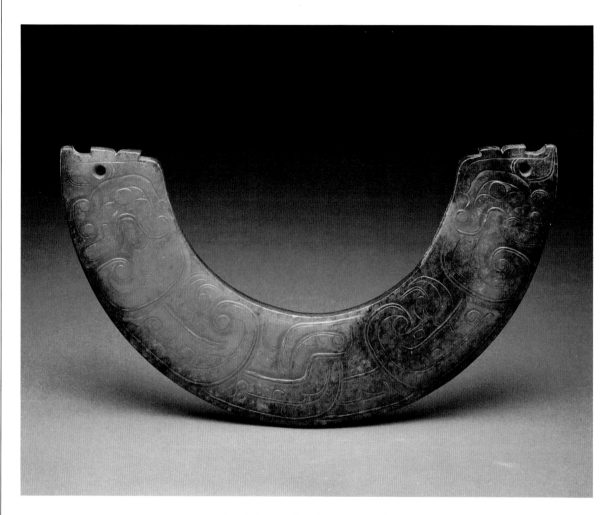

玉料呈青色，有較深的褐色沁。體片狀，半瑗形。兩面紋飾相同，以斜坡刀法刻出兩條龍，再用較細的紋飾填充畫面。兩端飾戟牙，龍首處各有一圓孔。

龍紋玉璜是西周的重要佩飾之一，近十幾年來陝西、山西、山東、河南等地均出土一批西周玉璜組佩。這對瞭解當時玉璜及組佩的實際情況提供了珍貴的考古資料。

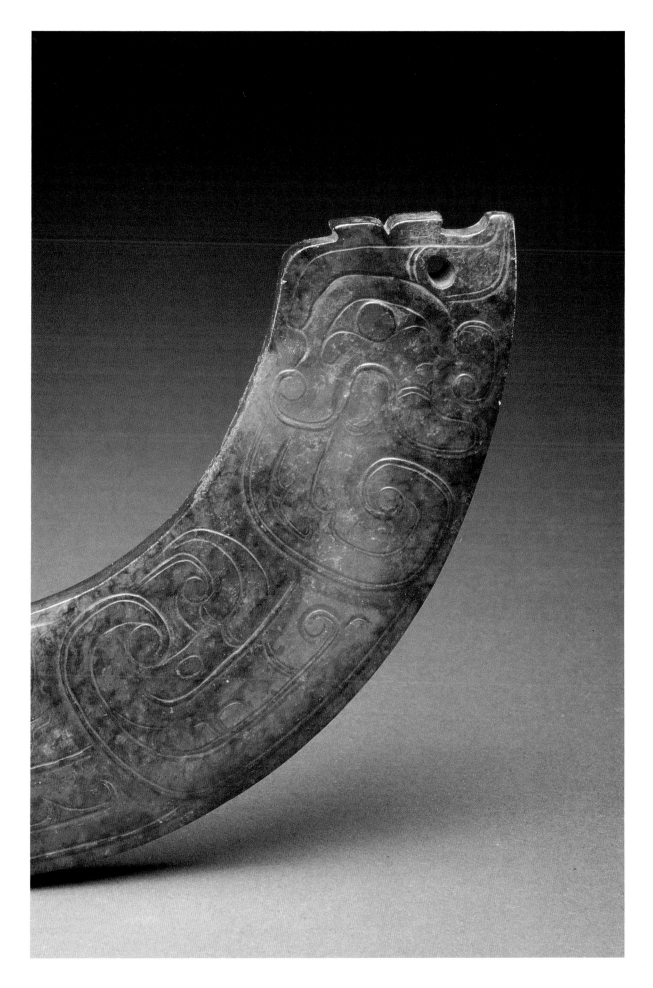

83

玉雙龍紋璜
西周
長9.7厘米　寬2.4厘米
厚0.5厘米
清宮舊藏

**Jade Huang with double
Kui-dragon design**
Western Zhou Dynasty
Length: 9.7cm　Width: 2.4cm
Thickness: 0.5cm
Qing Court collection

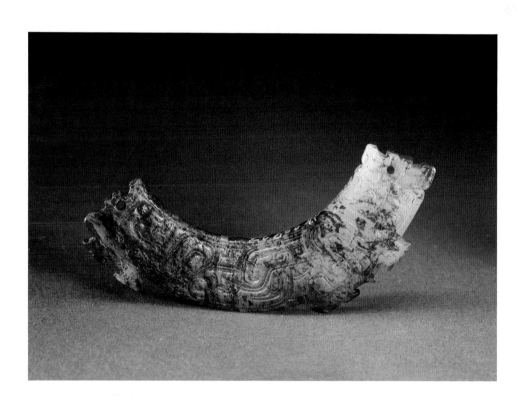

白玉，有紫褐色沁。體扁平，呈不規則半瑗形。兩面紋飾相同，通體飾兩組夔龍紋。器一面凸起，另一面平坦，兩端出廓，並各有一小圓孔。

100

玉龍鳳紋柄形器
西周
長11.5厘米　寬2.1厘米
厚0.5厘米

**Jade handle-shaped article with
phoenix-and-Kui-dragon design**
Western Zhou Dynasty
Length: 11.5cm　Width: 2.1cm
Thickness: 0.5cm

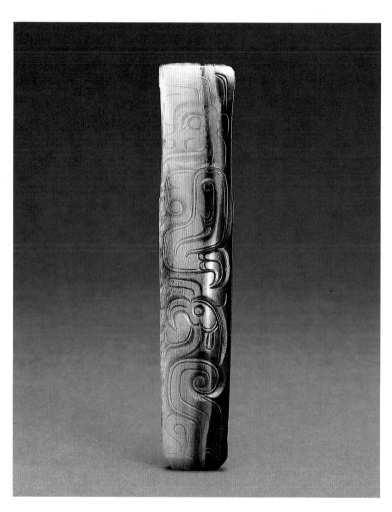

玉料黑褐色，一側有墨斑。體片狀，長條形，兩面紋飾相同。其中上半部琢一曲身夔龍，毛髮上豎，"臣"字眼，眼角下彎；下半部琢一昂首挺立的高冠長尾鳳，圓眼，長勾喙。器下端有一寬榫供插扞他物用。

此類柄形器從商早期就有發現，通常一端有榫，推測可作柄用，又因其形似撥琴器，故早期又有人稱"琴撥"。

這件玉柄綜合運用了陰刻、雙勾、單撒一面坡等技法，是典型的周代工藝特色，所飾鳳鳥與夔龍紋也是周代玉器上典型裝飾紋樣，可作同期玉器的斷代標準。

玉龍鳳紋柄形器
西周
長17.1厘米　寬3.7厘米
厚0.7厘米

**Jade handle-shaped article with
phoenix-and-dragon design**
Western Zhou Dynasty
Length: 17.1cm　Width: 3.7cm
Thickness: 0.7cm

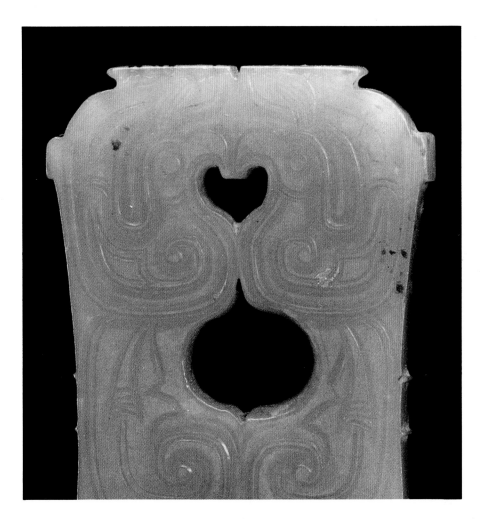

青玉，局部有淡綠色沁。體長片狀，兩面紋飾相同。上部周邊有對稱的
出戟和弦紋，表面上兩個穿孔周，飾兩個對稱鳳紋；中部有隻昂首、高
翎、圓眼、尖勾喙的鳳鳥，一足踏在下部夔龍的頭上，下端有短榫，作
扦插用。

玉柄形器始見於二里頭文化，商到西周繼續沿用，惟西周的紋飾最精
美。

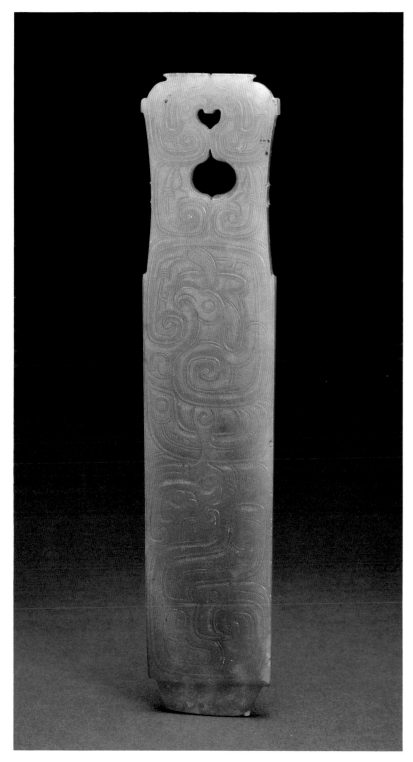

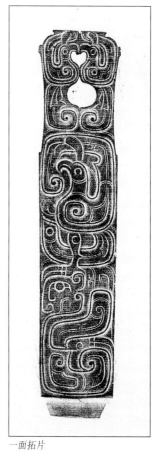

一面拓片

玉人龍鳳複合紋柄形器
西周
長14.7厘米　寬3.4厘米
厚1.2厘米

Jade handle-shaped article with the compound design of man, dragon and phoenix
Western Zhou Dynasty
Length: 14.7cm　Width: 3.4cm
Thickness: 1.2cm

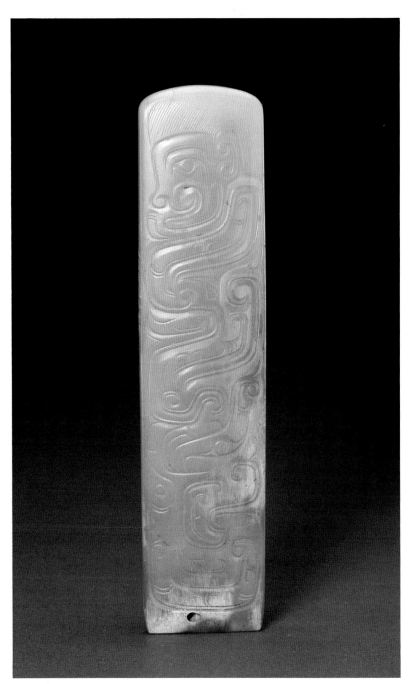

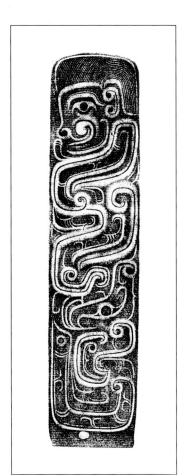

一面拓片

玉料青綠色，局部有褐和白色沁斑。體扁，長方形，兩面形式和飾紋相同。上部刻一側身，高冠，濃髮後飄的人像，人臉上有弧形眉，"臣"字眼，勾鼻，雲形耳，渦狀嘴，作蹲踞抱膝狀。下部雕一龍，頭前伸，髮後飄，"臣"字眼，身飾鱗紋，臥伏狀。下端有一斜榫，榫上有一個對穿圓孔，可作扦插用。

早期對玉柄形器的真正用途尚不明確，最近在西周墓中發現這類器物的出土情況是前端有許多小玉塊嵌綴而成的變形獸面紋，同時不單發現在墓主人的胸部和腰部間，還出自墓主的棺槨蓋上和墓口，似有辟邪壓勝作用。

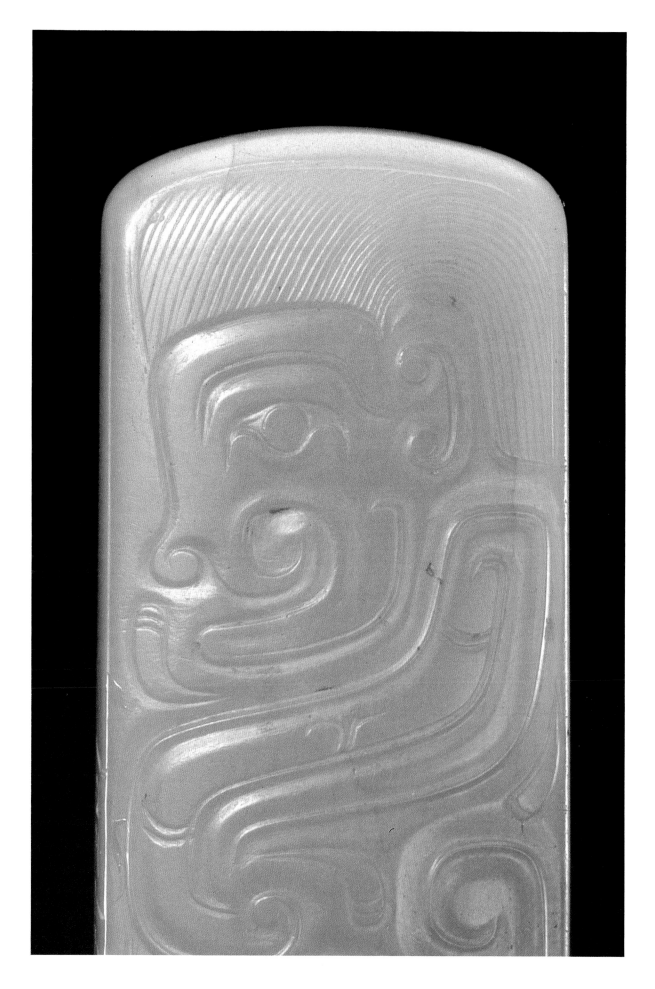

玉魚形佩
西周
長8.5厘米　寬2.8厘米
厚0.5厘米

Jade pendant in the shape of a fish
Western Zhou Dynasty
Length: 8.5cm　Width: 2.8cm
Thickness: 0.5cm

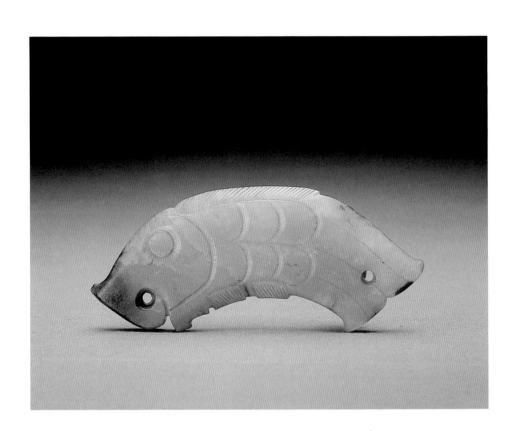

玉料青色，局部有褐色沁。魚作片狀，拱體，兩面紋飾相同，皆以細密的陰線刻出脊鰭腹鰭；以斜坡刀法雕出眼、口、鱗等部位；以粗陰線飾尾部。首、尾各有一穿孔，可佩繫。

西周玉魚的口似鳥嘴，眼靠上，鰭線極細密。頭下飾有足爪，與真實的魚不同，似為一種神化了的崇拜物。

玉魚形佩

西周
長7.9厘米　寬2.2厘米
厚0.4厘米

Jade pendant in the shape of a fish

Western Zhou Dynasty
Length: 7.9cm　Width: 2.2cm
Thickness: 0.4cm

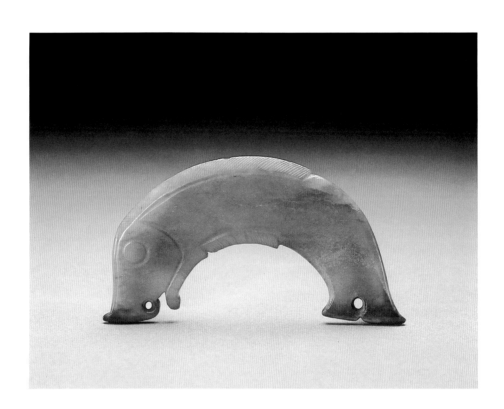

玉料暗綠色，局部有褐色沁。體片狀，魚彎身如璜，厚唇上翹，以粗陰線琢大圓眼，以細陰線琢出脊鰭及腹鰭，線條排列整齊有序；頭下至口部有一爪足；口及尾部各有一個兩面對穿孔；尾端磨成刀狀。

佩帶玉魚的風尚始於新石器時代，盛行於商周。西周玉魚彎形的較多，直形的較少，有的還雕有鱗紋，表示西周琢玉工藝比以前更成熟。魚的形象既寫實又生動，有的還兼作刀具用。

玉鳥形佩
西周
高3.4厘米　長7.3厘米
厚0.3厘米

Jade pendant with bird design
Western Zhou Dynasty
Height: 3.4cm　Length: 7.3cm
Thickness: 0.3cm

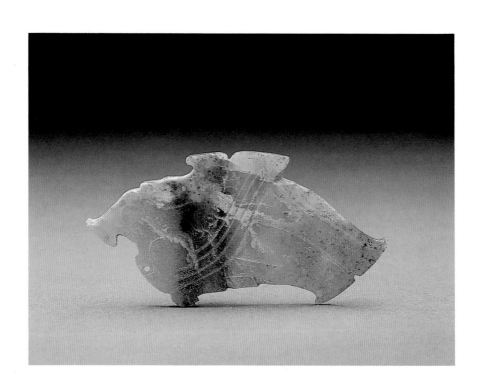

青玉局部有黑色沁。體扁狀，兩面紋飾相同，以極為簡練的斜刀和淺浮雕手法琢眼、羽、尾、足。喙前平齊，有一前爪，尾有刃且缺口小。胸部有一鑽孔，可繫佩。

這類佩飾於西周很常見，因為有翅，故稱為鳥，但頭尾又似魚，或是一種變形的飛魚。

玉鳥形佩
西周
高4厘米　長6厘米
厚0.3厘米

Jade pendant in the shape of a bird
Western Zhou Dynasty
Height: 4cm　Length: 6cm
Thickness: 0.3cm

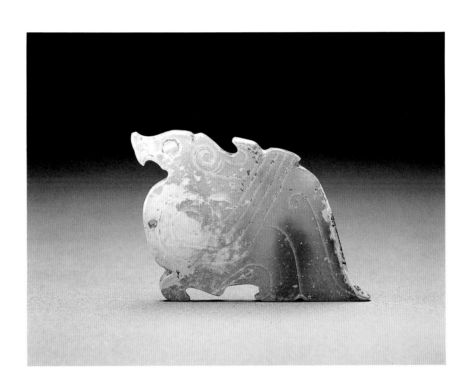

玉料青色，局部有灰白色沁。體片狀，鳥蹲臥狀。兩面紋飾相同，以斜坡刀法刻出鳥身各器官。鳥胸部有一孔，可供佩繫。

商周玉鳥區別很大。商代玉鳥多以雙勾飾紋，以勾雲紋飾鳥翅，頸部多節狀紋，彎勾喙，魚形尾，且帶刃；而西周玉鳥則以斜刻弧線來刻畫，鳥喙多呈短柱形，尾端缺口小，圓眼居多，沒有節狀紋。從造型和技法來看，周代鳥形佩比商代的秀氣精美。

玉鳥紋佩
西周
長3.4厘米　寬3.2厘米
厚0.5厘米

Jade ornament with bird design
Western Zhou Dynasty
Length: 3.4cm　Width: 3.2cm
Thickness: 0.5cm

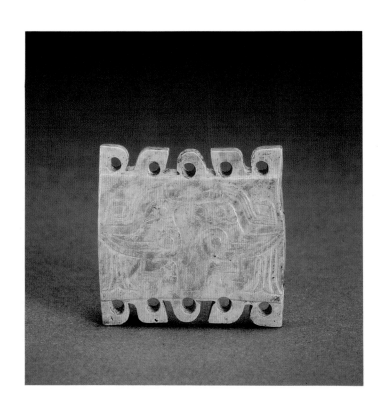

玉料浸蝕成土黃色，體片狀，兩面飾紋相同。上下邊沿有出戟紋，且各鑽五孔；以斜刻陰線雕出一對鳥紋。

此器似不完整，可能是損壞後經裁截而成的一段。

玉鳳紋佩
西周
長5.3厘米　寬3.3厘米
厚0.5厘米
清宮舊藏

Jade pendant with phoenix design
Western Zhou Dynasty
Length: 5.3cm　Width: 3.3cm
Thickness: 0.5cm
Qing Court collection

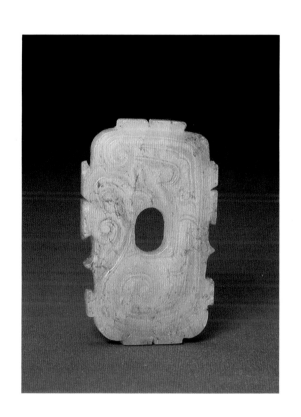

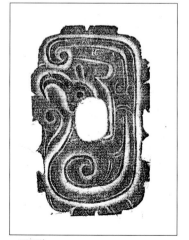

一面拓片

和闐玉，青白色，局部有褐色沁。體扁平，三邊平齊，一邊略有弧凸。
器以雙勾刻鳥紋，鳥圓眼，鷹勾嘴，尾上翹。背面略平，光素無紋。

在玉器上刻琢鳥紋最晚於良渚文化已開始，到西周已非常普遍。此器上
的鳥無法確定其為何鳥，很可能是鳳。

鳳在新石器時代偶有所見，至西周則十分盛行，並隨處可見。

玉鳳紋飾
西周
長5厘米　寬2.1厘米
厚0.6厘米
清宮舊藏

Jade ornament with phoenix design
Western Zhou Dynasty
Length: 5cm　Width: 2.1cm
Thickness: 0.6cm
Qing Court collection

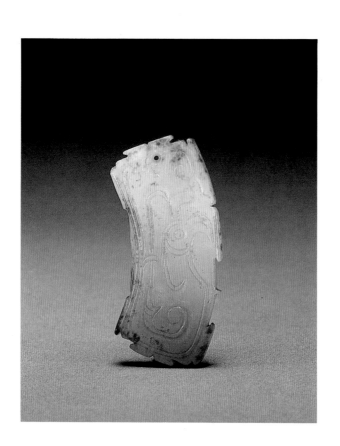

玉青白色，局部有淺褐色沁。體片狀，璜形。兩面紋飾相同，周邊有不同形狀的凸牙，似用斜刀刻一圓眼、勾喙、尾翹的側身鳳鳥。

西周的佩飾和柄形器，多以鳳鳥、夔龍紋作裝飾。有飾單鳳或雙鳳紋的；有的鳳鳥紋與夔龍紋複合。這是典型的西周單鳳紋佩。

玉鳳紋佩

西周
高7.8厘米　寛7.9厘米
厚0.9厘米

Jade pendant with phoenix design
Western Zhou Dynasty
Height: 7.8cm　Width: 7.9cm
Thickness. 0.9cm

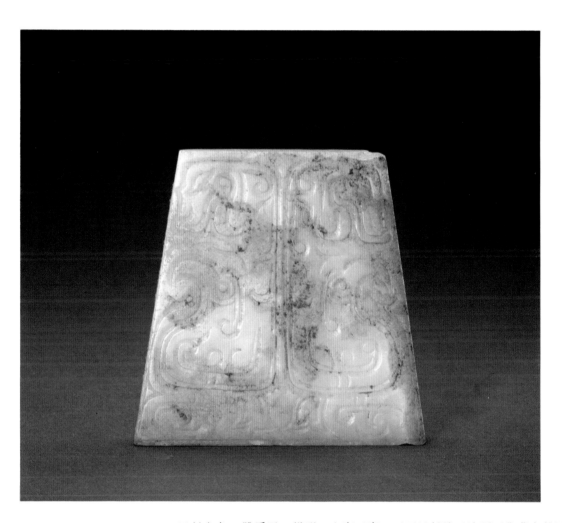

玉料白色。體扁平，梯形，上窄下寬。正面以斜坡刀法琢兩隻背向的鳳
鳥。鳥頭上各有一龍紋。背面光素，上下邊沿均有鑽透孔，以供結串其
他珠管用。

這種佩飾，曾被誤認為嵌飾，但從出土情況看，應是西周較流行的組佩
主件，其上下邊沿的透孔可串綴其他管、珠等小佩飾用。

玉鹿形佩
西周
高3.4厘米　長4厘米
厚0.7厘米

Jade pendant in the shape of a deer
Western Zhou Dynasty
Height: 3.4cm　Length: 4cm
Thickness: 0.7cm

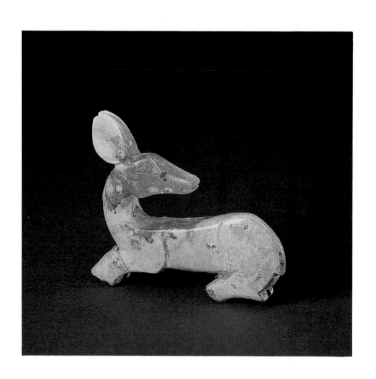

玉料雞骨白色。體扁平，較厚。鹿伏臥回首觀望，琢"臣"字眼，口微張，大耳，前後肋。鹿前肢有殘缺，鹿頸前部有一鼻形穿孔，可繫掛。

此鹿無角，似雌鹿或幼鹿。這種片狀玉鹿始見於商代，尤盛於西周。惟商代玉鹿往往施"臣"字形眼，身軀、四肢粗壯，有角的枝叉也多，飾紋繁複，技藝誇張。西周玉鹿有動感，或回首，或呈奔跑狀，飾紋簡練寫實，繫孔或在頸部，或在角處。

玉龍形佩
西周
長5.2厘米　寬4.8厘米
厚0.6厘米

**Jade pendant wilth dragon design
in openwork**
Western Zhou Dynasty
Length: 5.2cm　Width: 4.8cm
Thickness: 0.6cm

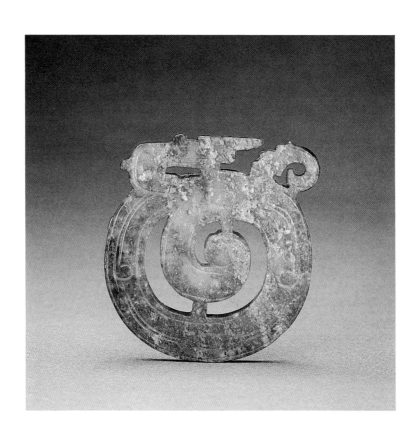

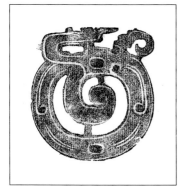

一面拓片

玉料青色，局部有褐色沁斑。體扁平，呈不規則的環形。兩面形式和飾紋相同，皆通體鏤雕一行進狀的龍。器中間上部有一對穿的圓孔，可掛佩。

龍是古代權威的象徵，隨着時間的推移，而形狀不斷變化。商周龍形象較成熟，均有固定的形態。此為玉龍典型一例。

玉蟬紋嵌件
西周
高2.3厘米　寬4厘米
厚1.4厘米
清宮舊藏

Jade ornament with cicada design
Western Zhou Dynasty
Height: 2.3cm　Width: 4cm
Thickness: 1.4cm
Qing Court collection

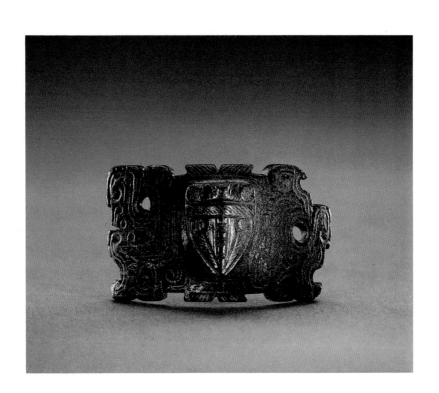

玉料黑色，局部有雞骨白色沁斑。體扁平，長方形。通體鏤雕，在正面
獸面紋上，有一隻趴伏蟬，兩眼凸出，雙翅緊收，身上陰刻細線紋。背
面四角各有一斜孔，應是與其他器物銜接時打釘之用。

蟬為玉器的飾紋或單獨成器，早在紅山文化中就已出現；此後歷久不
衰，惟形態略異，且含義也不一樣。

玉蟬紋墊
西周
寬2.8厘米　高6.2厘米
清宮舊藏

Jade pendant with cicada design
Western Zhou Dynasty
Width: 2.8cm　Height. 6.2cm
Qing Court collection

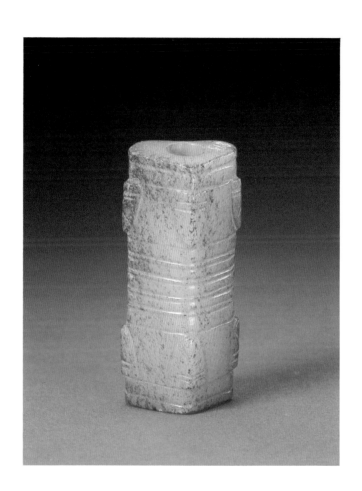

玉料青白色，局部有深褐色沁。體作三角柱形，三邊上下各雕一凸起且形式相同的蟬。蟬身以數道陰線表現。器中間有一上下貫通的對穿圓孔，可作穿繩用。

蟬的造型早在新石器時代紅山文化、石家河文化就已出現，但數量不多。商、周時期比較流行，數量也增多；到漢魏時期，則多作為葬玉。

玉鴞形嵌飾
西周
長4.5厘米　寬2.6厘米
最厚1.5厘米
清宮舊藏

Jade ornament with owl design
Western Zhou Dynasty
Length: 4.5cm　Width: 2.6cm
Maximum thickness: 1.5cm
Qing Court collection

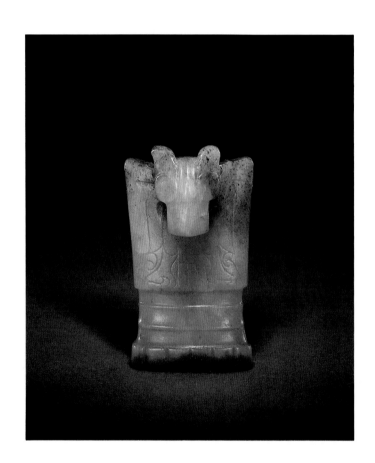

玉料青綠色，局部有赭褐色沁。體呈不規則梯形。正面弧凸，近下端末
有以五道陰線隔出的六組凸弦紋；上端有兩道橫凸弦紋。背面內凹，邊
緣四角各有一對相通的隧孔，可供嵌綴。上部浮雕一鴞首，頭頂凸起，
大耳，圓目，勾嘴內彎，雙羽和爪足以陰線刻畫。

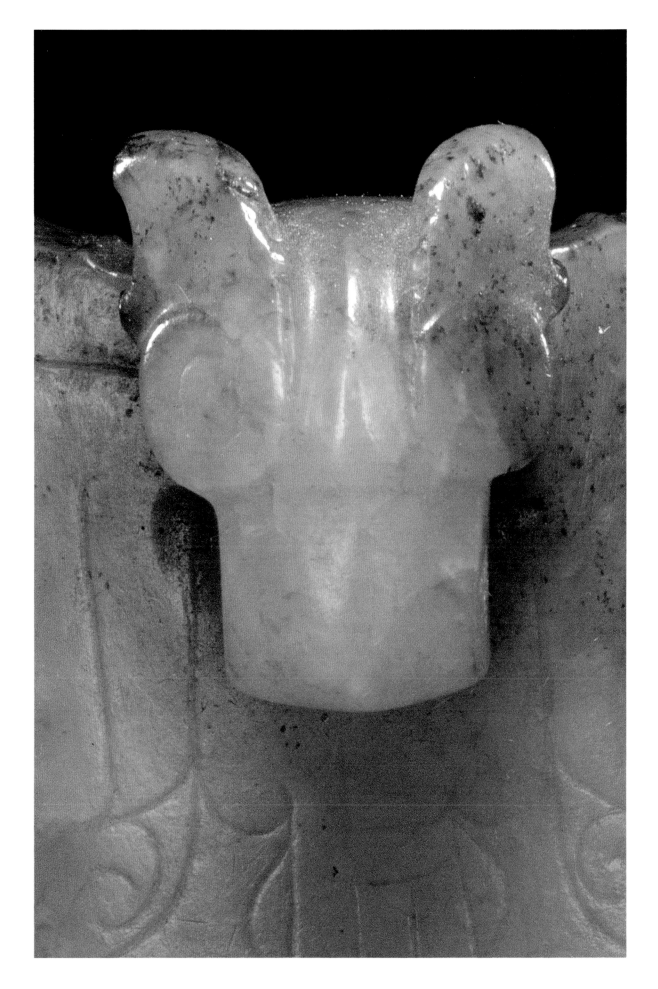

119

100

玉側視人頭像
西周
長8厘米　寬2.1厘米
厚0.6厘米

Jade human head in profile
Western Zhou Dynasty
Length: 8cm　Width: 2.1cm
Thickness: 0.6cm

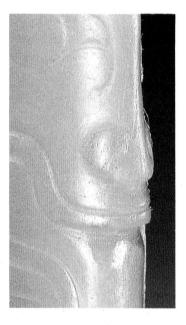

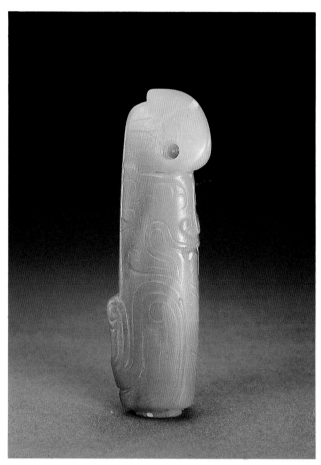

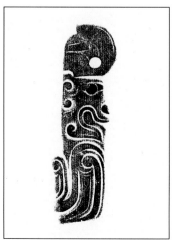

一面拓片

玉料為透閃石。體扁平，呈不規則的長條形。人面側視，用陰線琢"臣"字形眼，凸鼻，閉嘴。人背後有一垂直的凸脊，髮冠上有圓孔，可供穿繫。

此側視人頭像比較少見，尤其是人頭下的飾紋，或為龍的變形，或為人的雙足。若為後者，則此器應為一完整的人形器。器一端原有斷損，似為榫，因此可能是一件柄形器。

120

玉鏤雕人形佩
西周
長7.5厘米　寬2.2厘米
厚0.2厘米

Jade pendant with design of human image in openwork
Western Zhou Dynasty
Length: 7.5cm　Width: 2.2cm
Thickness: 0.2cm

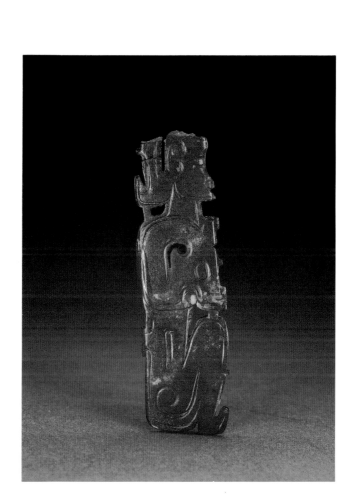

玉料青白色，局部有褐色沁。體扁薄，呈不規則長方形。器兩面形式和紋飾相同。通體鏤雕一人，雙手抱膝，作蹲踞狀；頭戴一冠，冠頂有一小圓孔，可供繫繩佩掛。

西周這類人形佩較多；大多製作精細。

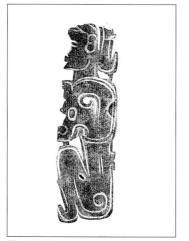

另一面拓片

玉鏤雕人形佩

西周
長6.9厘米　寬2.6厘米
厚5厘米
清宮舊藏

Jade pendant with design of figure
in openwork
Western Zhou Dynasty
Length: 6.9cm　Width: 2.6cm
Thickness: 5cm
Qing Court collection

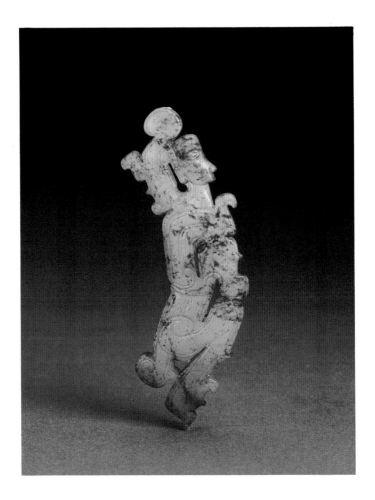

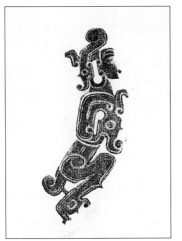

一面拓片

玉料青白色，局部有淺褐色沁斑，體扁平，長方形，兩面紋飾相同。通體用雙勾陰線雕一神人，雙手抱膝，頭戴冠，側身蹲踞。器上部有一小圓孔，可繫掛。

玉人早在新石器時代已有。西周時造型與工藝更見細巧，此為一典型實例。

玉人龍複合形佩
西周
長8.3厘米　寬1.5厘米
厚0.4厘米

**Jade pendant with compound
design of man and Kui-dragons**
Western Zhou Dynasty
Length: 8.3cm　Width: 1.5cm
Thickness: 0.4cm

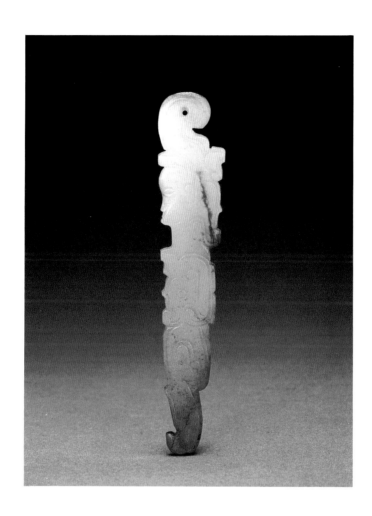

玉質青黃色，局部有褐色沁。體作片狀，兩面形式和紋飾相同，皆雕一
人兩龍複合式佩。人的頭部五官清晰，側視，用陰線琢杏核眼、三角形
鼻、渦狀耳。一龍飾於人的腦後和頭頂，首向下倒垂，張口圓目，雲形
耳，尾上捲；另一龍飾於人胸腹間，張口吐舌，尾端捲成鈎狀，兼作人
的身軀和手足。靠近人頭的龍的尾端有一圓孔，可供繫佩。

神人和龍鳳是西周玉佩上最常見的紋飾和重要的崇拜物。這件玉佩以雙
龍和人複合為一器，是繼良渚文化神人與獸面組成圖案之後又一種新的
複合形式，具有鮮明的時代特點。

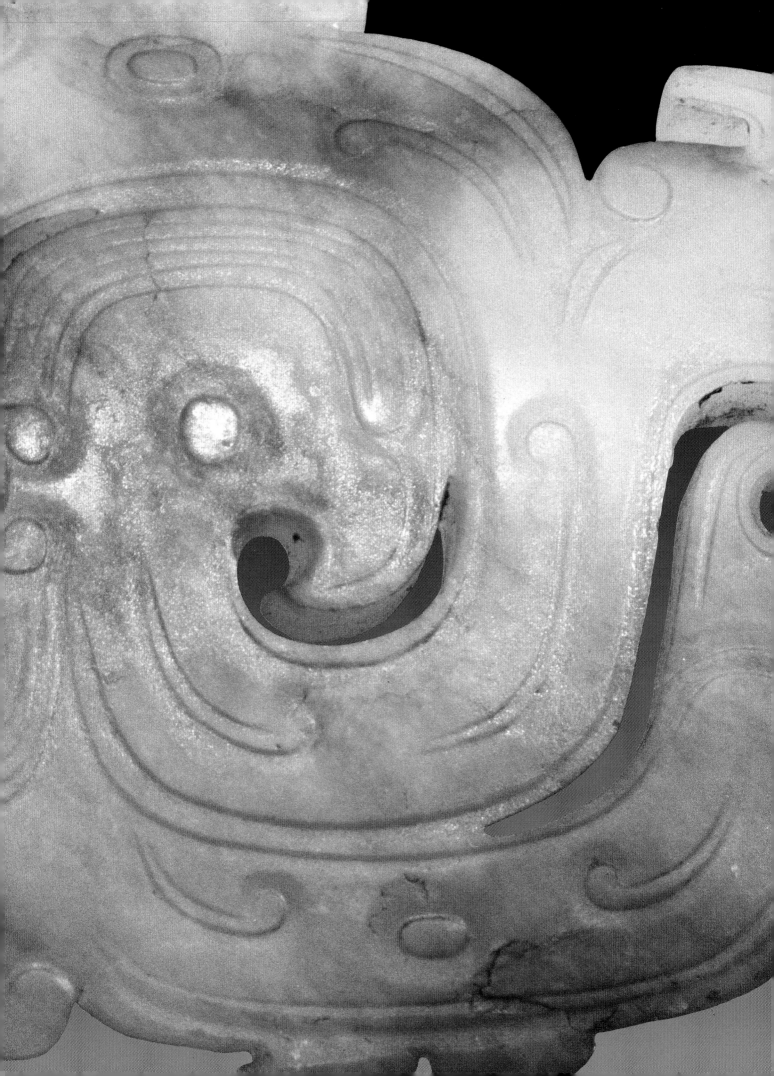

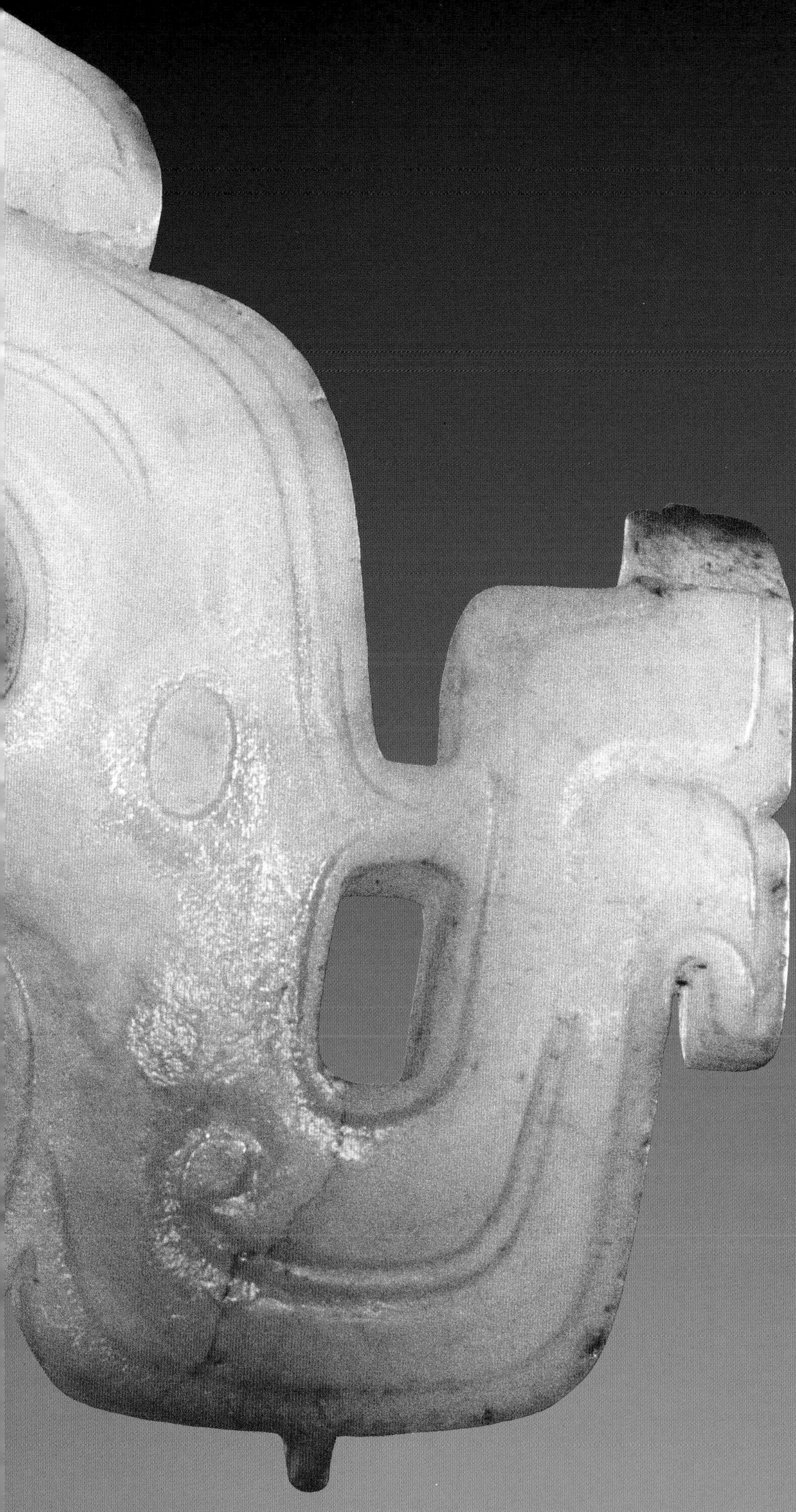

春秋

Spring
&
Autumn
Period

玉變形夔龍紋瑗
春秋中期
直徑9.2厘米 孔徑4.5厘米
厚0.6厘米

**Jade Yuan (a disc with an orifice)
with stylized Kui-dragon design**
In the middle part of Spring &
Autumn Period
Diameter: 9.2cm
Diameter of orifice: 4.5cm
Thickness: 0.6cm

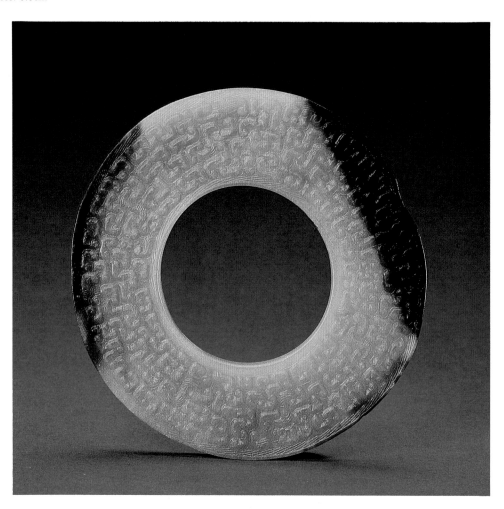

青玉，局部有紫褐色沁。一面飾變形虺紋及繩紋，另一面光素無紋。

春秋時期，禮制崩潰，玉禮器的數量相對減少，佩飾則大量增加，而玉器裝飾出現了新風格，紋飾細碎而繁密，且多為變形的獸面紋。此器即為一例。

玉變形夔龍紋瑗
春秋中期

玉鏤雕龍紋璜
春秋早期
高4.2厘米　長9.6厘米
厚0.4厘米

**Jade Huang with dragon design
in openwork**
In the early part of Spring &
Autumn Period
Height: 4.2cm　Length: 9.6cm
Thickness: 0.4cm

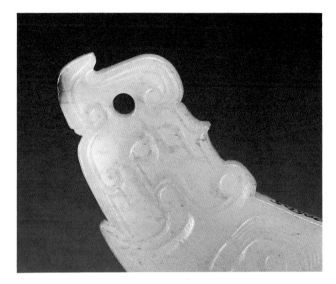

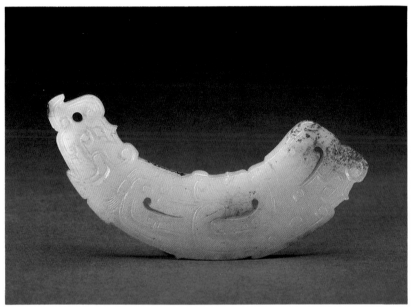

玉料淺黃色，局部有赭色沁。體片狀，近半圓形，一端寬，一端窄。璜
兩面紋飾相同，用淺浮雕手法，琢四龍，各龍軀體互相勾纏。

春秋早期的玉器，繼承了西周時期的刀法，粗細線條搭配得宜，使畫面
層次分明。從西周至春秋早期，龍的形象有變成長舌下垂且向後彎曲，
"臣"字眼角拉長，稍向上翹。此器的造型和紋飾佈局均較特殊，且未有
同類器物出土，極為珍貴。

玉獸紋璜
春秋中期
長10.6厘米　端寬2.8厘米
厚0.4厘米

Jade Huang with beast design
In the middle part of Spring &
Autumn Period
Length: 10.6cm
Width of end: 2.8cm
Thickness: 0.4cm

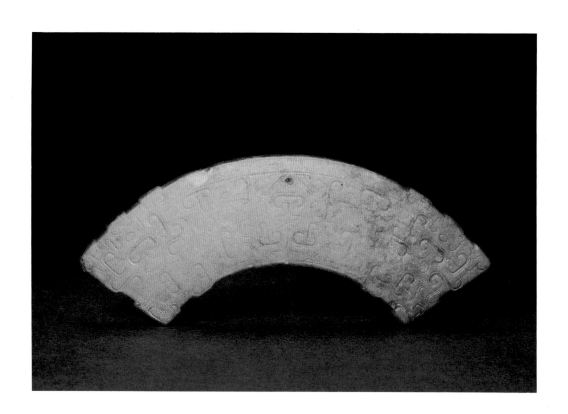

玉黃色，有淺褐色沁斑。體作片狀，近半圓形，兩面紋飾相同。周邊飾
對稱戟牙，兩端以陰線各作一獸首，中部身腹處琢相連勾形紋。器於弧
凸一側中部穿一圓孔，以供繫佩。

玉璜因年代不同而紋飾各異，一般時代遠的，光素的多，至商代始有紋
飾。這類玉器最早見於河姆渡文化，而商、周、春秋、戰國及漢代墓葬
出土甚多，此後則較少見。玉璜一般於兩端各鑽一孔，自春秋中期始只
在中上部有一孔，可單獨繫掛或與其他玉飾連串為組佩。

玉龍紋璜
春秋晚期
高2.7厘米　長6.6厘米
厚0.4厘米
清宮舊藏

Jade Huang (a semi-annular pendant) with dragon design
In the latter part of Spring & Autumn Period
Height: 2.7cm　Length: 6.6cm
Thickness: 0.4cm
Qing Court collection

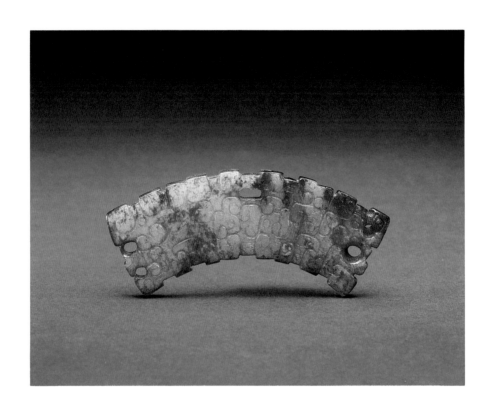

玉料黃色，有赭色沁斑。體作片狀，外形接近三分之一的瑗。兩面形式
與紋飾相同。璜的外沿琢對稱戟紋，兩端各有一龍首，龍身於中部合為
一體，並飾春秋中晚期極為盛行的變形蟠虺紋為龍鱗，中間綴以目紋，
紋飾捲連細密。玉璜兩端各有兩個圓孔，中部上端有一方形孔，皆可作
繫佩。

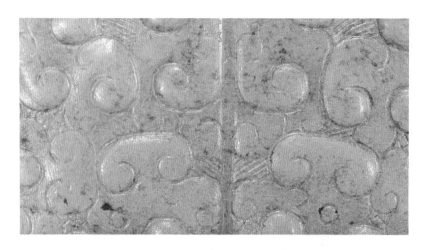

108

玉龍紋璜
春秋晚期
高3.2厘米　寬7.1厘米
厚0.4厘米
清宮舊藏

Jade Huang with dragon design
In the latter part of Spring &
Autumn Period
Height: 3.2cm　Length: 7.1cm
Thickness: 0.4cm
Qing Court collection

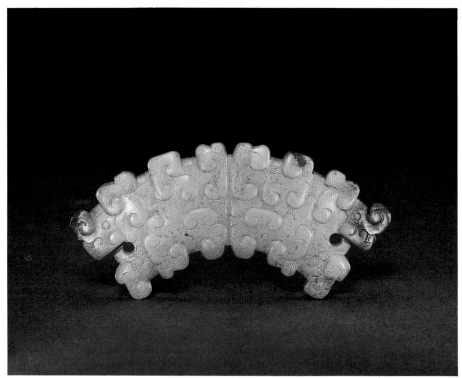

青玉，局部有褐色沁。體片狀，半瑗形，一面有紋飾，一面光素無紋。
璜的上下邊沿雕對稱戟紋；兩端各琢一龍首，以圓孔為龍口，可穿繫。
兩龍身於中部合為一體，中間有一豎線隔開，龍身淺浮雕相連的虺紋。

玉璜為六瑞之一，作禮器和佩飾用。《周禮》："以白琥禮西方，以玄
璜禮北方。"《山海經》："左手操翳，右手操環，佩玉璜。"春秋玉
器，大多一面雕紋，一面光素無紋，而紋飾則以蟠虺紋為主，此器為一
典型。

玉龍紋璜
春秋晚期
直徑9.3厘米　寬6.3厘米
厚3厘米

Jade Huang with dragon design
In the latter part of Spring &
Autumn Period
Diameter: 9.3cm　Width: 6.3cm
Thickness: 3cm

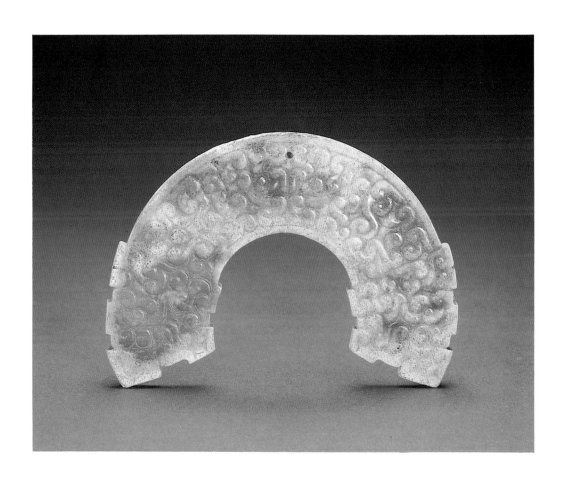

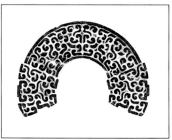

一面拓片

玉料為新疆和闐青白玉，局部有深褐色沁斑。體扁平，呈扇形，兩面形
式和飾紋相同。通體用淺浮雕飾變形臥蠶紋，內外沿均有一弦紋，兩端
各有一龍首，中間上端有一小圓孔，可供穿繫。

玉雙龍首璜
春秋晚期
長11.5厘米　寬2厘米
厚0.5厘米
清宮舊藏

Jade Huang with dragon design
In the latter part of Spring &
Autumn Period
Length: 11.5cm　Width: 2cm
Thickness: 0.5cm
Qing Court collection

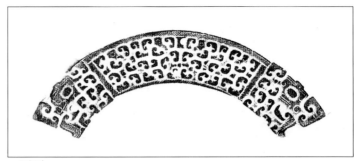

一面拓片

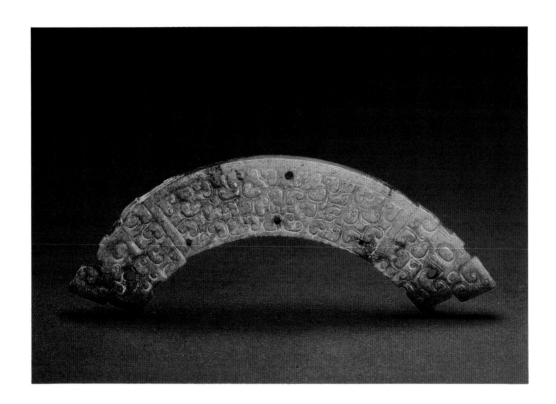

玉料青白色，局部有深褐色沁斑。體扁平，弧形。兩面紋飾相同，皆用
淺浮雕法，琢出變形的夔龍紋。璜兩端各有一龍首，兩龍嘴部各有一小
圓孔，中間上端有一小圓孔，下端有三小孔，均可繫佩。

此類器物，大多是用來與其他佩飾組合成套佩用的。值得注意的是，此
前之玉璜，或僅一端有孔，或兩端各有一或兩個孔，及至春秋中期，才
於內弧凸的一側中央加孔。由穿孔的變化，可見佩的形式也相應有變
化。

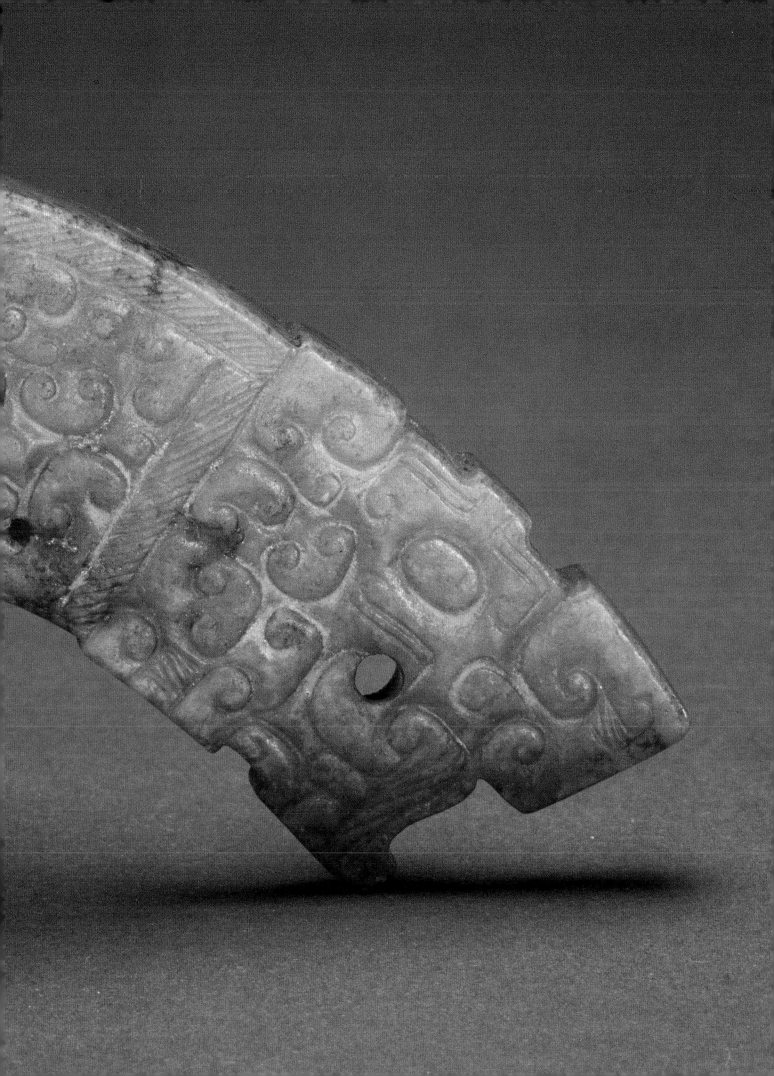

玉雙龍首璜
春秋晚期
高4.2厘米　長9.8厘米
厚0.6厘米
清宮舊藏

Jade Huang with double dragon-head design
In the latter part of Spring &
Autumn Period
Height: 4.2cm　Lenght: 9.8cm
Thickness: 0.6cm
Qing Court collection

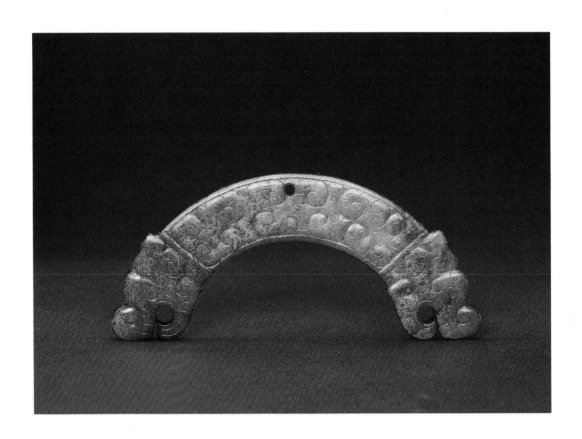

玉料青色，有淺赭色沁。體片狀，形如半圓，兩面紋飾相同。兩端均琢
龍首，各以一圓孔為龍口，雙龍身於中部合為一體，上端有一圓孔，可
供佩繫。

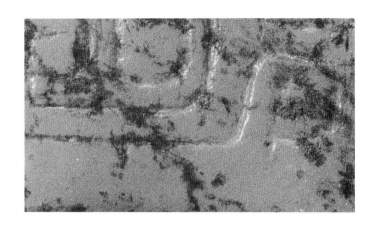

112

玉虺龍紋衝牙
春秋早期
長7.4厘米　端寬1.5厘米
厚0.3厘米

Jade pendant with serpent design
In the early part of Spring &
Autumn Period
Length: 7.4cm
Width of end: 1.5cm
Thickness: 0.3cm

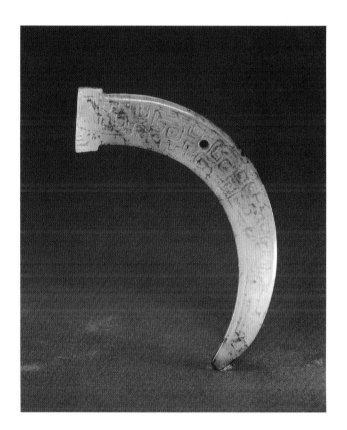

青玉，略有褐色沁。體片狀，弧形，下部略尖，兩面紋飾相同，滿佈虺
紋。

虺是一種有劇毒的小蛇。古人喜採用凶猛、狠毒的動物形象來作紋飾，
以為辟邪。

玉衝牙在春秋戰國很流行，是成組佩玉之一種。因佩者走路時會使之相
撞而發出聲音，加上它形如獸牙，故名衝牙。古人佩帶有衝牙的成組玉
佩，以表現"君子"風度。

玉龍形衝牙
春秋晚期
長12.5厘米
清宮舊藏

**Jade dragon-shaped pendant with
stylized coiled-serpent design**
In the latter part of Spring &
Autumn Period
Length: 12.5cm
Qing Court collection

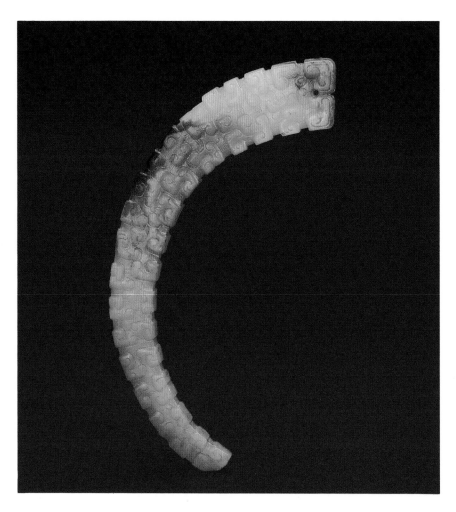

玉料青白色。體片狀，牙角形。一端略寬，琢成龍頭。龍頭方形，上下
唇間有一孔，可穿繩。龍頭至龍尾有兩排凸齒。兩面雕相同的變形蟠虺
紋。

弧形衝牙在春秋時期才較多出現。這件衝牙的造型及紋飾都很別致，是
玉器中的精品。

玉鏤雕鳳紋飾
春秋早期
長6.3厘米　寬3.6厘米
厚0.4厘米

Jade ornament with phoenix design in openwork
In the early part of Spring & Autumn Period
Length: 6.3cm　　Width: 3.6cm
Thickness: 0.4cm

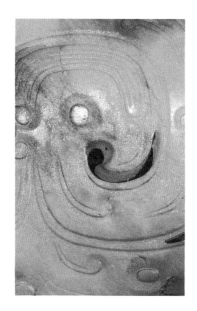

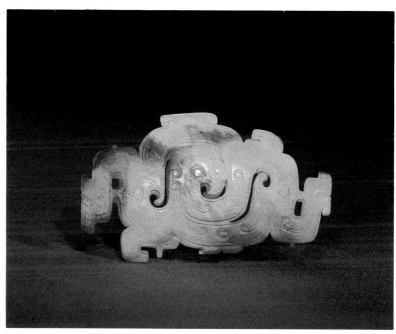

青玉，有淺褐色沁。體片狀，正面微隆起，背面光素且稍凹。正面以鏤雕和斜刀技法琢飾夔鳳紋。

春秋早期的龍鳳紋表現抽象，紋飾瀟灑遒勁，鏤空技藝相當成熟。此佩的形制、紋飾極為少見。

玉雙鳥紋嵌件
春秋
長6.3厘米　寬3.9厘米
厚1.6厘米
清宮舊藏

Jade ornament with double bird design
Spring & Autumn Period
Length: 6.3cm　Width: 3.9cm
Thickness: 1.6cm
Qing Court collection

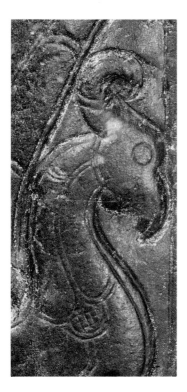

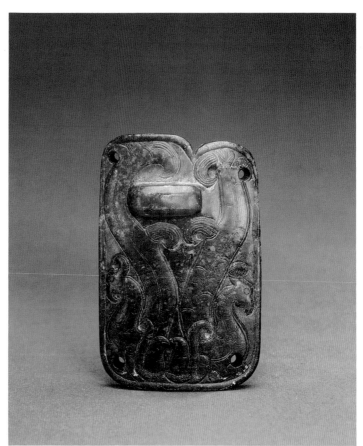

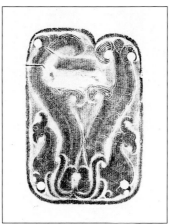

正面拓片

玉料青白色，局部有深褐色沁。體作扁平的委角長方形。正面用淺浮雕加陰線刻兩隻鳳鳥。鳳鳥臉面相背，嘴尖下彎，冠高翹，眼圓睜，雙翅緊收，尾巴上翹，作靜止態。器正面略弧凸，背面微凹，中部一半環狀孔突出，四角有孔，可供穿繫。

此器造型與飾紋特殊，十分罕見。

116

玉虺紋韘
春秋
高2厘米　長4.2厘米
寬3.1厘米　孔徑2.3厘米

Jade archer's ring with serpent design
Spring & Autumn Period
Height: 2cm　Length: 4.2cm
Width: 3.1cm
Diameter of hole: 2.3cm

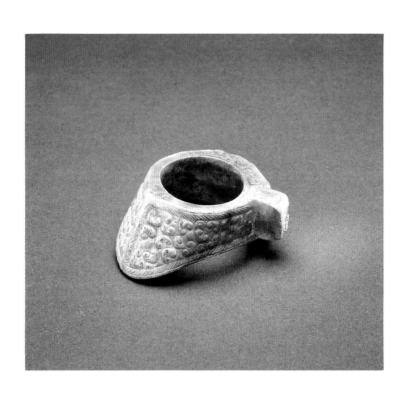

玉料沁成雞骨白色。外緣有繩紋，圍繞淺浮雕的蟠虺紋。

韘，也稱搬指，原為實用品，殷商已開始出現。商代玉韘紋飾簡練，從婦好墓出土和傳世品看，均飾獸面紋並有一較深的勾弦用的橫凹槽。

春秋戰國的玉韘則紋飾繁縟，從出土情況看，韘的位置一般放在人骨架的手部，似仍有實用性。及至兩漢和魏晉時，玉韘已演變為扁平鏤雕器，成為非實用的佩飾。這件滿佈紋飾的玉韘，是春秋時期之珍品。

玉虎
春秋中期
長7.7厘米　寬2.2厘米
厚0.3厘米
清宮舊藏

Jade tiger
The middle of Spring & Autumn Period
Length: 7.7cm　Width: 2.2cm
Thickness: 0.3cm
Qing Court collection

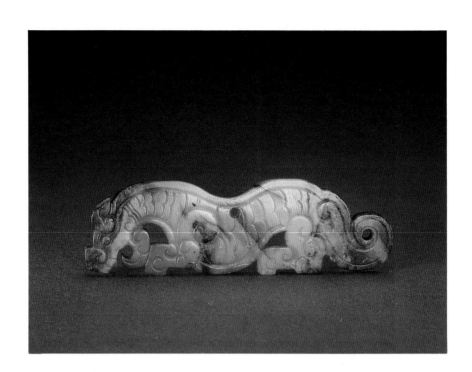

玉料青白色，局部有深褐色沁斑。體扁薄。玉片兩面飾紋相同，各刻一虎，俯首，嘴微張，圓眼，耳後曲，足前伸，尾向上回捲。虎身飾雙線斑紋，呈爬行狀。嘴、尾、身各有一圓孔，可穿繫。

玉虎始見於商代，春秋時更多更精，此為典型代表之一。

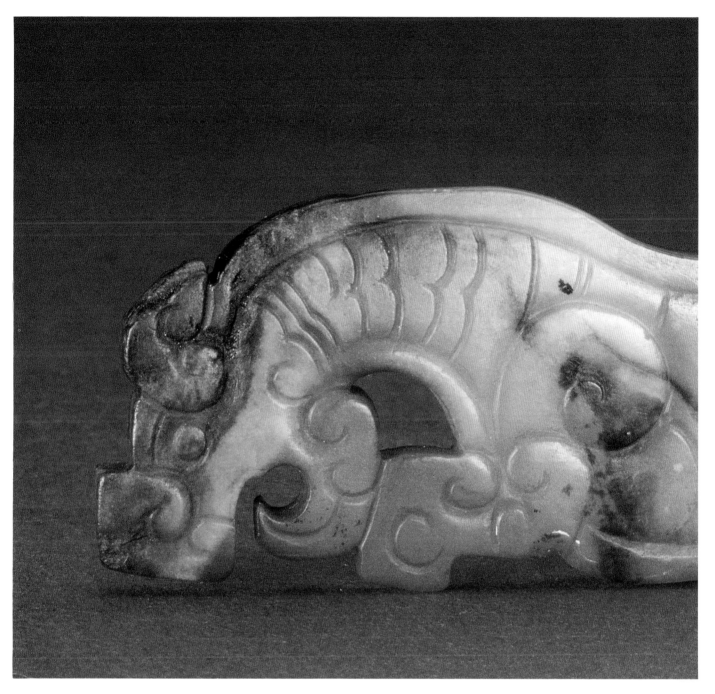

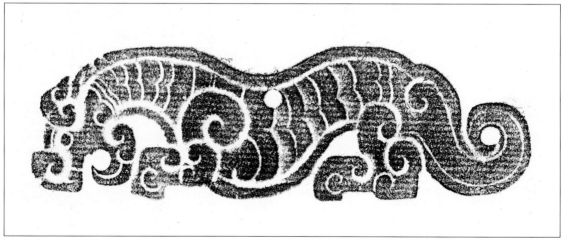

一面拓片

玉獸首紋劍飾
春秋晚期
高3.35厘米　寬5.35厘米
厚0.85厘米

**Jade ornament for sword with
beast-head design**
In the latter part of Spring &
Autumn Period
Height: 3.35cm　Width: 5.35cm
Thickness: 0.85cm

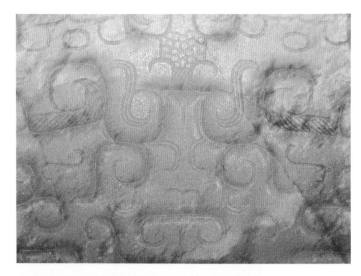

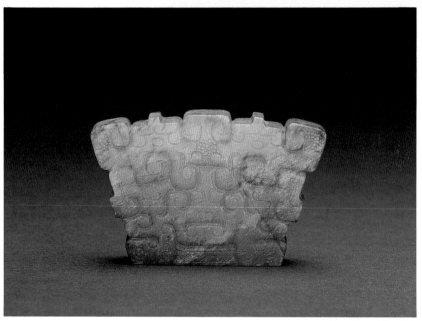

青玉料，有大面積黃褐沁斑。體厚，片狀，梯形。兩面淺浮雕變形獸面
紋，間飾細陰線，三邊成齒狀，一邊有一橢圓形孔，可安接劍把。

春秋戰國時期，玉器上的紋飾一改商周以來的呆板，出現了整齊、對
稱、緊密的淺浮雕裝飾紋樣。其基本圖案結構簡單，但組合形式多樣，
形態各異，充滿想象力。

精雕細琢是這時期玉器的新風格。

玉人首
春秋晚期
長6厘米　寬3.5厘米
厚0.9厘米
清宮舊藏

Jade human head
In the latter part of Spring &
Autumn Period
Length: 6cm　Width: 3.5cm
Thickness: 0.9cm
Qing Court collection

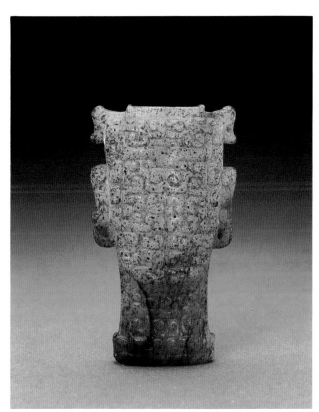

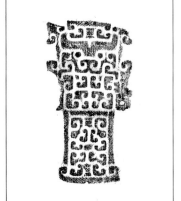

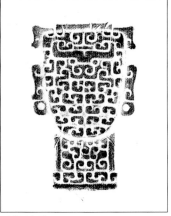

正背面拓片

玉料青白色，滿佈深褐色沁斑。體扁平，正面微弧，背面內凹。器兩面
飾紋略異，皆為人臉的正面，面部的眼、鼻、嘴均用變形夔龍紋做裝
飾。器上下各有一斜穿孔，可供繫繩。

這人首的裝飾風格，具有明顯的春秋中晚期特點，所知僅此一件，堪稱
絕品。

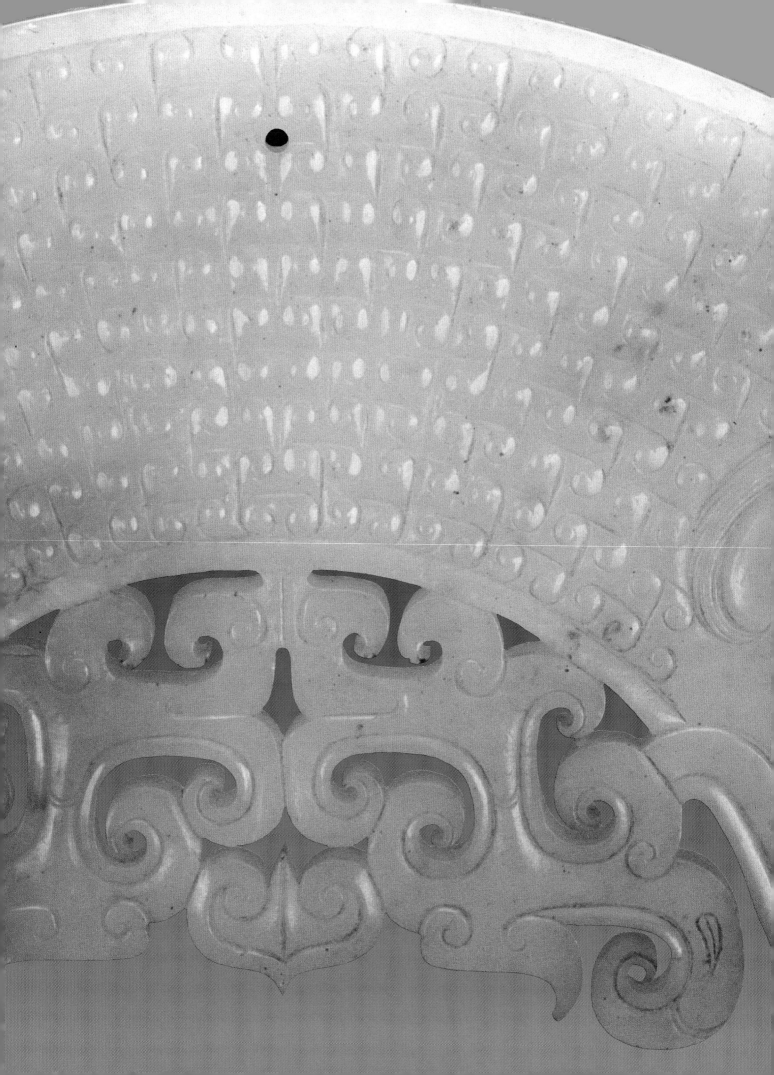

戰國

Warring States Period

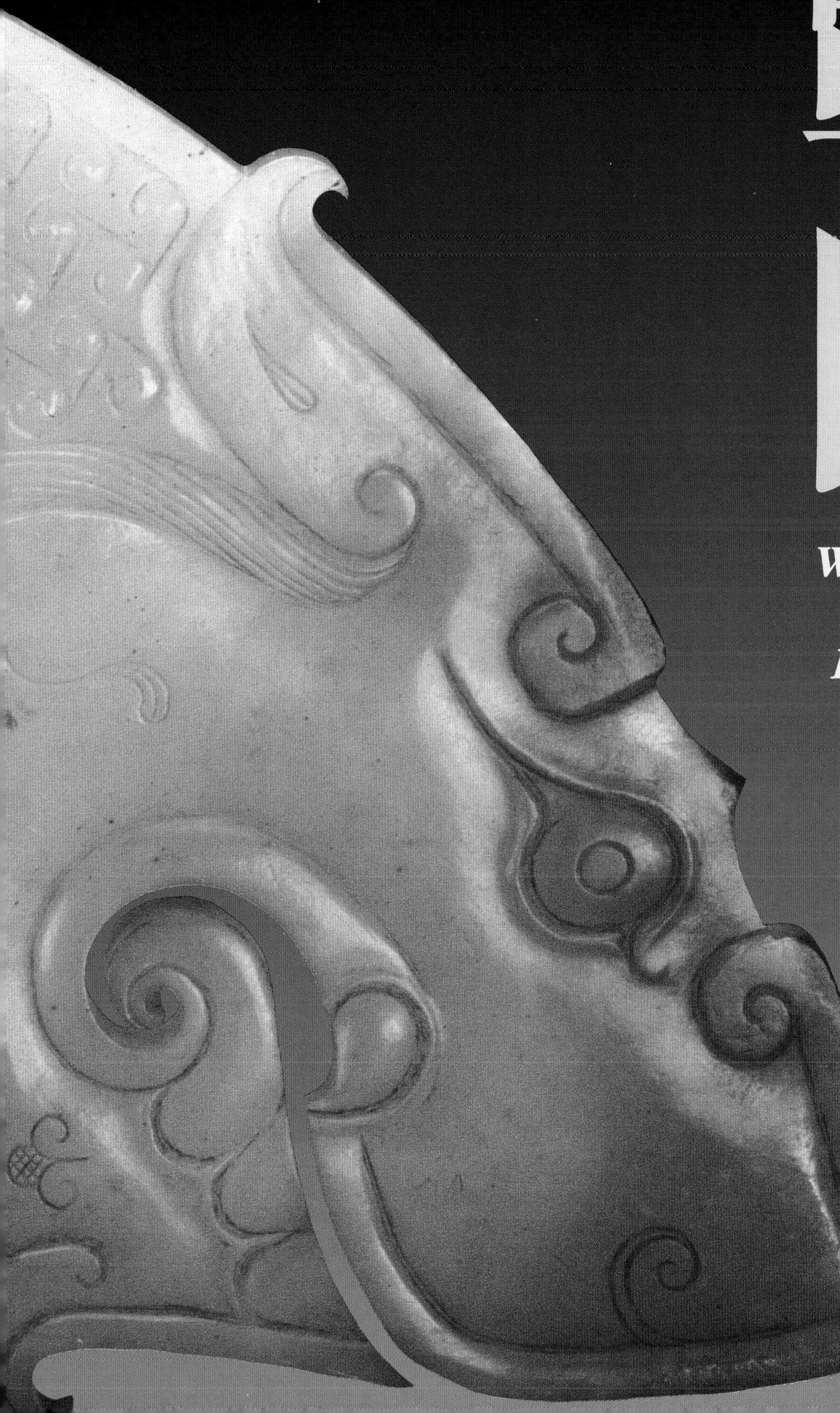

玉瑗
戰國
徑4.5厘米　厚1.3厘米

Jade Yuan (a disc with an orifice)
Warring States Period
Diameter: 4.5cm
Thickness:1.3cm

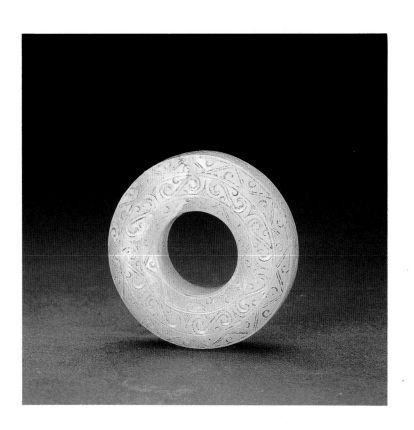

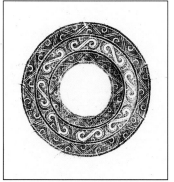

一面拓片

玉料青白色，局部有褐色沁斑，體扁圓形而較厚，斷面呈六角形。瑗兩面紋飾相同，皆陰刻連續的細線變形夔龍紋二圈。

此器從造型到飾紋均比較特殊，始見於戰國。

玉扭絲紋瑗
戰國
徑8.3厘米　厚3厘米
清宮舊藏

Jade Yuan with cord pattern
Warring States Period
Diameter: 8.3cm　Thickness: 3cm
Qing Court collection

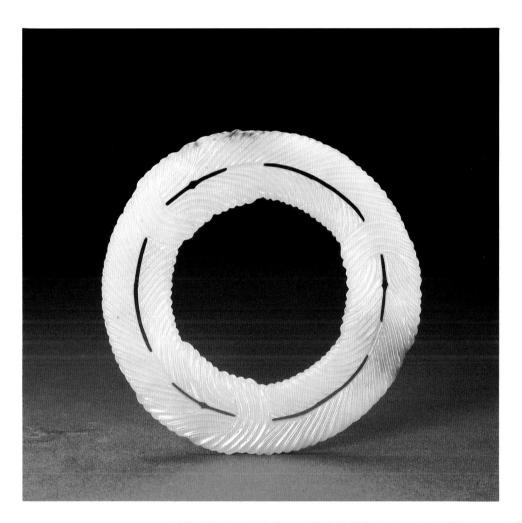

玉料為和闐玉，青白色，局部有深褐色沁斑，斷面呈橢圓形，通體淺浮雕細絲紋。

這類玉瑗在戰國墓葬中常有發現。此瑗當為戰國時物。絲紋俗稱扭絲紋或繩索紋，一般除作瑗的飾紋外，亦用作刻畫動物的眉目和尾巴。

玉龍紋瑗形佩
戰國
徑6.8厘米
清宮舊藏

Jade Yuan-shaped pendant with dragon design
Warring States Period
Diameter: 6.8cm
Qing Court collection

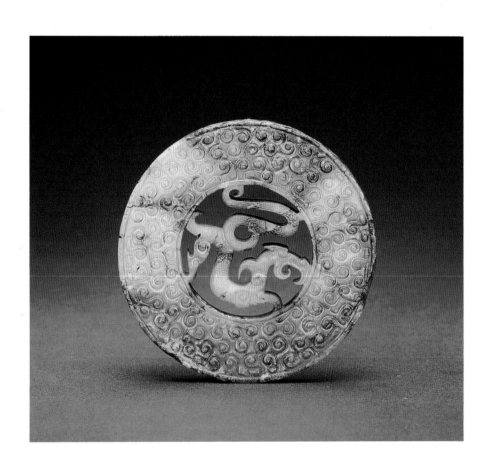

青玉，孔徑為邊寬的一倍，兩面形式和飾紋相同。內外有邊棱，飾旋渦紋（又名臥蠶紋）。孔內鏤雕一龍，身細瘦，呈"S"形，長尾，尾上飾繩紋，臀與尾之間成一圓環。

這件玉環直徑很小，所飾獸之尾部有一小孔，可穿繩佩帶，因而是佩玉。

玉四鳥紋環形佩

戰國
高6.9厘米　寬5.1厘米
清宮舊藏

**Jade pendant with design of
two pairs of birds**
Warring States Period
Height: 6.9cm　Width: 5.1cm
Qing Court collection

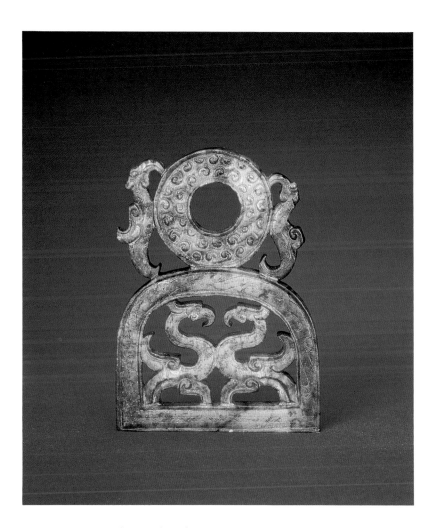

青玉，有褐色沁斑。器兩面紋飾相同，分作上、下兩部分。上部為圓環，飾穀紋，兩側各有一立態小鳥；下部近似方形邊框，框內有二鳥相對。

此玉佩共雕四鳥，兩兩相對，上下兩對鳥造型不同。上部雙鳥短頸、勾喙，翅似展開；下部雙鳥有喙，長頸似獸，為鳥獸複合體。這類動物造型，在商以前的玉器中較多，在戰國玉器中卻少見。

玉出廓式環
戰國
長4.7厘米　寬5.8厘米
清宮舊藏

**Jade Huan (a disc with a large orifice)
carved with two beasts on outer fringe**
Warring States Period
Length: 4.7cm　Width: 5.8cm
Qing Court collection

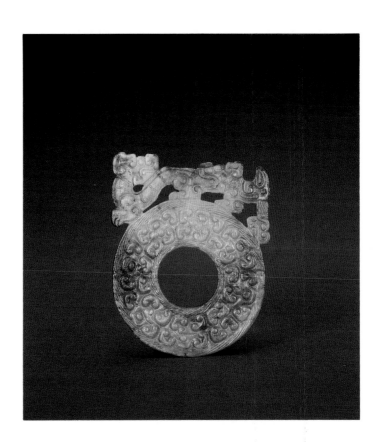

玉料青灰色。體扁平，圓形，兩面飾紋相同。內外緣各琢繩紋一周。表面飾兩周勾雲紋。環廓外雕伏臥雙獸，前獸回首與後獸對視，後獸嘴骶前獸尾部，身體折曲，與下部圓環形成方圓對比。

戰國玉器中多見雙龍、雙獸、雙鳥圖案，作相對或相背排列，形成對稱效果。此玉環所飾雙獸卻不作對稱，又前後呼應，在設計上有獨到之處。

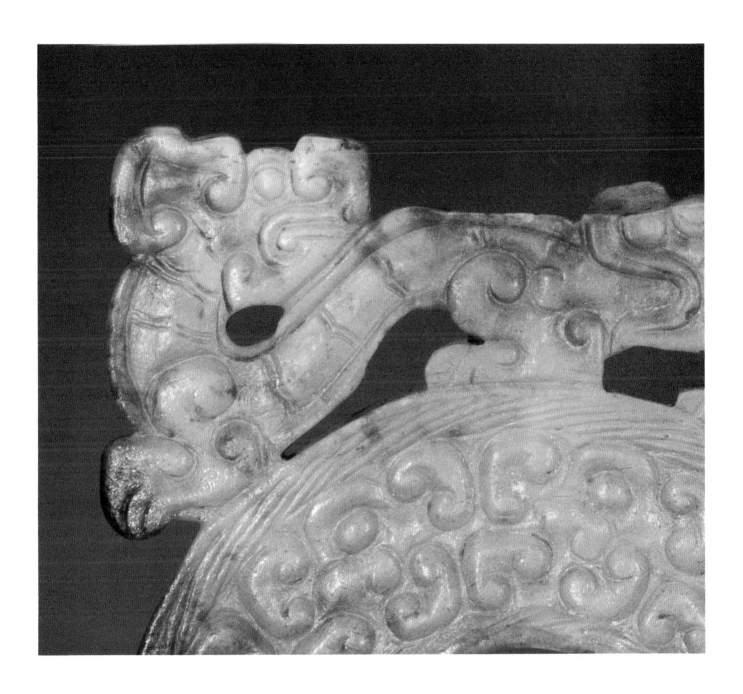

玉穀紋璧
戰國晚期
徑13.4厘米　孔徑4.6厘米　厚0.2厘米
1977年安徽省長豐縣楊公鄉出土

Jade Bi (a flat disc with an orifice in center)
with grain pattern
In the latter part of Warring States Period
Diameter: 13.4cm　Diameter of orifice: 4.6cm
Thickness: 0.2cm
Unearthed in 1977 in a tomb at Yanggong Township,
Changfeng County, Auhui Province

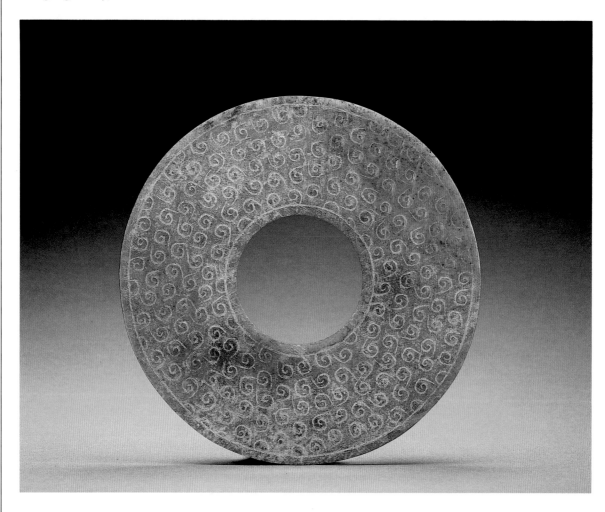

玉料青綠色，一面有青灰色沁斑。璧兩面雕穀紋，均排列整齊，佈局勻
稱；惟一面穀紋較平，一面穀紋微微凸起。

穀紋璧盛行於戰國晚期至西漢時，造工比較粗獷。有些成組置於棺槨
上，有些放置在屍體的胸、腹、背和頭部，可能是專為殉葬而製的，其
用意似是辟邪和防止屍體腐壞。

長豐楚墓出土的玉璧，除飾穀紋外，尚有臥蠶紋、蒲紋和獸紋，均鋪蓋
在人體上，共疊壓三、四層。玉璧琢磨精細，厚薄均勻，極具美感，反
映了戰國時期琢玉工藝已達相當高的水平。

玉獸面蠶紋璧

126

戰國晚期
徑16.5厘米　孔徑4.8厘米　厚0.3厘米
1977年安徽省長豐縣楊公鄉戰國墓出土

Jade Bi with beast mask and silkworm design
In the latter part of Warring States
Diameter: 16.5cm　Diameter of orifice: 4.8cm
Thickness: 0.3cm
Unearthed in 1977 in a tomb at Yanggong Township,
Changfeng County, Auhui Province

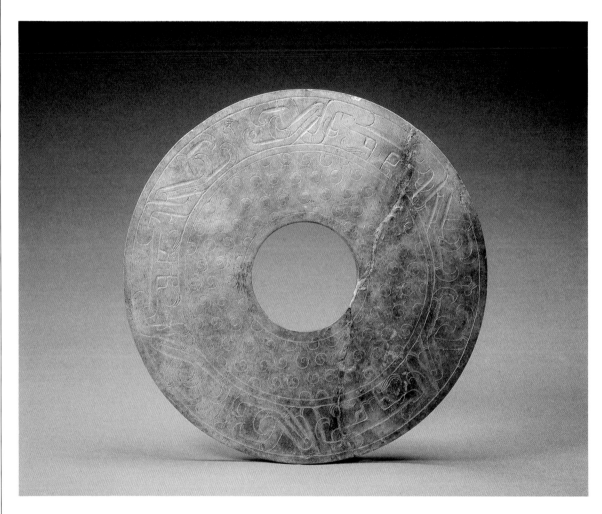

玉料深綠色，表面有褐色沁。體扁平，兩面紋飾相同。於近孔及邊沿各陰刻一周弦紋。中以兩周陰弦紋隔為內外兩區，外區琢三組雙身獸面紋，內區琢臥蠶紋。

戰國和漢墓出土玉璧甚多，與此器近似的皆飾多層獸紋，而獸面均多朝向外沿，惟獨此璧的獸面朝向內，很少見。

玉鏤雕雙鳳紋璧
戰國
最寬13厘米　璧徑9厘米
清宮舊藏

**Jade Bi with double phoenix design
in openwork**
Warring States Period
Maximum width: 13cm　Diameter: 9cm
Qing Court collection

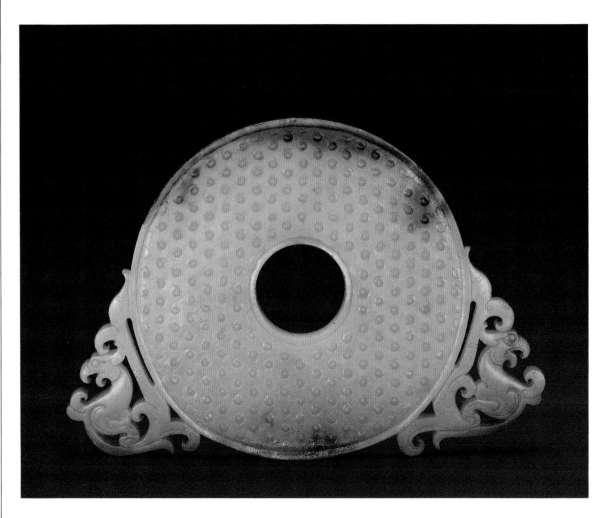

白玉。體扁平，兩面形式和飾紋相同。內外邊沿平而無紋，璧表面飾小
而疏的穀紋，兩側各有一隻鏤雕鳳鳥，前半身似獸，一足；後半身細
長，多岐尾。

鳳鳥是古代玉器的傳統圖案，各時期流行的樣式不同。西周玉器中的鳳
鳥多用陰線刻畫，以昂首翹尾為主要特徵，極少有鏤雕。戰國玉器的鳳
鳥則多作鏤雕，造型為細頸、勾喙、獸足、多岐尾，靈活誇張，對漢代
玉器有很大影響。

玉螭鳳紋璧
戰國
寬14.2厘米　璧徑11.5厘米

**Jade Bi with hydras and phoenix
design in openwork**
Warring States Period
Width: 14.2cm　Diameter: 11.5cm

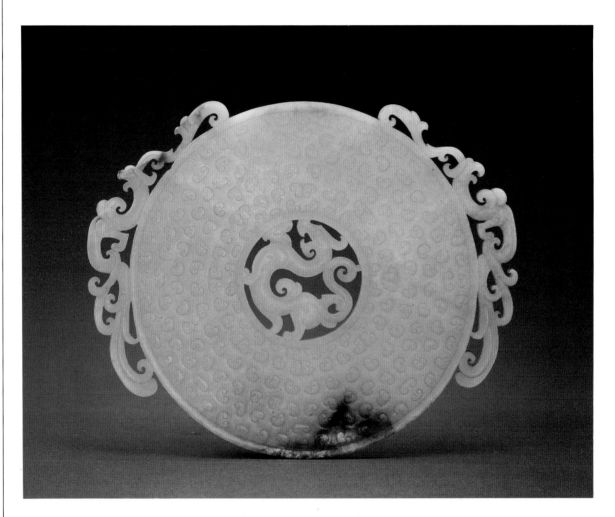

新疆和闐白玉，局部有褐色沁。體較薄，兩面形式和飾紋相同。內、外邊沿各有一周凸起的棱，邊內飾六周小勾雲紋，孔中鏤雕一螭，兩側各鏤雕一鳳鳥。

戰國時期的玉璧多飾穀紋、蒲紋及乳丁紋，個別有獸面紋。至於在戰國玉器上經常出現的勾雲紋，卻很少用於玉璧，故這件玉璧的紋飾較為獨特。璧兩側的鳥紋，因受戰國玉龍的造型影響，較為誇張。鳥身細長，折成雙"S"形，鳥冠似花蔓，末端捲成環形，可穿繩，鳥尾微內捲，亦成環形，可與其他玉件綴繫，當是位於大型組佩中部的主要飾件。

玉鏤雕四龍紋璧
戰國
直徑7.8厘米
口徑2.6厘米　厚0.4厘米
清宮舊藏

Jade Bi with design of four dragons
in openwork
Warring States Period
Diameter: 7.8cm
Diameter of orifice: 2.6cm
Thickness: 0.4cm
Qing Court collection

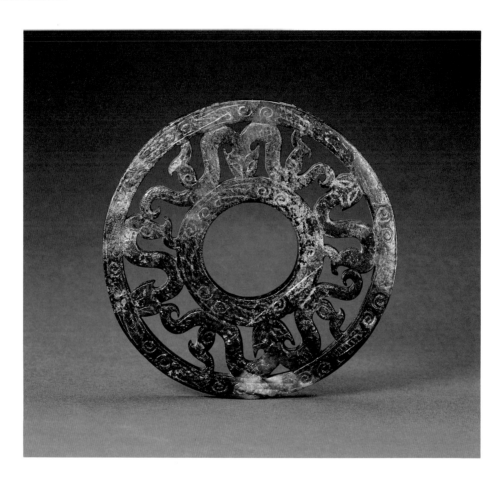

青玉，通體滿佈深紫色沁。體扁平，兩面皆飾勾雲紋、網格紋及鏤雕四
條龍紋，內外緣凸起一周邊棱。

璧雖在新石器時代就已經出現，但鏤雕玉璧始見於戰國。《周禮‧鄭注》
稱："璧圓象天。"因此璧最初的用途可能是祭天的禮器，後又漸成為一
種裝飾品，於春秋戰國時十分盛行。

玉鏤雕螭龍合璧
戰國
直徑11厘米
清宮舊藏

**Jade Bi in two parts carved with
hydras design in openwork**
Warring States Period
Diameter: 11cm
Qing Court collection

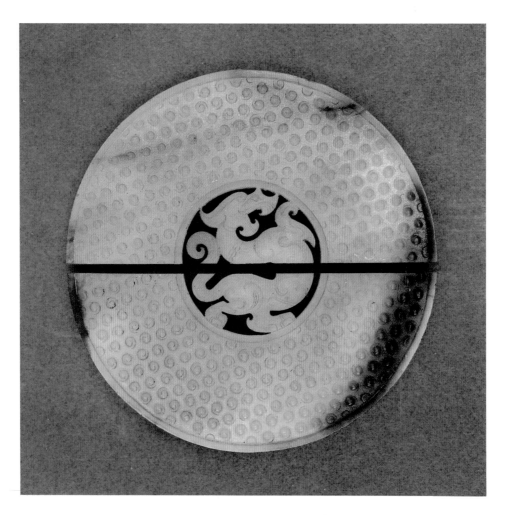

玉料青白色。體扁平,兩面形式和紋飾相同。邊緣無棱,表面飾凸起的
穀紋,穀粒渾圓,是用管形鉈具套磨琢而成。璧孔內鏤雕一螭龍。整器
對剖成兩半,可作信物或合符用。

類似的穀紋玉璧,在楚文化地區的戰國墓葬中已有發現,但不帶螭龍。
此璧所飾之龍,形似猛獸,身短而粗,彎曲如團龍。這種設計,既充分
利用璧孔內的空間,又能很好地表現螭龍的凶猛和力量。異形猛獸歷來
是玉器的重要紋飾,商代饕餮有首無身,周代螭龍向前團身,威猛不
足,而這件玉璧上的螭龍卻極富動感,表現出龍的威武凶悍。戰國的合
璧,已知僅此一件。

玉雙螭首璜
戰國
長10厘米　寬2.7厘米
清宮舊藏

**Jade Huang carved with hydras
head at each end**
Warring States Period
Length. 10cm　Width. 2.7cm
Qing Court collection

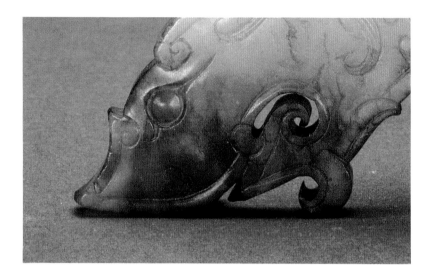

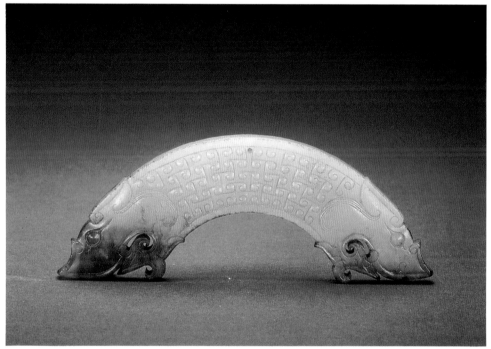

玉料青灰色，一端有大面積沁色。體片狀、弧形，兩面飾紋相同。兩端
各雕一螭首，耳長、鼻尖、眼珠凸出如球；上唇厚大，下唇細小，嘴微
張，露出獠牙。兩螭身於中部合為一體，並飾凸起的穀紋，穀粒間以
"丁"字形陰線勾連。

於玉璜兩端裝飾對稱紋樣，在新石器時代已出現。西周時期，紋飾轉為
複雜。戰國時期，則以璜兩端所飾的獸頭為主體，造型簡練，線條明
確，不再明顯表示獸的身體及四肢，代以裝飾性花紋。

玉臥蠶紋雙龍首璜
戰國
長14.5厘米　寬8厘米
厚0.6厘米
清宮舊藏

Jade Huang with silkworm design and carved with dragon head at each end
Warring States Period
Length: 14.5cm　Width: 8cm
Thickness: 0.6cm
Qing Court collection

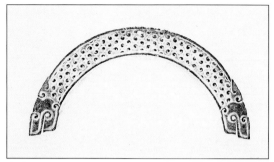

拓片

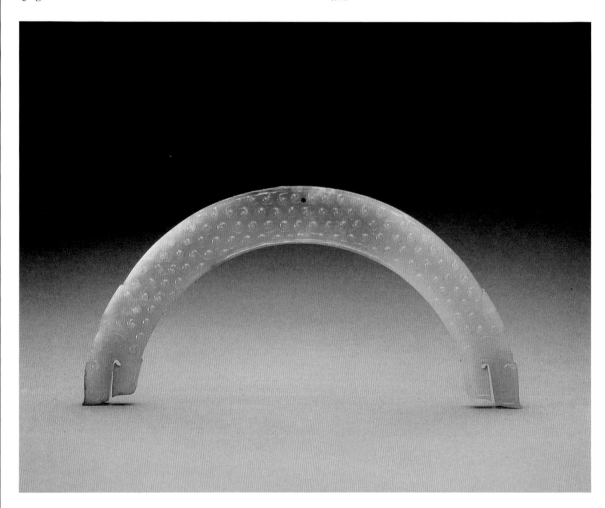

玉料青色，一面局部有沁斑。體片狀，兩面紋飾相同。兩端作龍首，張口，橢圓形眼，雲形角；通體飾蠶紋。

戰國玉璜，兩端多作龍頭形，中部飾以雲紋、蟠虺紋、蠶紋等，附加花蕾紋、滴水紋、柳條紋等等，並用細線刻畫，使紋飾更加繁縟而富於變化。

133

玉龍首璜
戰國晚期
長17.4厘米　高6厘米
厚0.3厘米
1977年安徽省長豐縣楊公鄉出土

Jade Huang carved with dragon head at each end
In the latter part of Warring States Period
Length: 17.4cm　Height: 6cm
Thickness: 0.3cm
Unearthed in 1977 in a tomb at Yanggong Township,
Changfeng County, Anhui Province

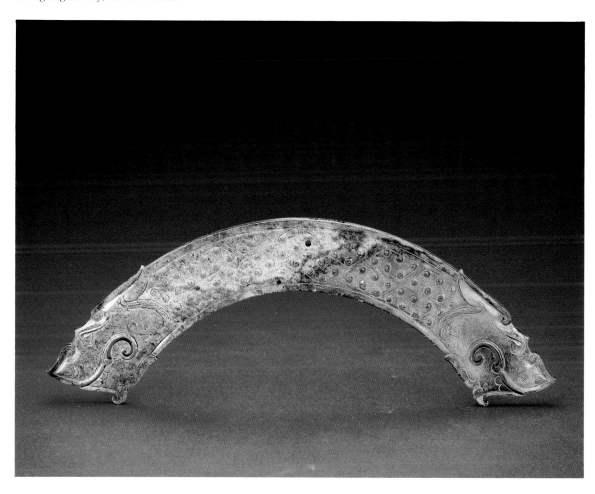

玉料青色，大部分浸蝕成青灰色，瑩潤有光澤。體片狀，呈長弧形，兩
面紋飾相同。兩端雕龍首，張口露齒，杏核眼，上唇厚而上捲，角俯貼
頸部，龍身滿雕整齊對稱的勾連臥蠶紋。中部有一小孔供繫佩。

此器出自戰國晚期的楚墓羣，距楚國滅亡前夕的都城——壽春僅二十公
里。墓中發現大量玉器，均造工精緻。此為其一。

161

玉穀紋璜
戰國
長25.9厘米　寬5.5厘米
清宮舊藏

Jade Huang with grain design
Warring States period
Length: 25.9cm　Width: 5.5cm
Qing Court collection

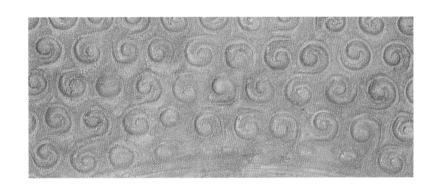

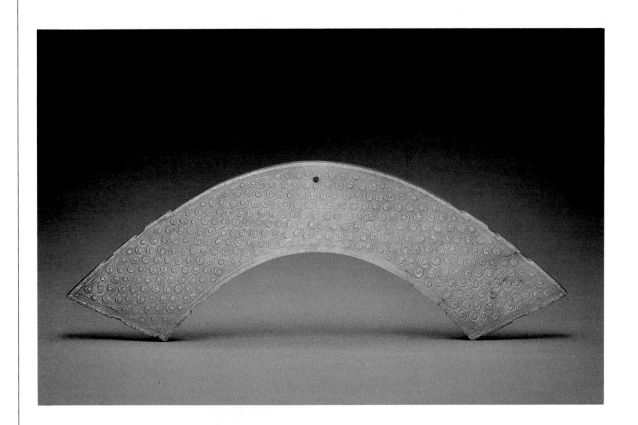

玉料青綠色。體扁平，呈弧形但弧度較小，兩端略寬，邊沿有凹凸齒，兩面飾紋相同。周邊琢明顯的凸棱，面飾旋形穀紋，排列緊密有序。

戰國時期琢玉技術的發展主要表現於三個方面：一是造型多樣、設計精巧；二是大量運用鏤雕技術；三是玉器表面大量裝飾穀紋，穀紋有旋形和乳丁形等多種，排列方式及間距均不一樣。這璜的穀紋凸起，是用去地法琢成，非有高超琢玉技術不可。

135

玉出廓式雙鳳紋璜
戰國
長13.7厘米　高6.2厘米　厚0.3厘米
1977年安徽省長豐縣
楊公鄉二號墓出土

Jade Huang with double phoenix design on outer fringe
Warring States Period
Length: 13.7cm　Height: 6.2cm　Thickness: 0.3cm
Unearthed in 1977 in No.2 tomb at Yanggong Township,
Changfeng County, Auhui Province

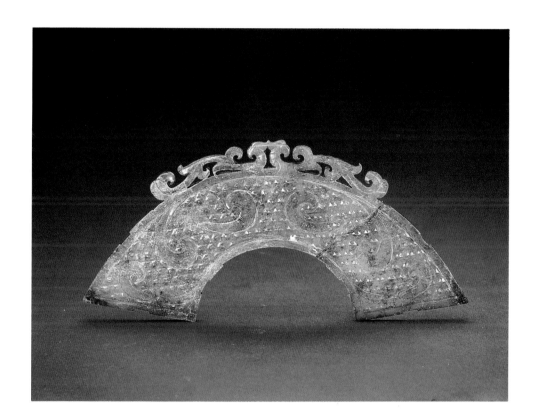

玉料表面有沁，並有很強的玻璃光澤。體片狀，呈半璧形，兩面形式和
雕紋相同。周邊琢對稱寬齒紋，頂部鏤雕背向的雙鳳；面飾六絡雲紋，
以穀紋鋪地。

戰國鏤雕玉佩的特點是所作鈎形紋飾尖且彎。

玉五孔龍首璜
戰國
長12.2厘米　寬2.5厘米
清宮舊藏

**Jade Huang with five holes and carved
with dragon head at each end**
Warring States Period
Length: 12.2cm　Width: 2.5cm
Qing Court collection

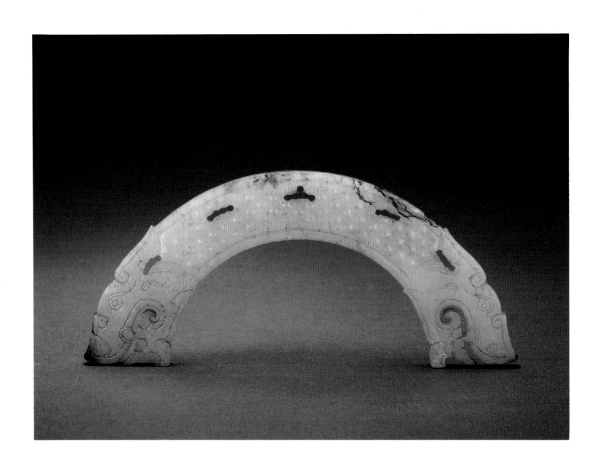

玉料青白色。體扁平，呈半環形，兩面紋飾相同。兩端雕龍首，僅以陰
線琢出眼鼻；中部雕穀紋，穀紋凸起較高。璜上留有五個弧形孔，可穿
繫，與其他玉飾件串成組佩。

玉雙犀首璜
戰國
長17厘米　寬7.3厘米
厚0.5厘米

**Jade Huang carved with rhinoceros
head at each end**
Warring States Period
Length: 17cm　Width: 7.3cm
Thickness: 0.5cm

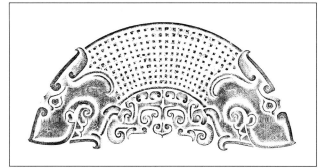

一面拓片

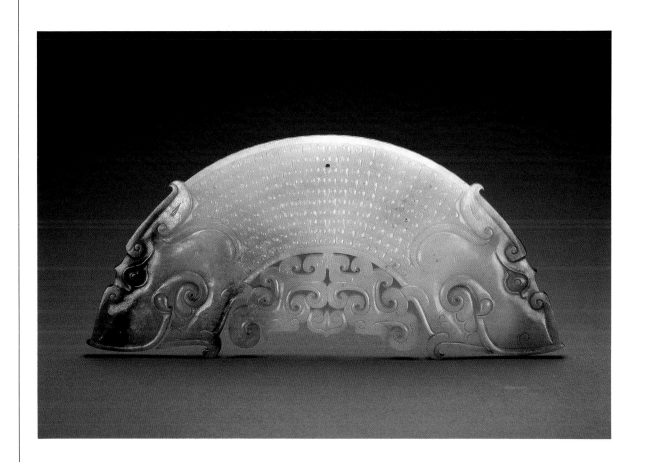

新疆和闐玉，青白色，局部有深褐色沁斑。體扁平，半圓形，兩面形式
和飾紋相同。兩端各雕一犀牛頭，嘴微張，眼呈不規則的橄欖形，身飾
凸起的穀紋。中部近內緣處，飾鏤雕勾連雲紋，上側有孔可繫繩。

玉器上出現犀始見於戰國，延至西漢初年。這說明早在戰國時，中國原
產犀牛，或犀牛已傳入中國。

此器共兩件，形式大小相同，此為其一。兩器皆於旁側陰刻乾隆御製
詩。全文稱："返絕久非藉，滄桑全亦奇。別中恒得聚，適可引吟思。
一片如半月，剖為兩片誰。離雖成塊各，合本若環規。"另側有"乾
隆"和"御玩"銘。

玉出廓式璜
戰國
長9.4厘米　寬3.8厘米
清宮舊藏

**Jade Huang carved with interlaced
hydra design on outer fringe**
Warring States Period
Length: 9.4cm　Width: 3.8cm
Qing Court collection

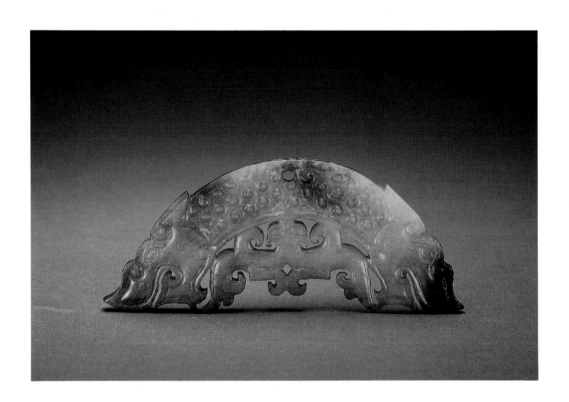

青玉，局部有沁斑。體片狀，半瑗形，兩面紋飾相同。兩端為龍首，中部飾凸起的旋形紋，下部出廓，鏤雕蟠螭紋，螭身從中間剖開，分向兩側。

璜是古代重要的玉器，據文獻記載和出土情況看，似有多種用途，主要作為禮器，《周禮·大宗伯》"以玄璜禮北方"之說即指用黑色的璜來代表並祭祀北方。璜亦是瑞玉之一，《禮記·明堂位》稱："大璜、封父龜、天子之器也。"可知古人把大璜視為國家重器。古史傳說中還把呂望於蟠溪釣得大璜，作為西周興起的徵兆等。這些記述表明古人對璜的重視。這件玉璜樣式新奇，紋飾特別，十分罕見。

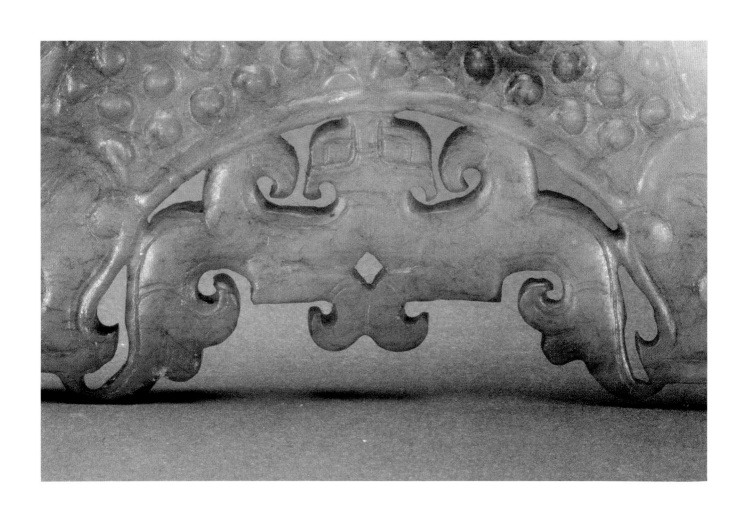

玉出廓式璜
戰國
長11厘米　寬4.1厘米
清宮舊藏

**Jade Huang carved with
Kui-dragon design**
Warring States Period
Length: 11cm　Width: 4.1cm
Qing Court collection

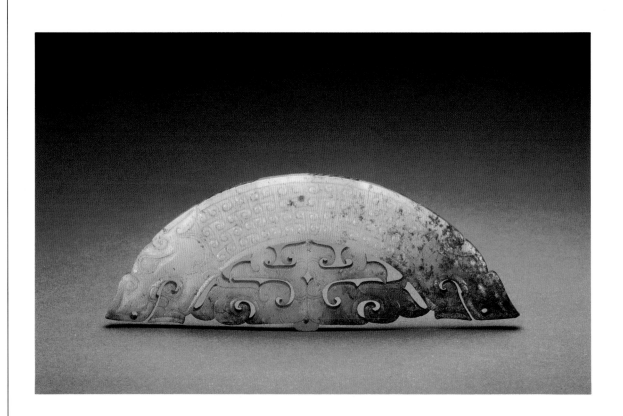

青玉。體片狀，半瑗形，兩面紋飾相同。兩端雕獸頭，中部琢穀紋並以
"丁"字形的陰刻弧線相連，下部廓外鏤雕變形夔紋圖案。

近似半瑗形的玉璜在新石器時代出現。戰國到漢代，玉璜主要有兩種，
一種形如瑗或璧的一半；另一種是在璜的下部加鏤雕裝飾，一般稱作出
廓式玉璜，鏤雕裝飾多採用對稱圖案，如異獸、螭龍、變形夔鳳等。

玉鏤雕雙龍首璜
戰國
長13.5厘米　高7厘米　厚0.3厘米
安徽長豐縣楊公鄉出土

**Jade Huang carved with dragon head
at each end in openwork**
Warring States Period
Length: 13.5cm　Height: 7cm　Thickness: 0.3cm
Unearthed in 1977 in a tomb at Yanggong Township,
Changfeng County, Anhui Province

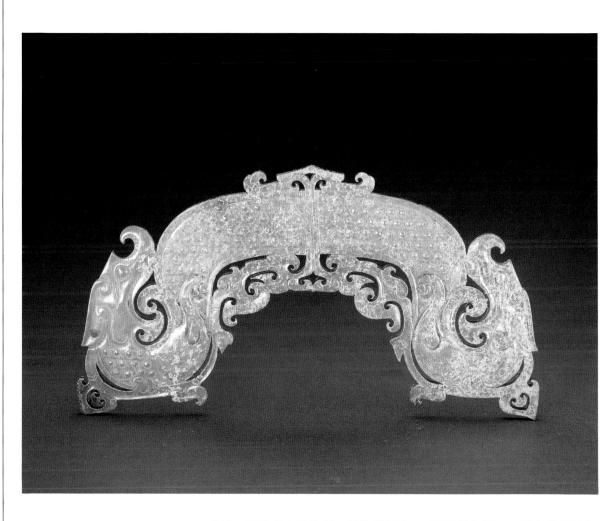

青玉，通體有土黃沁斑。體作薄片狀，兩面紋飾相同。兩端各雕回首的
龍，張口，上唇上翹，月牙形下顎，杏眼，雲形角，身體捲曲並飾勾連
穀紋。下部廓外飾曲捲夔龍紋。

玉龍首觿
戰國晚期
長11.5厘米　寬2.5厘米
厚0.5厘米
安徽省長豐鄉墓葬出土

Jade Xi (a short pointed instrument) carved with dragon head in openwork
In the latter part of Warring States period
Length: 11.5cm　Width: 2.5cm
Thickness: 0.5cm
Unearthed in a tomb at Yanggong Township, Changfeng, Anhui Province

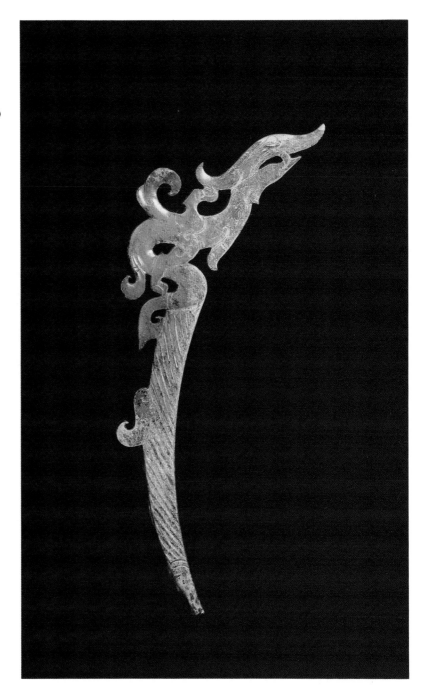

青玉，局部有較重的白色沁斑。外形似獸角或獸牙，兩面紋飾相同。下端尖並飾絲束紋；上端較寬，鏤雕龍首。

觿，據《説文》稱："尖端甚鋭，用以解結，以象骨或獸角製成者。"觿在新石器時期就已經出現，發展到漢代，已漸失去解結功能，轉化為童子的佩飾，多掛於身側。鑑於觿原有解結功能，故以玉觿為佩，寓意童子成年後，智慧超凡，世間所有的疑難困結皆可迎刃而解。

142

玉鏤雕鳥紋飾
戰國
長7.1厘米　寬4厘米　厚0.6厘米
清宮舊藏

Jade ornament with bird design
in openwork
Warring States Period
Length: 7.1cm　Width: 4cm
Thickness: 0.6cm
Qing Court collection

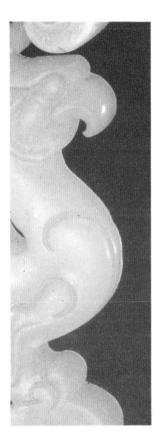

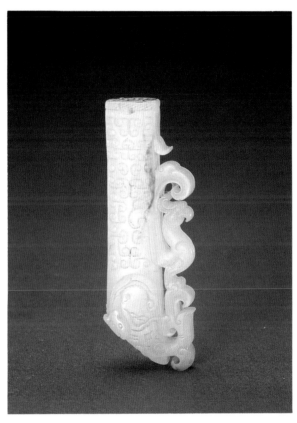

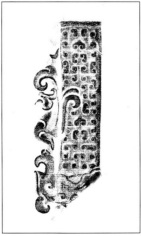

另一面拓片

新疆和闐玉，潔白色，半透明，表面有光澤，局部有褐色沁。體扁，圓
柱形。一端略寬，並琢龍頭，菱形眼，閉嘴。龍頭後飾一鳥，圓眼尖
喙，身和尾翎向上作順時針方向旋回。上端飾一圈繩紋，表面琢淺浮雕
的雙勾雲紋，一側鏤雕一鳳，圓眼尖喙，修冠上捲，凸胸，雙翼貼身，
雙足直立，尖爪，尾翎於身後捲揚。鳳首之上又有一鳥首，高冠圓眼，
長喙向內捲。

此器的玉質、造型和工藝均極精美，為戰國時期玉器中的傑作。

玉龍鳥紋佩
戰國
長5厘米　寬10.3厘米
厚0.5厘米
清宮舊藏

Jade pendant carved with design of
dragon and bird
Warring States Period
Length: 5cm　Width: 10.3cm
Thickness: 0.5cm
Qing Court collection

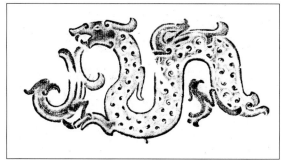

一面拓片

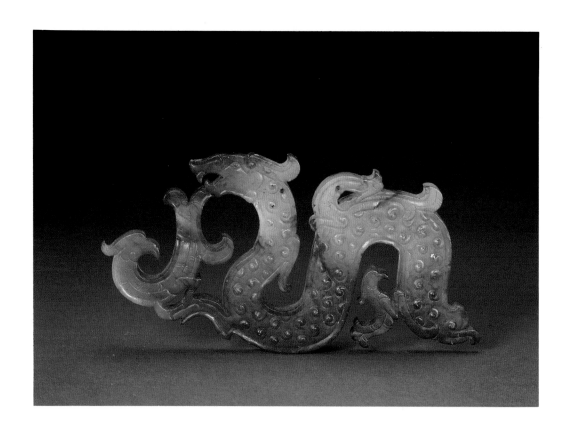

玉料為新疆和闐玉，青白色，局部有深褐色沁斑。體扁平，兩面紋飾相
同。一端雕龍首，張口露齒，梳形目，鬚髮後飄，身體飾變形夔龍紋；
另一端琢一鳥，圓目，嘴微張；龍口及龍身上尚有三隻鳳鳥依附。龍頸
及器中間各有一圓孔，可繫繩。

戰國時期流行龍鳥同體的裝飾手法，但如此器共有三隻鳳鳥為飾者，尚
不多見。

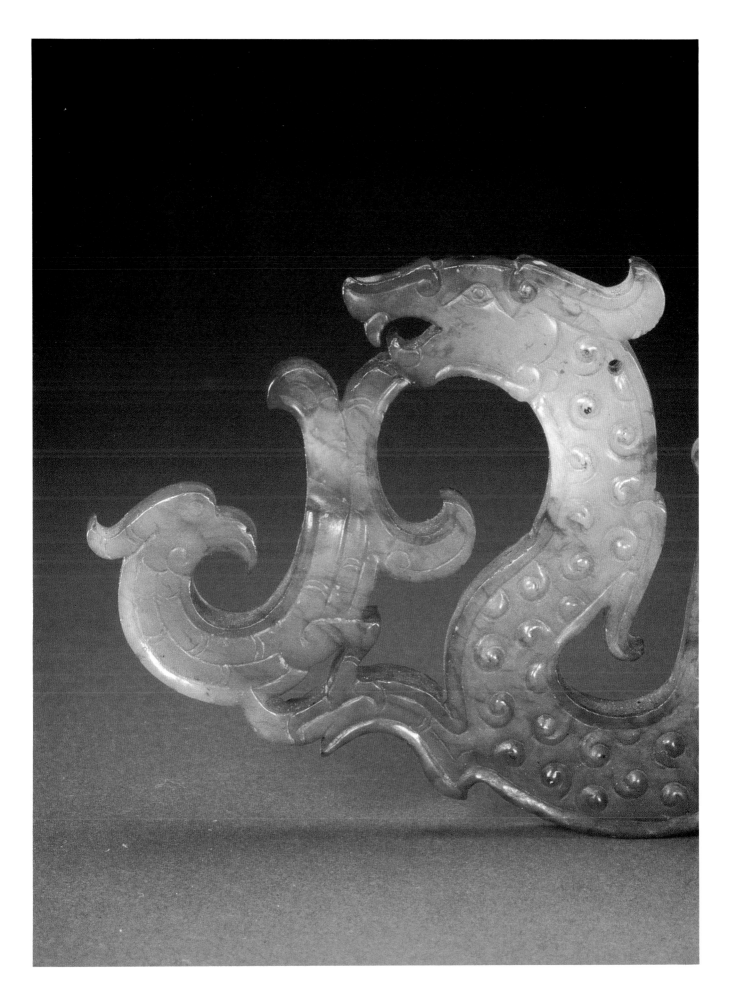

玉雲紋飾
戰國
長14.1厘米　寬1.5厘米
厚0.6厘米

Jade ornament with
cloud design
Warring States Period
Length: 14.1cm
Width: 1.5cm
Thickness: 0.6cm

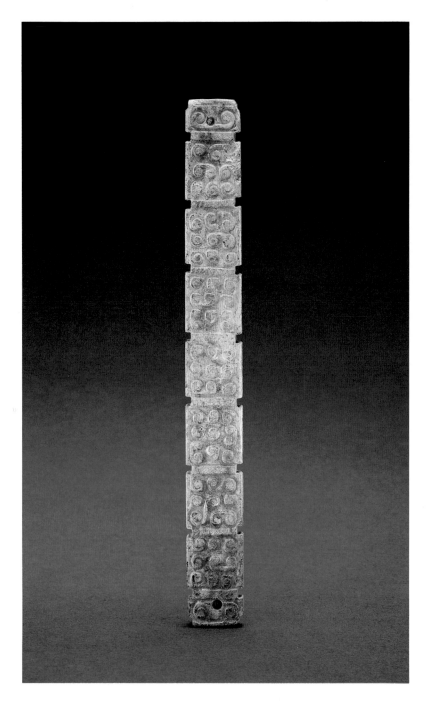

玉料受沁成雞骨白色。體略扁，分作九節，每一節以絞絲紋相隔。器兩面均淺浮雕排列整齊的勾雲紋及穀紋。中心上下各有一穿孔，可穿繫。

這一飾件從形制到紋飾均保留春秋時代特色，以繁密的雲紋和穀紋為裝飾主體。據打孔位置，似為佩飾。

玉瓶式佩
戰國晚期
寬4.2厘米　高3.2厘米
厚0.5厘米
安徽省長豐縣楊公鄉戰國墓出土

Jade vase-shaped pendant
In the latter part of Warring States Period
Width: 4.2cm　Height: 3.2cm
Thickness: 0.5cm
Unearthed in 1977 in a tomb at
Yanggong Township, Changfeng County,
Auhui Province

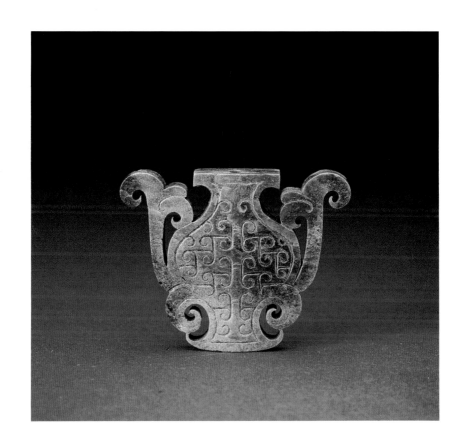

青玉，有赭色沁斑。體片狀，上下鑽一貫孔，一面平，一面於中間凸起，整形如一瓶式器。兩面紋飾相同，均琢對稱的勾連雲紋，底兩側至頸部，鏤雕相對的花形飾，極為精美。

戰國玉佩的種類頗多，但作瓶形者，所知僅此一件，極難得。

145

玉管形飾
戰國晚期
長5.2厘米　寬3.3厘米
管徑1.2厘米
安徽省長豐縣楊公鄉戰國墓出土

Jade tube-shaped pendant
In the latter part of Warring States Period
Length: 5.2cm　Width: 3.3cm
Diameter of tube: 1.2cm
Unearthed in 1977 in a tomb at Yanggong
Township, Changfeng County, Anhui Province

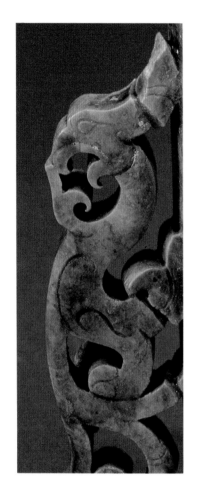 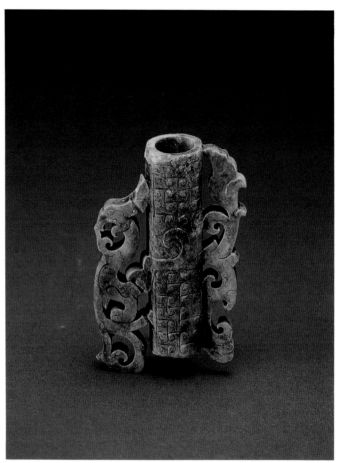

玉料受沁成灰褐色。玉管主體作圓柱形，身飾穀紋，並以陰線勾連。兩側各鏤雕一組夔紋和鳳紋。

管形飾又稱瑬形器，既可單獨為佩，亦是組佩之一。此器造型精美，技藝高超。

玉穀紋條形墊
戰國晚期
長6.1厘米　寬2.3厘米　厚0.7厘米
安徽省長豐縣楊公鄉戰國墓出土

Jade strip-shaped pendant with grain design
In the latter part of Warring States Period
Length: 6.1cm　Width: 2.3cm
Thickness: 0.7cm
Unearthed in 1977 in a tomb at
Yanggong Township, Chang-feng County,
Anhui Province

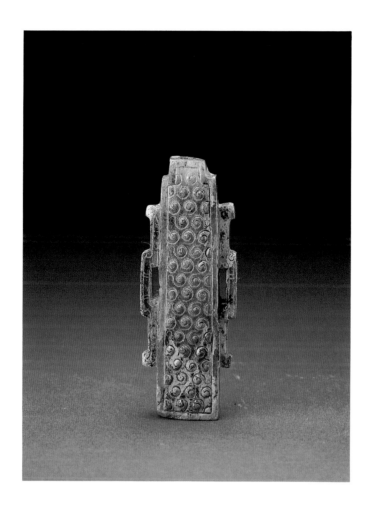

玉料有赭色沁斑及較強的玻璃光。體厚，片狀，上下有一貫孔，兩面形式和紋飾相同。穀紋排列整齊，佈滿器身，兩側飾長條形耳。

戰國的墊形器，很少帶耳或有出廓鏤空，這是一罕見特例。

玉龍紋瑱
戰國
高3.1厘米
大端直徑3厘米　小端直徑2.4厘米
清宮舊藏

Jade pendant with dragon design
Warring States Period
Height: 3.1cm
Diameter of large end: 3cm
Diameter of small end: 2.4cm
Qing Court collection

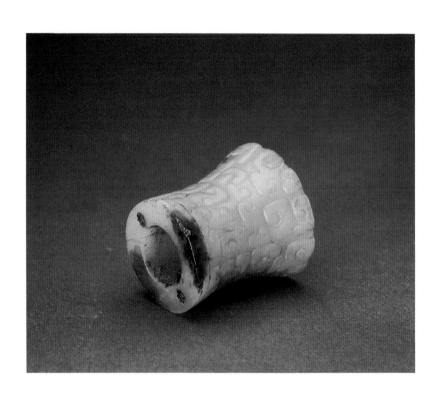

青玉，有褐色沁斑。體兩端略粗，腰部較細，呈腰鼓形，中心有一貫孔，外壁滿飾勾連雲紋。

瑱，俗稱瑱子，是一種小件玉雕，形狀很多，有圓形、方形、扁形、管形和棗核形等。此器屬圓形瑱。瑱子的用途，至今尚不十分清楚，眾說不一。有說是佩飾，有說是嵌飾，有說作緊固綁縛物用。但最初作馬的繮勒飾物是無疑的。

玉龍形佩
戰國
長21.1厘米　首寬1.7厘米
厚0.4厘米
河南省洛陽市七里河出土

Jade dragon-shaped pendant
Warring States Period
Length: 21.1cm　Width of head: 1.7cm
Thickness: 0.4cm
Unearthed in a tomb at Qilihe,
Luoyang City, Henan Province

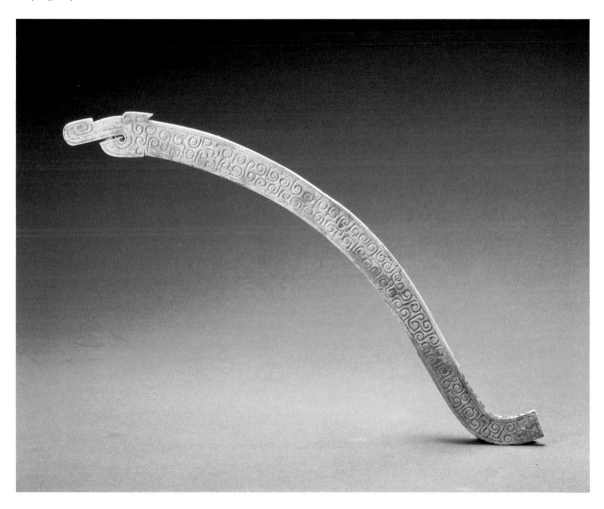

玉料浸蝕成雞骨白色。體薄，呈長弧形，兩面形式和紋飾相同。玉龍拱
背，翹尾，遍體琢勾連雲紋。中部有一圓孔，可佩繫。

這種形態的龍紋，始自春秋早期，並逐步走向規範化，到戰國初期已定
型，即軀體似"S"形彎曲，嘴上部前凸且上捲，口邊飾絞絲紋或陰刻
線，多作橄欖形眼，少數為圓眼或橢圓形眼，眼角線較長，雲形耳，身
上飾幾何式組列的鱗紋，有一孔或兩孔可繫掛，具有時代風格。

玉龍形佩
戰國
長12.5厘米　寬0.9厘米
厚0.4厘米

Jade dragon-shaped pendant
Warring States Period
Length: 12.5cm　Width: 0.9cm
Thickness: 0.4cm

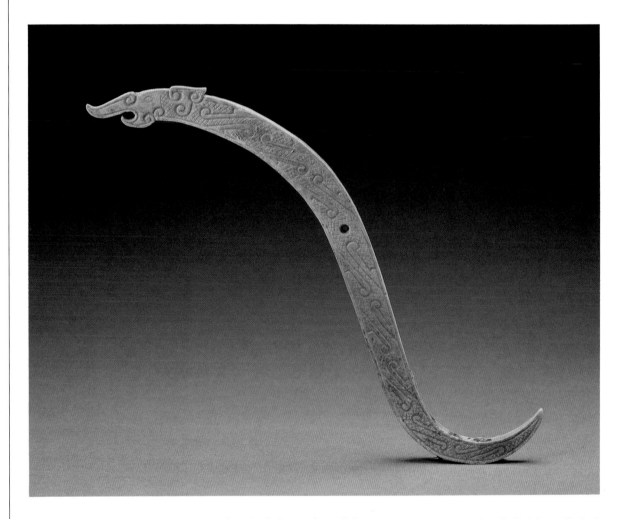

玉料浸蝕成雞骨白色。體薄，呈長弧形，兩面形式和紋飾相同。龍身體
微拱，似跳躍狀，棱形眼，尾尖且翹，身飾網格紋，以淺浮雕對應平行
的鈎形紋。器中部有一鑽孔。體型、紋飾較為特殊，為戰國時期珍品。

玉龍形佩
戰國
長16.5厘米
清宮舊藏

Jade dragon-shaped pendant
Warring States Period
Length: 16.5cm
Qing Court collection

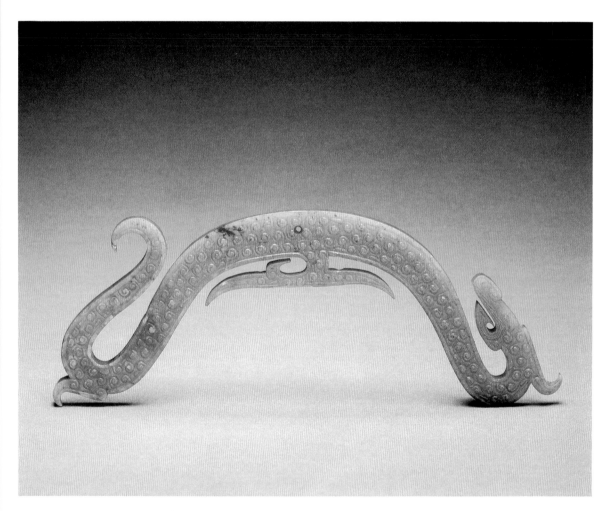

玉料深碧色，局部有褐色沁斑。體略似璜，兩面紋飾相同。龍頭較小，
身細長，中部略粗，彎身作弧形，身飾旋形穀紋。中間有孔，可穿繩；
兩端又可懸掛其他玉飾。

玉龍形佩
戰國
長12厘米
清宮舊藏

Jade dragon-shaped pendant
Warring States Period
Length: 12cm
Qing Court collection

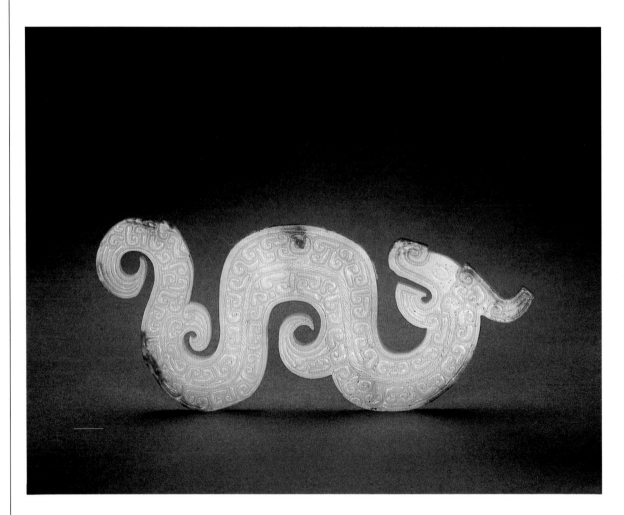

玉料青白色，局部有褐色沁。體扁，兩面紋飾相同。小頭，張口，鼻部有上捲的旋紋，頭頂有角，雕一龍形，龍身彎曲呈雙"S"形，滿飾勾雲紋，中間有一道繩紋自龍頭伸延至龍尾，中部有一孔，可穿繩。

"S"形玉龍流行於戰國，皆龍首蛇身，無爪，與漢以後流行的四足龍不同。這組佩下部的組件，往往成對佩用。

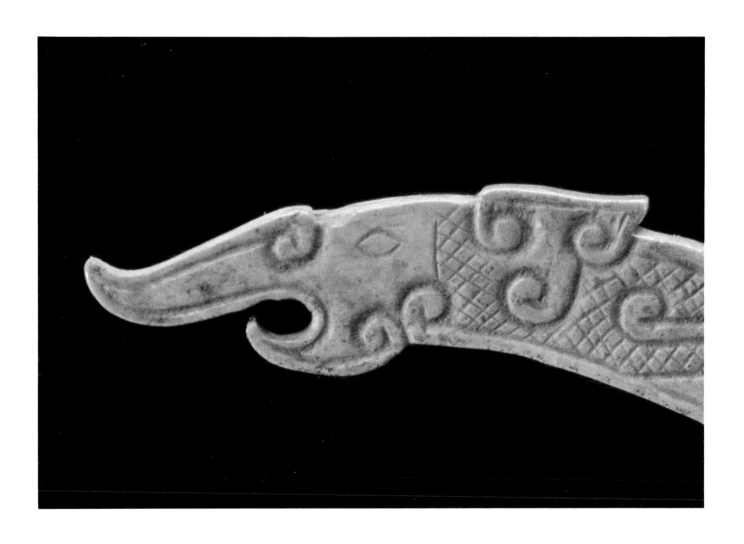

153

玉犀牛形衝牙
戰國
長12.5厘米
清宮舊藏

**Jade pendant carved with
rhinoceros head in openwork**
Warring States Period
Length: 12.5cm
Qing Court collection

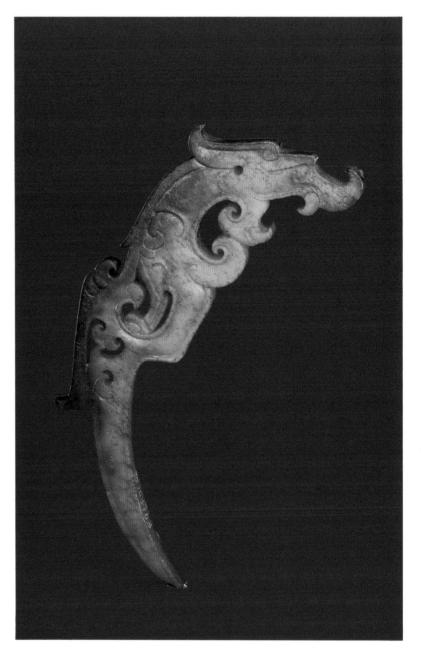

玉料青白色，體扁平，作弧形，兩面相同。上部較大，作犀頭，張口、
上唇有一前凸的尖樺。下部為又尖又長的牙形長尾。

衝牙形似長牙，與觽的形制相近，惟觽多成雙佩用，牙尖朝下，繫於身
前，與觽僅用一件，繫於身側不同。戰國衝牙無論造型與紋飾均較商周
時期變化要大，其中以龍形、犀形、獸形、鳥形最為突出。這件衝牙設
計精巧，犀牛形富於變化，在戰國玉器中很少見。

184

玉龍鳥紋佩
戰國
長11.5厘米　寬4.1厘米
厚0.5厘米
清宮舊藏

**Jade pendant with dragon head
and bird head in low relief**
Warring States Period
Length: 11.5cm　Width: 4.1cm
Thickness: 0.5cm
Qing Court collection

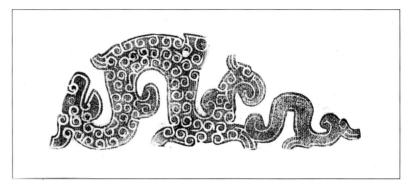

一面拓片

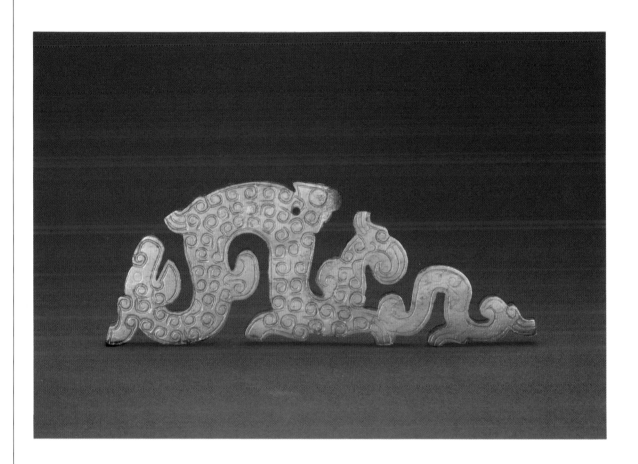

玉料青白色，局部有深褐色沁斑。體扁平，兩面紋飾相同，通體用淺浮雕。一端為龍首，一端為鳥首，表面刻回龍紋，中部有一圓孔，可穿繩。

龍與鳥合為一體的裝飾手法，在戰國甚為普遍，大都以龍為首，鳥為尾，龍鳥二身於器中央合併為一體。

玉鏤雕龍形佩

155

戰國
長21.4厘米　寬10.9厘米
厚0.9厘米
安徽省長豐縣楊公鄉戰國墓出土

Jade dragon-shaped pendant carved in openwork

Warring States Period
Length: 21.4cm　Width: 10.9cm
Thickness: 0.9cm
Unearthed in 1977 in a tomb at
Yanggong Township, Changfeng
County, Anhui Province

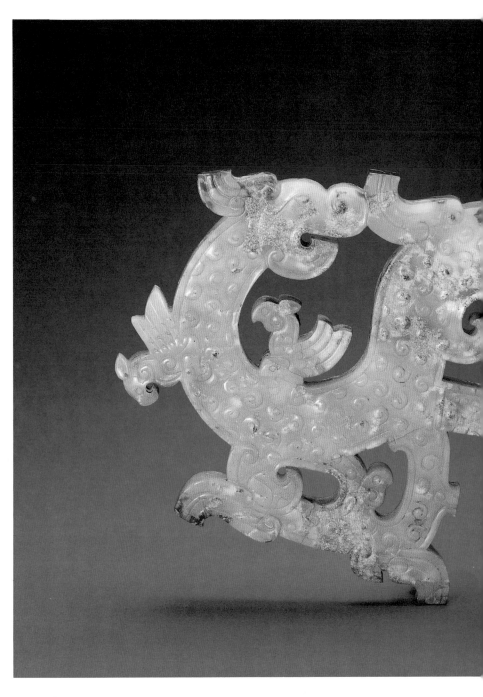

玉料青黃色，有深淺不同的灰色和褐色沁斑，表面有一層玻璃光。體厚，片狀，作龍形。兩面鏤雕紋飾相同。龍張口回首，身軀飾穀紋；頸的內外側和尾部各凸雕一小鳥，又一大鳥在尾的內側。另在鑽孔下部的短橫聯樑上，琢一較特殊的龍形紋。

同形制的玉佩，在該墓同時出土兩件，此為其一。這兩件玉佩出土時分別置於人體盆骨的左右，另在胸部有一大璧，膝部兩側各一小璧。這五件玉器可能是一串組佩，顯示墓主人身分的高貴。龍鳳聯體式佩，是戰國獨有的造型，其手法誇張，圖紋精美，想象力豐富。此器不但形體大且完好精美，實屬罕見。

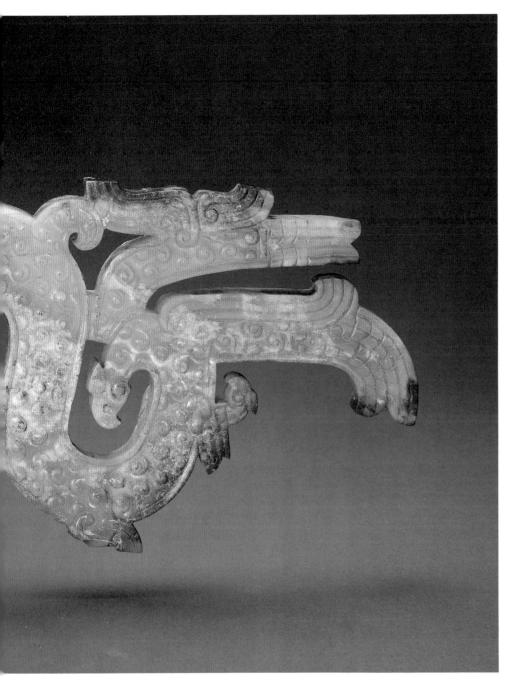

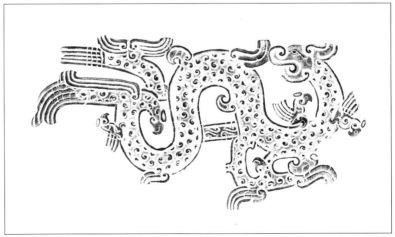

另一面拓片

玉龍鳳共體形佩
戰國
長16.5厘米　寬2.2厘米
厚0.7厘米
清宮舊藏

**Jade pendant in the shape of dragon-
and-phoenix with a same body**
Warring States Period
Length: 16.5cm　Width: 2.2cm
Thickness: 0.7cm
Qing Court collection

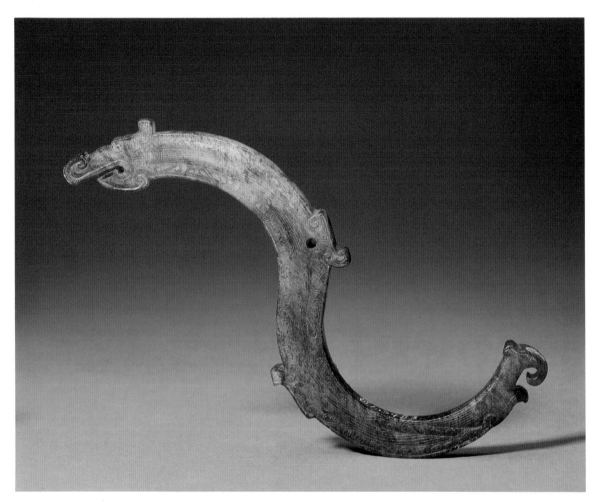

玉料青色，有褐色沁斑。體扁，呈"S"形，兩面刻紋相同。龍身窄長，
張口，上唇長而向上翻捲，下顎短，腦後凸起一角。尾向上翹捲，琢成
勾喙鳥首狀。器身中部一圓孔，可繫佩。龍身由頭至尾的中部，飾一渾
身為陰刻絞絲紋的夔龍，兩邊琢勾雲紋與網格紋。

玉雙龍佩
戰國
長5.2厘米　寬2.9厘米

**Jade pendant with double dragon
design in openwork**
Warring States Period
Length: 5.2cm　Width: 2.9cm

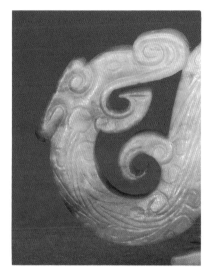

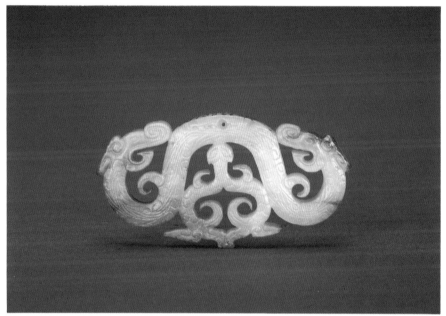

玉料青白色。鏤雕雙龍，分別位於佩的兩側，兩龍身相接，呈拱形，身下鏤雕一螭虺。龍首大，上唇厚長，捲成旋形，下唇細小上翹；龍身細長，飾陰線琢出的勾雲紋。

商、周以前的玉佩，多作弧形、柱形、或動物形，很少用鏤雕，而鏤雕方法亦較簡單。至戰國時期，才出現複雜的鏤雕佩飾，作品琢工精湛，紋飾繁密，反映當時玉佩製作工藝的高超和人們對玉佩的喜愛。

玉雙龍佩
戰國
長6.6厘米　寬2.7厘米

Jade double-dragon-shaped pendant
Warring States Period
Length: 6.6cm　Width: 2.7cm

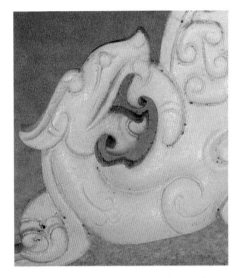

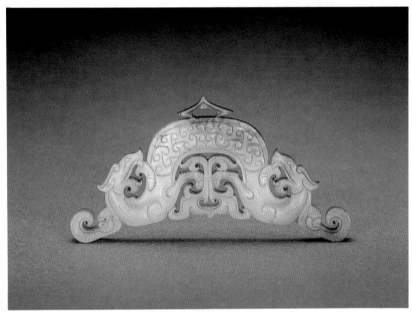

玉料青白色，有褐色沁斑。鏤雕作回首狀的雙龍，雙龍兩身相連，呈璜形。龍身飾小勾雲紋，下部飾鏤雕夔紋。龍頭似獸，眼球凸起，張口，口中有獠牙，狀極凶猛。兩龍各將一隻前足踏向身後，兩足相對。玉佩頂部有一菱形鈕，可穿繫。

159

玉龍抱瑗佩
戰國
長7厘米　寬4厘米
厚0.5厘米
清宮舊藏

Jade pendant in the shape of a dragon
embracing a Yuan
Warring States Period
Length: 7cm　Width: 4cm
Thickness: 0.5cm
Qing Court collection

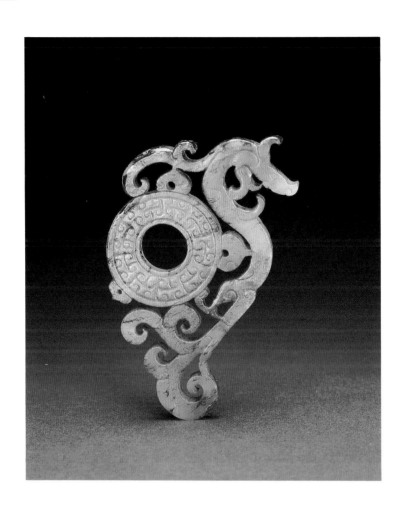

玉料青白色，局部有褐色沁斑。體扁平，兩面形式和紋飾相同。鏤雕一龍，整體彎曲，張口露齒，梳形目，頭髮後飄，雙足環抱一瑗。器中間及龍的嘴部均有一小圓孔，可繫繩。

戰國是中國玉器史上玉龍最多的一個時期，惟作龍抱瑗形者，世不多見，極為珍貴。

玉螭形佩
戰國
長7.5厘米　寬4.1厘米
厚0.5厘米
清宮舊藏

**Jade pendant with hydra design
in low relief**
Warring States Period
Length: 7.5cm　Width: 4.1cm
Thickness: 0.5cm
Qing Court collection

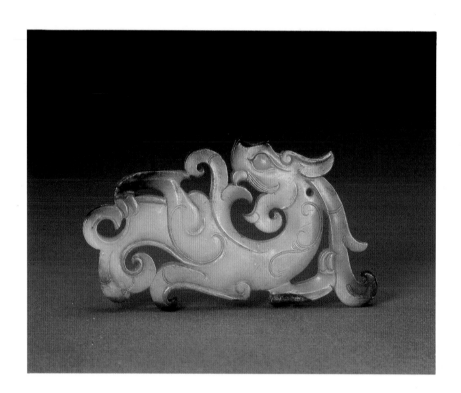

新疆和闐青白玉，局部有褐色沁斑。體扁平，兩面形式和紋飾相同。淺浮雕一螭，張口露齒，梳形目，頭頂有較長且分叉的角，耳後揚，四爪足，尾上翹內捲並飾扭絲紋。頸部有一穿孔，可繫繩。

戰國是最早在玉器上作螭紋的時代，且數量相當多，其特點是頭上有長角，四爪足，尾多飾扭絲紋，側身側視，呈爬行狀。此為其中典型實例之一。

玉一首雙身龍紋嵌飾

161

戰國
長7厘米　寬2.7厘米
清宮舊藏

Jade ornament with design of a dragon
with one head and two bodies
Warring States Period
Length: 7cm　Width: 2.7cm
Qing Court collection

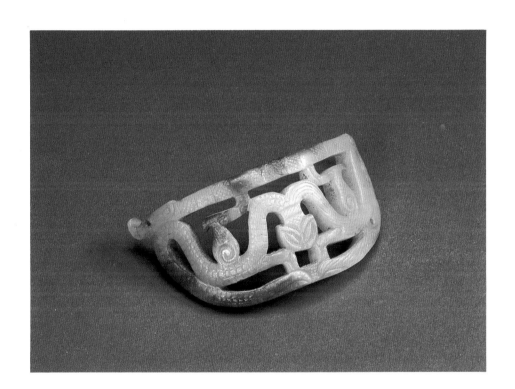

新疆和闐青白玉。整體彎作橋形，正面弧凸，中部鏤雕一似蛇的龍頭，
眼誇張成大橄欖形，龍身飾有細密的鱗紋，似分成二體，向左右兩側伸
展，細長如蛇，盤曲圍繞成飾件的邊框。

在玉器上作巨眼細身的蛇形龍紋，於戰國時期非常流行。這種紋飾以蛇
為原型誇張變化而成，有人稱龍紋，有人稱虺紋，也有人稱螭紋。究竟
何説為宜，目前尚未統一。

玉螭鳳紋韘
戰國早期
長4.5厘米　最寬4.2厘米
高1.2厘米
清宮舊藏

Jade archer's ring with hydra and phoenix design
In the early part of Warring States Period
Length: 4.5cm　Maximum width: 4.2cm
Height: 1.2cm
Qing Court collection

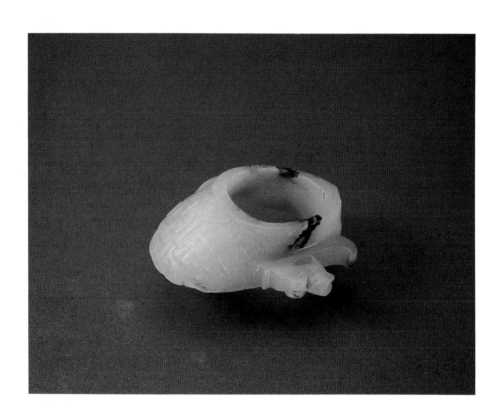

玉料青白色，玉質潤澤，略有紫色沁斑。器中部有一圓孔，一端成斜口凸出，表面琢勾雲紋，內側雕蟠虺紋。左側凸雕一鳳，昂首張口，長尾；右側凸雕一螭，俯貼器壁上。背側有象鼻式穿孔。

戰國玉韘，體短矮，並無扣弦拉弓的凹槽，傾斜的一端表面多有紋飾，多數已失去實用功能，僅是佩戴在身上，象徵尚武的裝飾品，所以戰國玉韘又稱韘形佩。

玉鳳鳥紋韘
戰國
長7厘米　寬2.4厘米
厚0.5厘米

Jade archer's ring with phoenix and
bird design in openwork
Warring States Period
Length: 7cm　Width: 2.4cm
Thickness: 0.5cm

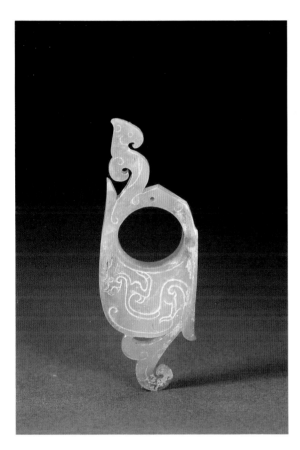
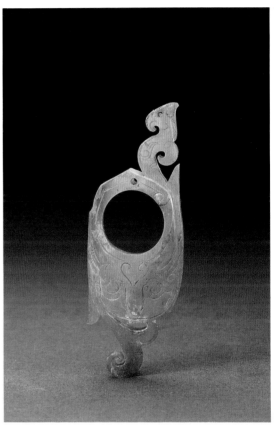

玉料牙白色，局部有白色沁斑。體略扁，中部有一圓孔。一面琢雙鳥
紋，另一面雕螭紋，器上部出廓處鏤雕一鳥，下部鏤雕螭尾。

玉雙龍首帶鈎
戰國
長15厘米　寬1.8厘米
清宮舊藏

Jade belt hook with dragon head at each end
Warring States Period
Length: 15cm　Width: 1.8cm
Qing Court collection

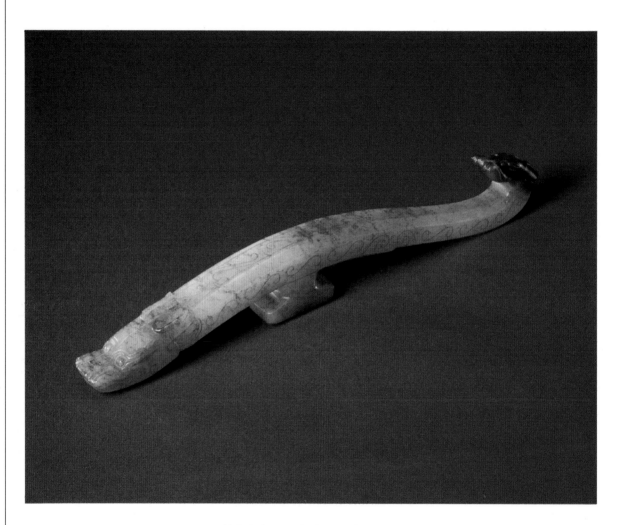

玉料青白色，局部有深褐色沁斑。體長條形。首尾各琢一龍頭，腹飾
"ᴝ"形紋，腹下部有一鈕。

玉帶鈎始自春秋晚期，戰國時極盛行，且形式多樣，主要作繫腰帶用。

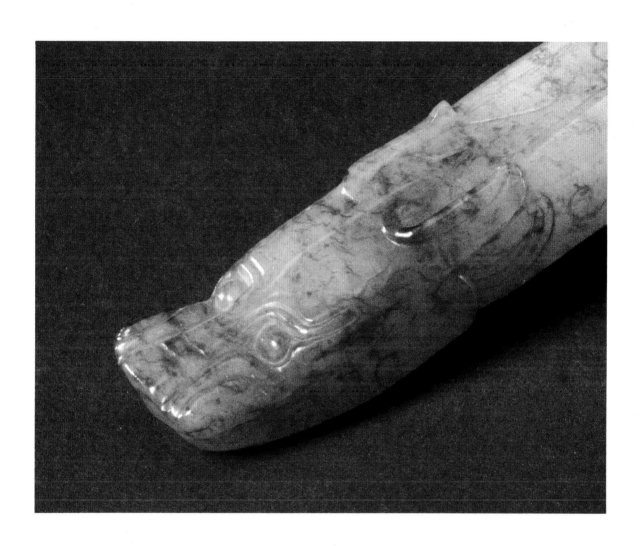

玉龍首帶鈎
戰國
長7.6厘米　寬2.7厘米

Jade dragon-head belt hook
Warring States Period
Length: 7.6cm　Width: 2.7cm

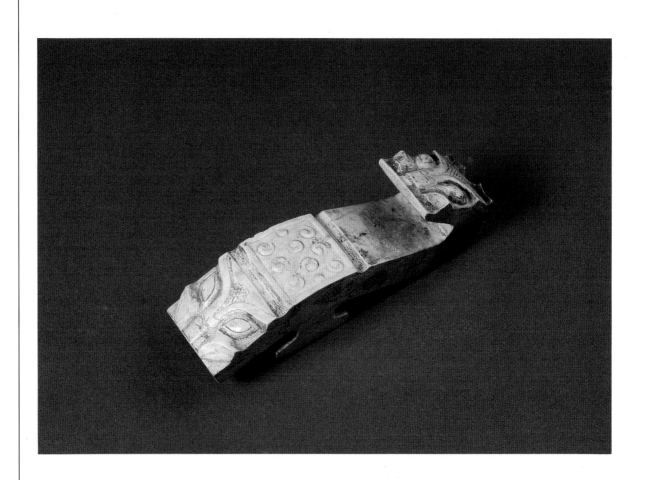

青玉，有較重的白色石灰沁斑。鈎頭作龍首形，鈎腹琢兩道凹槽，將紋飾分成三段。靠鈎首的一段光素無紋，中段飾旋形穀紋，下段飾單個獸面紋。鈎腹兩側更有陰線琢幾何紋，腹下有方形鈕。

戰國玉帶鈎種類很多，常見的有長帶鈎和短帶鈎兩種。短帶鈎有琵琶肚、螳螂肚等樣式，主體近似方柱形，中部微向上凸，一般紋飾簡單，有些僅在鈎腹及鈎頭等部位雕幾道凸起的弦紋。這帶鈎飾有凸雕獸面紋、陰線幾何紋及穀紋等多種飾紋，是戰國時期短帶鈎的精品。

玉獸首帶鈎
戰國
長4.9厘米　寬0.9厘米
高1.7厘米
清宮舊藏

Jade beast-head belt hook
Warring States Period
Length: 4.9cm　Width: 0.9cm
Height: 1.7cm
Qing Court collection

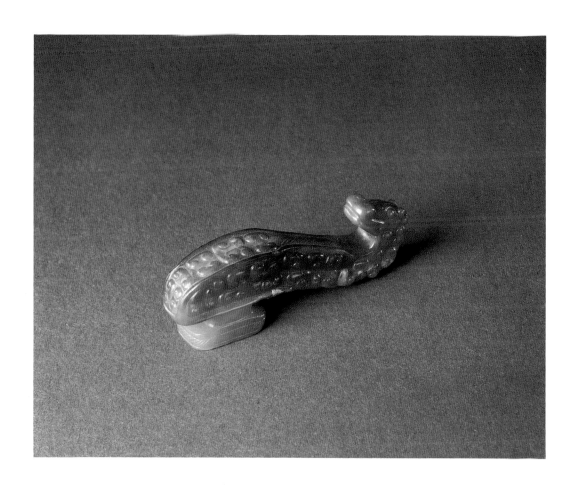

玉料青白色，局部有深赭色沁斑。體呈"∽"形，圓雕，較短小。鈎作獸
首，圓眼，嘴巴微張，髮髻後飄，身飾淺浮雕的虺紋。腹下有一橢圓形
鈕。

167

玉鳥形帶鈎
戰國
長4.5厘米　厚1.9厘米
清宮舊藏

Jade bird-shaped belt hook
Warring States Period
Length: 4.5cm　Thickness: 1.9cm
Qing Court collection

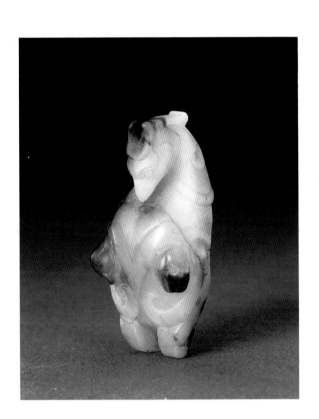

新疆和闐玉，青白色，局部有褐色沁斑。體作鳥形，頭高翹，勾嘴，展翅，刻細線羽毛紋，底部有一橢圓形凹孔，沒有鈕，不似一般常見的帶鈎，故或有可能是他器之嵌綴飾件。

戰國鳥形帶鈎比較少見，此器製作精巧，設計新穎，是一件非常珍貴的藝術品。

玉獸形帶鈎
戰國
長3厘米　寬4.4厘米
清宮舊藏

Jade beast-shaped belt hook
Warring States Period
Length: 3cm　Width: 4.4cm
Qing Court collection

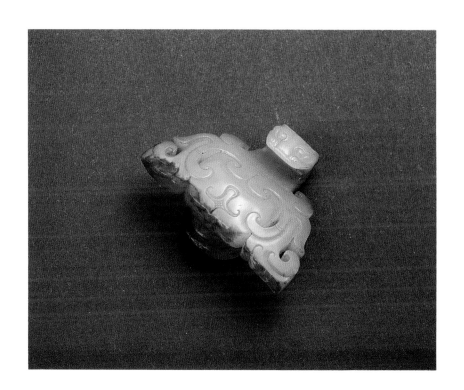

玉料青白色，局部有沁斑。帶鈎作獸形，獸直鼻、凸眼、聳耳，身側鏤雕變形雙翅。背面有一圓形鈕。

這件帶鈎的主體受力部分寬而短，具有一定的堅固性，兩翼較薄，採用鏤雕技法，具有很強的裝飾性。另外，鈎鈕位於背面底端，這在古代帶鈎中很少見，一般在春秋末年或戰國早期出現。

玉柿蒂紋劍首
戰國
徑5.4厘米　厚1.2厘米
清宮舊藏

Jade sword-pommel with petal design
Warring States Period
Diameter: 5.4cm　Thickness: 1.2cm
Qing Court collection

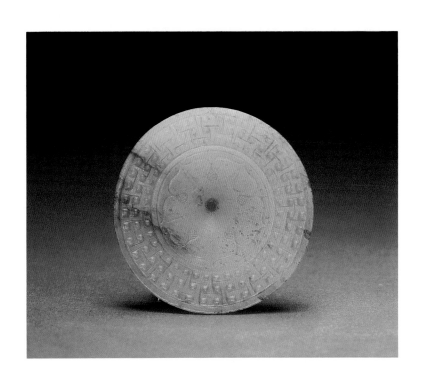

新疆和闐玉，青白色，局部有深褐色沁斑。體作扁圓形。正面中央微
凹，淺浮雕柿蒂紋，中心有一圓孔，作插劍用；近外緣處，飾一組凸起
有陰淺勾連的穀紋。

戰國玉劍首，均作扁圓形，而此器上的柿蒂紋，又名花瓣紋，亦始見於
戰國，頗具時代特徵。

玉朵雲紋劍首
戰國
外徑5.3厘米　厚0.7厘米
清宮舊藏

Jade sword-pommel with cloud design
Warring States Period
Outer diameter: 5.3cm
Thickness: 0.7cm
Qing Court collection

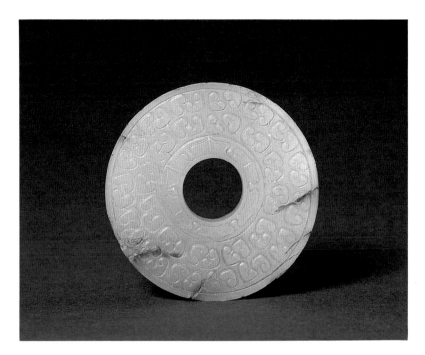

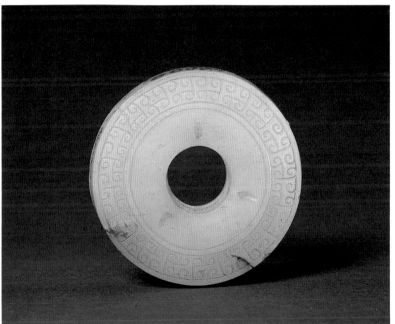

玉料青色，局部有褐色沁斑。體扁圓，中心有一圓孔，供劍把插入。正面近孔處有一圈，淺浮雕六瓣花紋，近外緣為一圈凸弦紋，中間飾兩周排列有序的朵雲紋。背面中部弧凸，於近孔處有三個隧孔，可穿繩與劍首結紮，近外緣於兩圈弦紋內陰刻勾連雲紋。

這種劍首，世不多見，其正面所飾朵雲紋，與山西長治分水嶺出土的戰國玉璦上的朵雲紋相似，故定為同期物。

171

玉獸面紋珌
戰國
高2.2厘米　寬5.5厘米
厚1.7厘米
清宮舊藏

Jade Zhi (slotted fitting attached to
sword-scabbard) with beast-mask design
Warring States Period
Height: 2.2cm　Width: 5.5cm
Thickness: 1.7cm
Qing Court collection

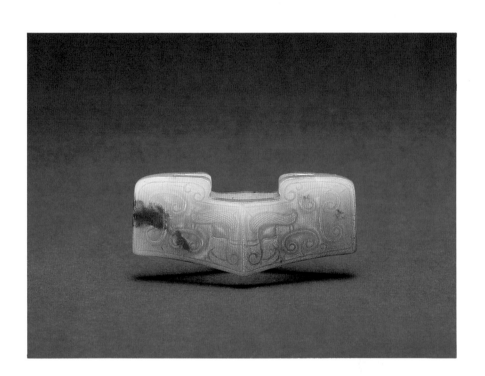

青玉，有褐色沁斑。兩面紋飾相同，皆以中部凸起的一棱為中心，飾對
稱獸面紋和勾雲紋。中間有一菱形槽孔，用以置劍柄。全器邊棱鋒利，
地平，光亮度強。

《說文》："珌，劍鼻玉飾也。"是知珌又名劍鼻，為一種劍飾，飾於劍把
和刃口之間，作檔隔。

戰國的玉珌，橫寬立短，寬度與高度之比約為三比一或四比一。據傳世
和出土的實物看，其數量遠不如玉璲、玉劍首和玉珌多。這說明在戰國
時代，玉珌的使用還不很普遍。

玉穀紋璲
戰國晚期
長6.5厘米　寬2.3厘米　高1.4厘米
1977年安徽省長豐縣楊公鄉戰國墓出土

Jade Sui (an ornamental piece for sword)
with grain design
In the latter part of Warring States Period
Length: 6.5cm　Width: 2.3cm　Height: 1.4cm
Unearthed in 1977 in a tomb at Yanggong Township,
Chang-Feng County, Anhui Province

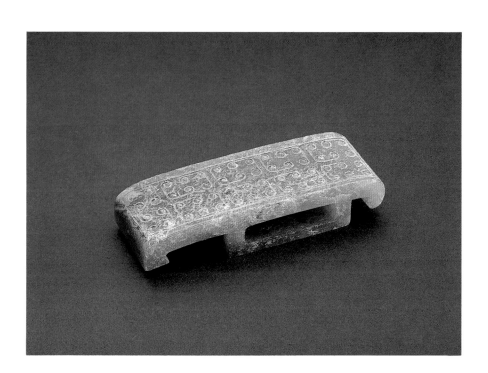

玉料青白色，有水土沁。器呈長方形，側看如拱橋。背面有一長方形隧
孔，可穿革帶作繫掛。正面沿長方形琢刻括線，內淺浮雕排列有序的穀
紋。每三個穀粒，以陰線連起。

穀紋是戰國時期的新紋飾。《周禮·春官·典瑞》稱：“穀，善也，其飾
若粟文然。”

玉璲，飾於玉劍鞘口一側，雖始於戰國晚期，但數量極少，這是一件出
土物，可作斷代的依據。

玉獸面紋璲
戰國
長8.3厘米　寬2.6厘米
厚1.3厘米

Jade Sui with beast-mask design
Warring States Period
Length: 8.3cm　Width: 2.6cm
Thickness: 1.3cm

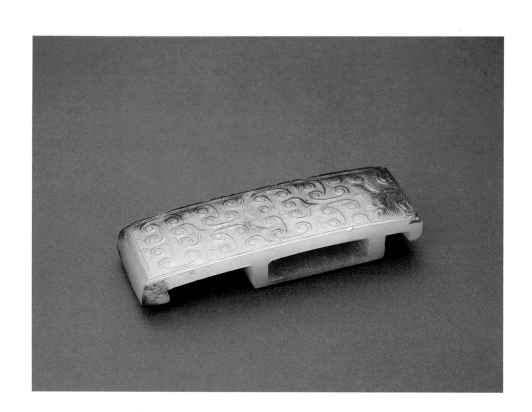

青玉，有黃色沁斑。器呈長方形，側看如兩頭彎曲的拱橋。背面有一長
方形隧孔，孔底較薄；正面飾一獸面紋及勾連雲紋。

戰國玉璲多以獸面紋為紋飾主題，襯以勾連雲紋和雲紋，形式變化多
樣，很少有相同者。

璲，曾稱文帶、昭文帶。宋呂大臨《考古圖》和元朱澤民《古玉圖》稱其為
瑒，但清人吳大澂《古玉圖考》糾正其非，定名為璲。玉璲也有後來仿製
的，識別方法是看孔洞上的琢痕，是否經過拉磨，這是辨偽的一個重要
依據。

玉勾雲紋珌
戰國
寬6.3厘米　高5.95厘米　厚2.25厘米
清宮舊藏

Jade Bi (chape attached to the lower end of the scabbard) with cloud design
Warring States Period
Width: 6.3cm　Height: 5.95cm
Thickness: 2.25cm
Qing Court collection

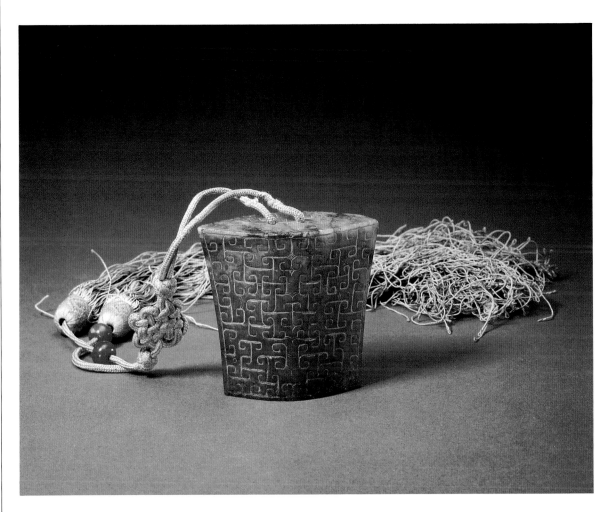

玉料青色，表面有赭色沁斑。器兩端寬窄不等，俯視呈眼目形，側視呈兩腰略收的梯形。窄端中間有一大孔，兩側各有一與大孔相通的小孔，供劍鞘樺插結用；寬端中部陰線刻四個對稱排列的勾雲紋和羽狀紋。兩側面琢繁密的勾雲紋和目紋。

玉珌在戰國時出現，盛行於漢代。戰國玉珌一般形體較小，兩側邊沿薄，紋飾流暢，刀法有力。

175

玉獸鈕印
戰國
長1.4厘米　寬1.3厘米
高3.1厘米

**Jade seal with animal-shaped knob
inscribed with two characrers**
Warring States Period
Length: 1.4cm　Width: 1.3cm
Height: 3.1cm

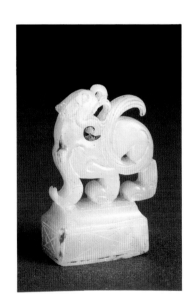

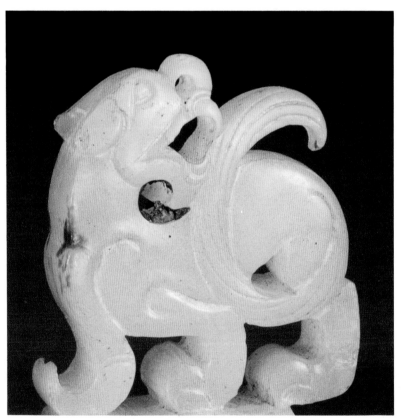

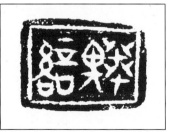

印章

玉料白色。方形印,印文有"猞緣"二字銘。印鈕作一異獸,獸身飾繩
紋,短而粗壯,長尾,正回首張口。

已發現的戰國玉獸以片狀居多,立體圓雕很少。戰國玉印一般為小鈕私
印,並多作瓦形鈕,人物及動物形鈕較少見,如這獸作張口露齒的,更
屬罕有,只此一件。

玉人首鳥紋佩

戰國
長3.7厘米　寬13.2厘米
厚0.7厘米
清宮舊藏

Jade pendant with human-head and double bird design
Warring States Period
Length: 3.7cm　Width: 13.2cm
Thickness: 0.7cm
Qing Court collection

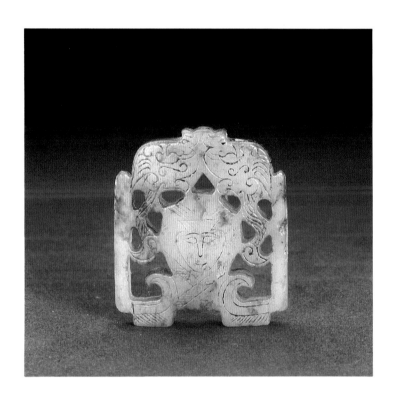

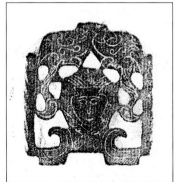

一面拓片

玉料青白色，局部有赭色沁斑。體扁平，兩面飾紋相同，皆鏤雕一人首和雙鳥紋飾。人首為圓形，眼、鼻、嘴部清楚。鳥紋呈展翅態。器上部中間有一小圓孔，可繫繩。

戰國玉器中的人和鳳鳥紋飾，一般都是分開琢成，再組合起來的，所知僅此一件。此器人與鳥結合的佈局奇特，含義尚待考證。

玉直立人
戰國
寬1.9厘米　高6.1厘米　厚0.5厘米
清宮舊藏

Jade standing figure
Warring States Period
Width: 1.9cm　Height: 6.1cm
Thickness: 0.5cm
Qing Court collection

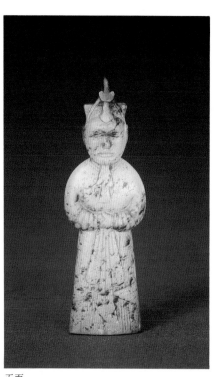
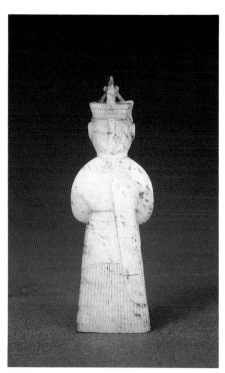

正面　　　　　　　　　　　　　　　　背面

玉料青白色,有較多的褐色沁斑。玉人為立體圓雕,頭戴高冠,腦後結
髮辮,穿窄袖長袍,拱手直立,腰繫長垂帶。衣褶用陰刻細線表示,圓
轉流暢。

戰國玉人目前發現不少,多作片狀,立體圓雕很罕見。這玉人的服飾甚
有特色,對研究戰國社會生活,提供了寶貴的資料。

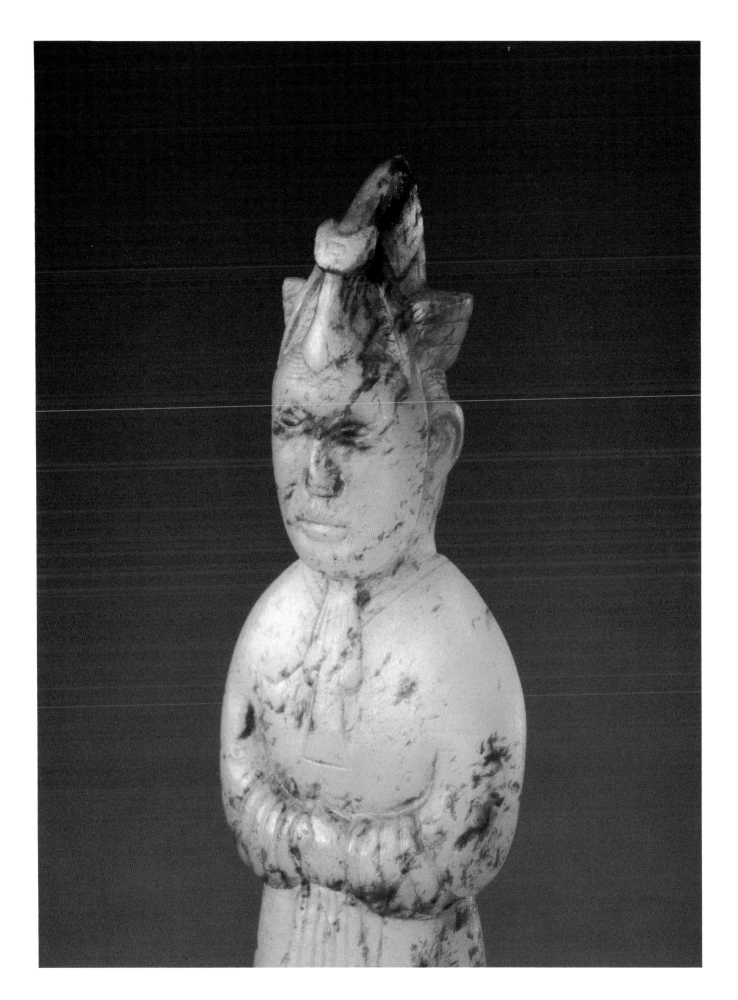

玉變形蟠虺紋盒
戰國中期
高9.5厘米　口徑9.3厘米
底徑9.1厘米

**Jade toilet case with stylized
coiled-serpent design**
In the middle part of Warring
States Period
Height: 9.5cm
Diameter of mouth: 9.3cm
Diameter of bottom: 9.1cm

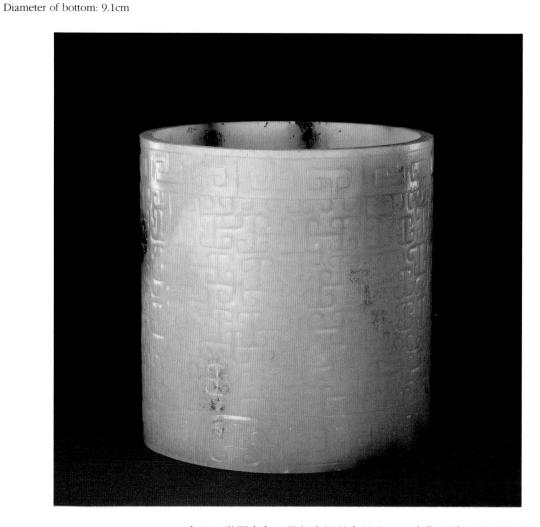

白玉，微顯青色，局部有深赭色沁斑。玉盒為立體圓雕，筒形。底平、
中空可貯物，口沿和近底足處各淺浮雕勾雲紋一周。外壁滿飾變形蟠虺
紋。底鑲兩塊玉片，外底陰刻絞絲環紋和S形紋。

盒又作匲，為盛物之器。如印盒、詩盒等。此器造型敦厚，琢工精湛，
鑲嵌技藝高超，所知僅此一件，為傳世珍品。

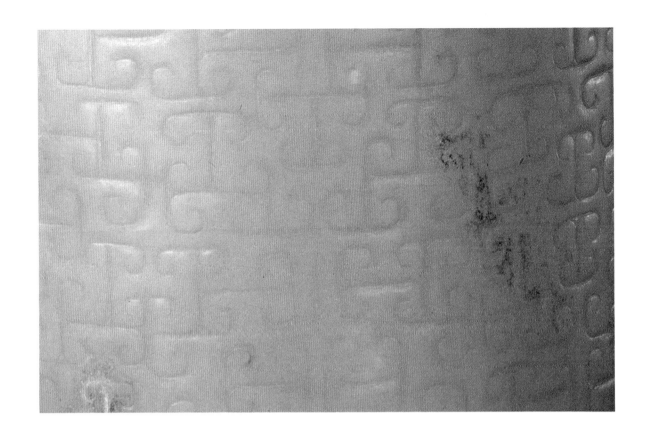

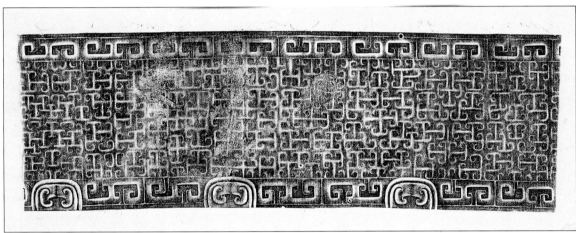

外壁拓片展示

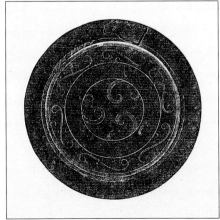

器底拓片

179

玉勾連雲紋燈

戰國
高12.8厘米　盤徑10.2厘米
足徑5.9厘米
清宮舊藏

Jade lamp with cloud design
Warring States Period
Height: 12.8cm　Diameter of tray: 10.2cm
Diameter of foot: 5.9cm
Qing Court collection

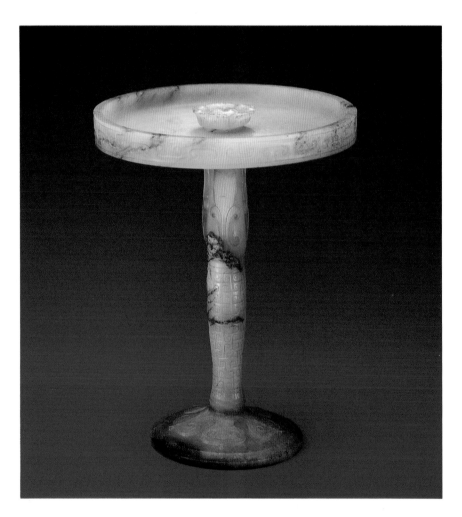

白玉，局部有褐色沁斑。燈為立體圓雕，盤、柱、足由三塊玉琢製、黏接而成。中心有一凸脊作花瓣形；外沿飾一圈勾雲紋。盤底中心也飾勾連雲紋，間綴雲紋。燈柱上段為三角柱，每一側角凸雕伸展的葉紋；下段滿飾勾連雲紋。足面凸雕五瓣柿蒂紋；足底中心亦琢柿蒂紋，外圍勾連雲紋。

戰國玉燈，設計精絕，比例適度，嵌接嚴密，紋飾精美，技藝高超，所見僅此一件。

青玉蟠虺紋龍形佩
戰國早期
徑12.2厘米　厚0.4厘米

Jade ornament with serpent design
In the early part of Warring
States Period
Diameter: 12.2cm
Thickness: 0.4cm

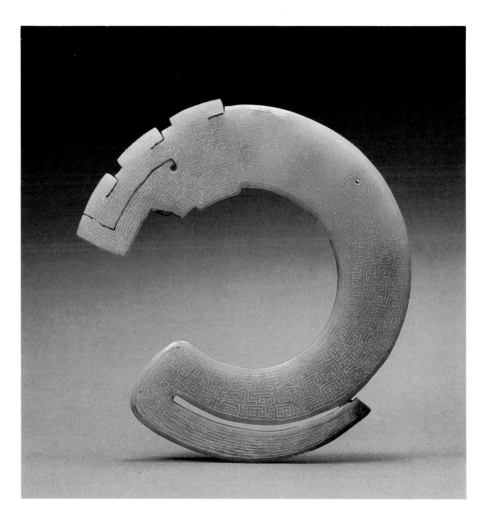

玉料青綠色，局部略有花白色斑沁。體呈扁平的塊形，一邊有一缺口，
兩面飾紋相同。整體作一龍，嘴微張，耳後飄，尾折彎後收。通身用陰
線飾變形蟠虺紋裝飾。器上部有一小圓孔，可繫繩。

此器造型獨特，於先秦時少見。

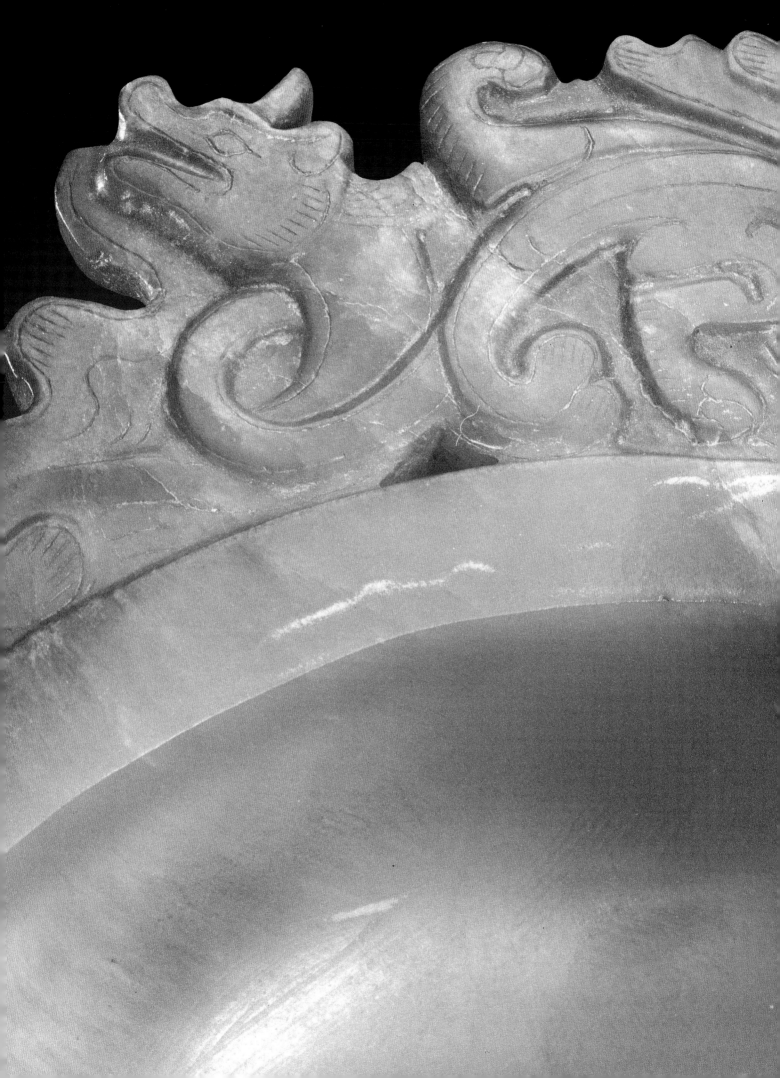

漢

*Han
Dynasty*

玉獸面螭紋璏
漢
長10厘米　寬2.4厘米　高1.5厘米
清宮舊藏

**Jade Sui with beast-mask and
hydra design**
Han Dynasty
Length: 10cm　　Width: 2.4cm
Height: 1.5cm
Qing Court collection

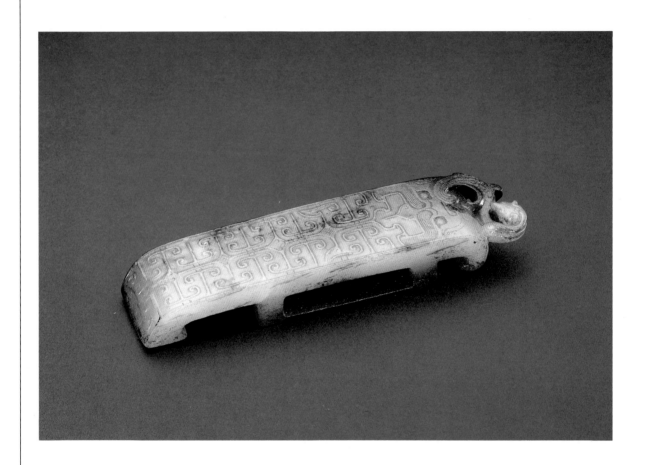

玉料為新疆和闐白玉，表面有較重的赭色沁斑。體俯視呈長方形，表面
飾淺浮雕勾連雲紋，透雕一回首尖嘴的螭。

此器造型別致，紋飾精美，螭紋位置的設計與形態獨具匠心，為同器形
制之佼佼者。西漢玉璏方孔之底部較薄，孔壁上往往留有豎道砣痕，而
以後的玉璏卻多為圓砣痕，這是鑑別玉璏時代早晚和真偽的重要依據之
一。

在劍和劍鞘上裝有玉飾的，古稱 "玉具劍"。玉具劍在春秋時期開始出
現，盛行於戰國到兩漢。玉具劍有以下幾種飾物：即飾於劍柄端部的劍
首；飾於柄與劍身界部的劍璏；飾於劍鞘側近口處的璏；飾於劍鞘末端
部的珌。

玉浮雕螭紋璲
西漢
長9.2厘米　寬2.2厘米　高2.4厘米
清宮舊藏

Jade Sui with hydra design in relief
Western Han Dynasty
Length: 9.2cm　Width: 2.2cm
Height: 2.4cm
Qing Court collection

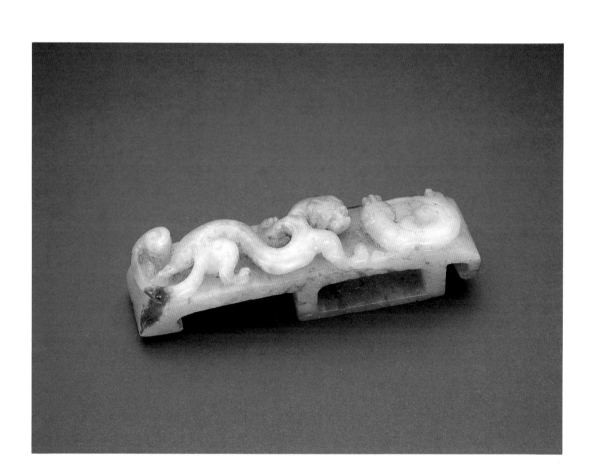

新疆和闐白玉，局部有褐色沁。體俯視呈長方形，側看似拱橋。正面以
高浮雕及陰刻技法琢大小二螭，大螭身騰起，僅四足及尾着地；小螭則
蟠蜷成團。

183

玉螭紋璲
西漢
長11.8厘米　寬2.4厘米　高1.9厘米
清宮舊藏

Jade Sui with hydra design in relief
Western Han Dynasty
Length: 11.8cm　Width: 2.4cm
Height: 1.9cm
Qing Court collection

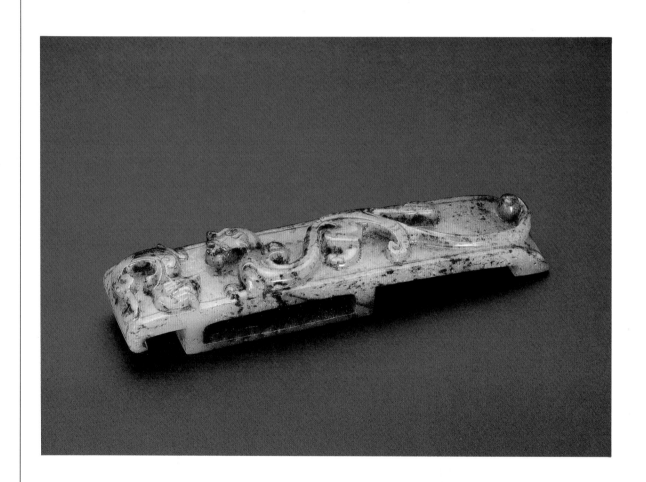

新疆和闐青玉，局部有赭色沁斑。器正面陰刻一周邊框，以浮雕手法琢製大小兩條螭，頭相對，形狀各異，作爬行戲玩狀。

玉璲為劍飾之一，源自戰國。早期飾穀紋或於相鄰穀紋之間以陰線相連，自戰國晚期至西漢早期，多以螭紋飾之。關於螭，古籍指為龍的變種。漢早期的螭眼似豹眼，上眼角很高，相當有神；中晚期的螭眼似貓眼，異常秀美。

玉獸面紋珌
西漢
寬5.1厘米　高3.1厘米　厚1.3厘米
清宮舊藏

**Jade Bi (chape attached to the lower
end of the scabbard) with beast-mask
design**
Western Han Dynasty
Width: 5.1cm　Height: 3.1cm
Thickness: 1.3cm
Qing Court collection

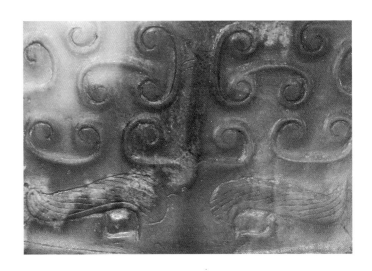

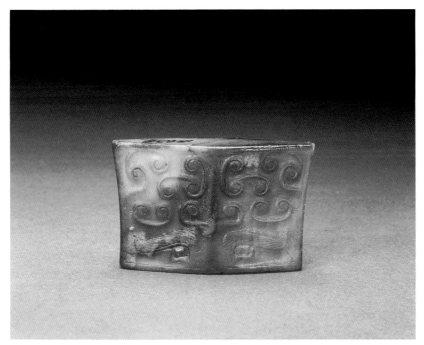

白玉，有褐色沁斑。體扁梯形，兩邊薄，中部隆起。兩面雕相同的獸面紋及勾連雲紋，其中獸面紋粗眉上挑，眉紋又細又淺，眼角下墜，間飾陰線刻畫的網狀紋和"＜"狀紋。器一端中部打一橢圓形大孔，旁側有二小孔，且與大孔相通。可插入和紮結劍鞘椑。

這劍珌，雖為傳世品，但無論琢工與風格，都屬典型的西漢物。

玉鏤雕虎紋珌
漢
寬2.6厘米　高5.6厘米　厚1.3厘米
清宮舊藏

Jade Bi with tiger design in openwork
Han Dynasty
Width: 2.6cm　Height: 5.6cm
Thickness: 1.3cm
Qing Court collection

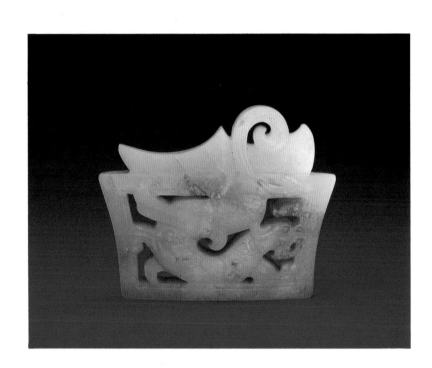

白玉，有黃褐色沁斑。器兩端寬窄不一，俯視呈長橄欖形，中間厚，兩
側邊薄。窄端處有三圓孔。兩側面鏤雕飛虎紋，虎尾上捲，與雲形雕飾
連成出廓。

這件虎紋珌具有漢代玉雕最大的特點，動物造型動感強，姿態美，刀法
準確、流暢，整體風格粗獷。

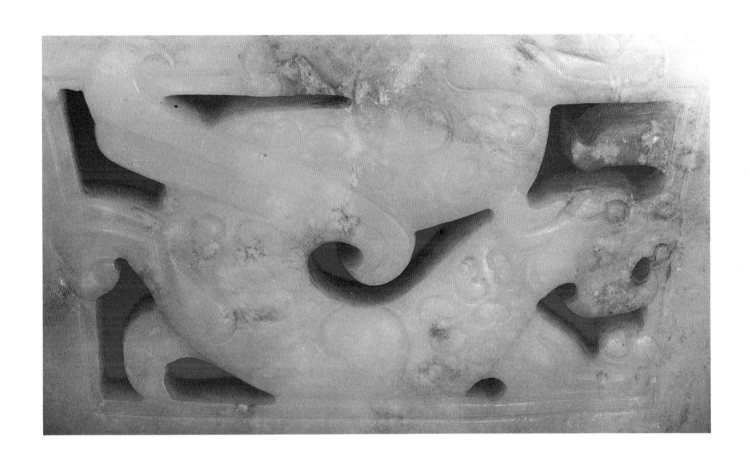

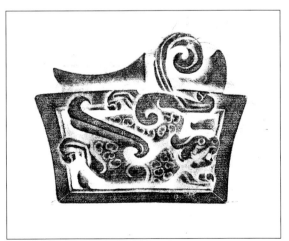

一面拓片

玉鏤雕螭鳳紋珌
漢
寬7厘米　高10.7厘米
清宮舊藏

**Jade Bi with hydra and phoenix
design in openwork**
Han Dynasty
Width: 7cm　Height: 10.7cm
Qing Court collection

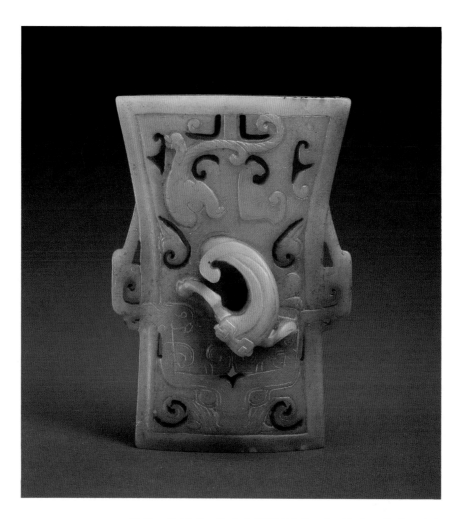

青玉，色較暗，為古人所稱的"蒼玉"。體略呈梯形，中間收腰，兩端向
內琢空，但不穿透，可插劍鞘。器俯視如橄欖形，中間厚，兩邊薄，側
邊處鏤雕鳳形雙耳。器身一面鏤雕獸面紋，並凸雕一螭，螭身於水雲紋
中探出；另一面亦鏤雕獸面紋，但無螭。

玉珌兩面皆鏤雕圖案，技法較同時代的一般作品要高超，所雕獸面紋作
平眉、凸眼、方鼻，鼻側有向兩邊旋出的短鬚等，是典型的漢代特色。
還有螭頭小而無頸，可能是製造時因玉材折斷，再依形就勢加工所致，
與其他玉器上的螭頭造型絕不相同。

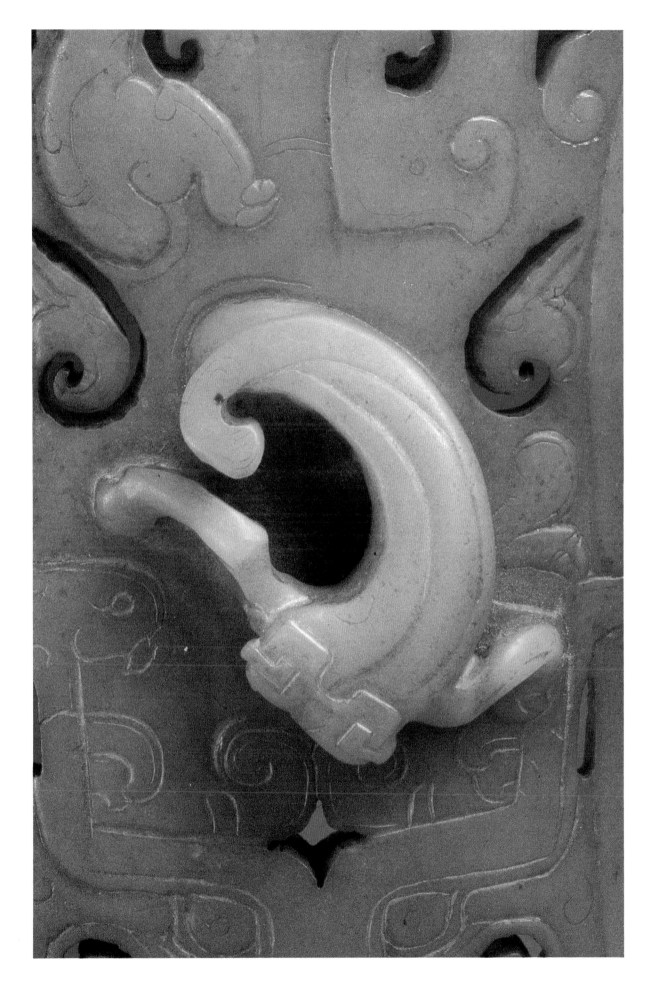

玉鏤雕螭紋韘
西漢
長7.8厘米　寬6.5厘米　厚0.5厘米
清宮舊藏

**Jade archer's ring with hydra design
in openwork**
Westem Han Dynasty
Length: 7.8cm　　Width: 6.5cm
Thickness: 0.5cm
Qing Court collection

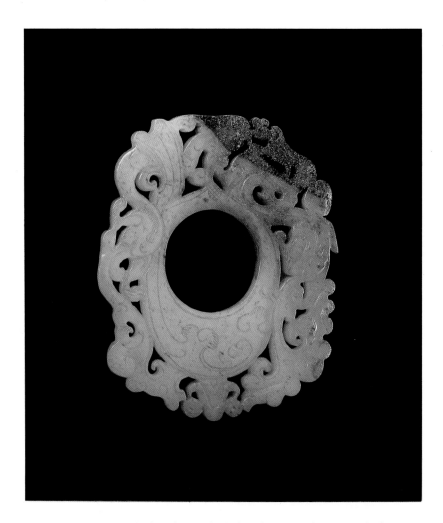

玉料青白色，局部有淺赭色及深褐色沁斑，體扁平，兩面鏤雕略同的紋
飾，中間作心形，上有陰線刻雲紋並一大圓孔。四周鏤雕螭紋和夔龍
紋。

這類佩飾又稱雞心佩。戰國至西漢流行螭紋、鳳紋和夔紋。線條瀟灑遒
勁，造型雙目俊逸有神。又，此佩所施網紋、雲紋、細毛道紋亦是西漢
的典型紋飾。對同期玉器的斷代，有重要參考價值。

玉螭鳳紋韘
漢
寬6.5厘米　高7.8厘米
清宮舊藏

Jade archer's ring with hydra and
phoenix design
Han Dynasty
Width: 6.5cm　Height: 7.8cm
Qing Court collection

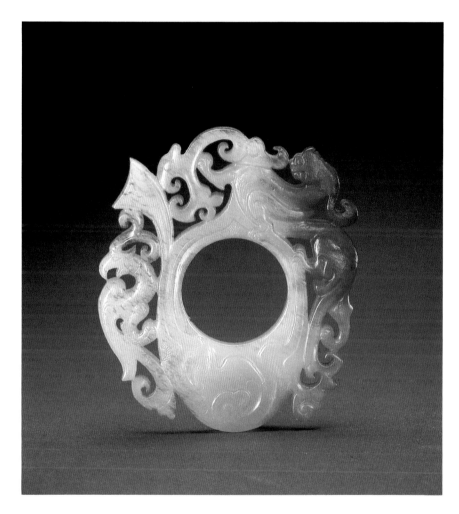

玉料青白色，有大面積褐色沁斑。體扁平，中間作雞心形，上有細陰線
刻勾雲紋，並有一大圓孔。周圍鏤雕螭紋及鳳紋，鳳頭有長冠，作回首
狀；螭頭有長角，身側有翼，細腰，大臀，與一般螭紋造型不同。

玉韘在漢代是重要的佩飾，造型與紋飾多種多樣，多於主體的外沿鏤雕
或凸雕紋飾。

189

玉夔鳳紋韘
漢
長12.5厘米　寬3.6厘米
清宮舊藏

Jade archer's ring with Kui-dragon and phoenix design
Han Dynasty
Length: 12.5cm　Width: 3.6cm
Qing Court collection

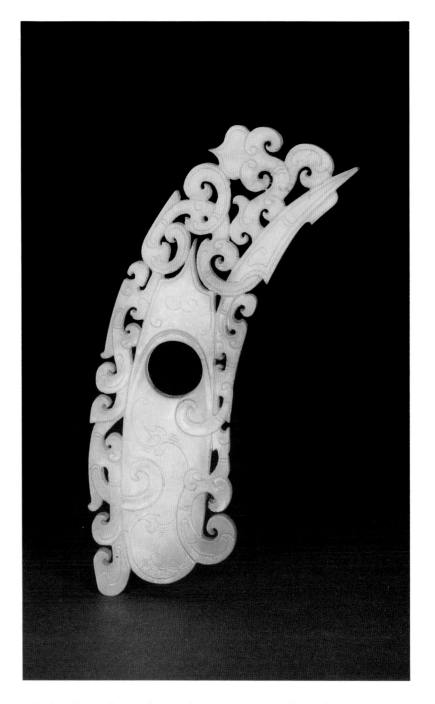

玉料青白色，局部有赭色沁。體呈弧形，片狀。韘上部作一尖鋒，尖鋒一側斜出一長樺，樺前端又尖又長；中間有一小孔，主體刻陰線雲紋，與兩側及尖鋒前部的鏤雕夔紋相連。

這件作品主體為韘形，整體彎曲似橋，在造型上受到璜形玉佩的影響。它的鏤雕部分相當多，是夔鳳紋的變形，精緻非常，為漢代玉佩的代表作品。

玉鏤雕雙獸韘
東漢
直徑5.5厘米
清宮舊藏

Jade archer's ring wilth double beast design in openwork
Eastern Han Dynasty
Diameter: 5.5cm
Qing Court collection

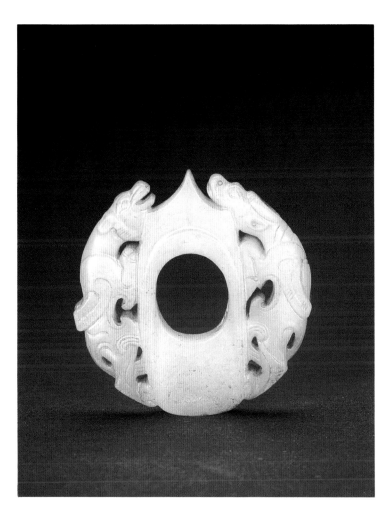

青玉，有褐色沁斑。體扁平，圓形，中部作雞心形。中有一大圓孔，左右兩側各鏤雕一獸，紋飾相同，近乎對稱。

此韘所雕獸頭形圓而嘴長，頸部粗短，身側有翼，尾長下捲，與龍紋不同，既似虎又似熊，相信是一種誇張了的變形動物。

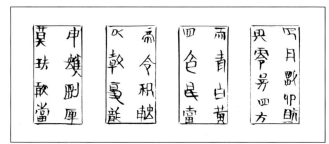

刻文

玉剛卯
漢
長2.4厘米　寬1.2厘米
厚1.2厘米

Jade Gang Mao (a pendant) with inscriptions
Han Dynasty
Length: 2.4cm　Width: 1.2cm
Thickness: 1.2cm

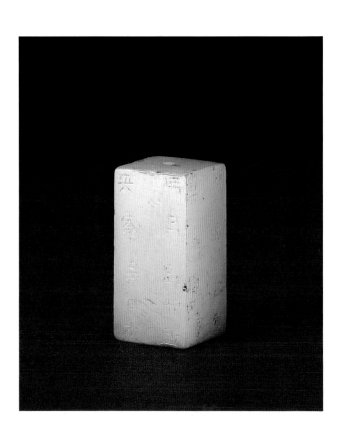

白玉。體為長方形柱，中心有一穿孔，外壁四面各陰刻兩行隸書銘，共三十四字。文曰："正月剛卯既央，零殳四方。赤青白黃，四色是當。帝令祝融，以教夔龍。庶蠖剛癉，莫我敢當。"

剛卯始於西漢，新莽時期，曾因避"卯"為劉字的部首而一度廢除，但東漢繼續流行。

剛卯因於正月卯日製成，故名剛卯，與嚴卯同為佩飾，有辟邪作用。

玉嚴卯
漢
寬1.2厘米　高2.3厘米
厚1.2厘米

Jade Yan Mao (a pendant) with inscriptions
Han Dynasty
Width: 1.2cm　Height: 2.3cm
Thickness: 1.2cm

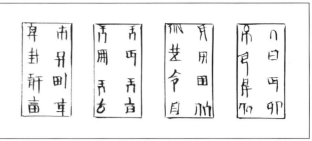

刻文

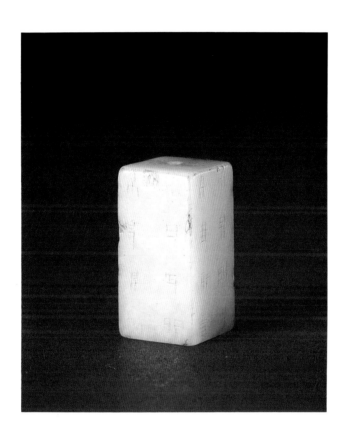

白玉。體為長方形柱，中心有一穿孔。外壁四面各陰刻兩行隸書銘，共三十二字。文曰："疾日嚴卯，帝令夔化。慎爾固伏，化茲靈殳。既正既直，既觚既方。赤疫剛癉，莫我敢當。"

嚴卯與剛卯的形制、含意、用途相同，流行於漢代。

玉蟬形唅

漢

長2.1厘米　寬2.9厘米
厚0.8厘米
清宮舊藏

Jade Han (a gem placed in the mouth of the dead) in the form of a cicada

Han Dynasty

Length: 2.1cm　Width: 2.9cm
Thickness: 0.8cm
Qing Court collection

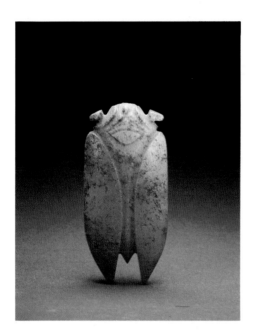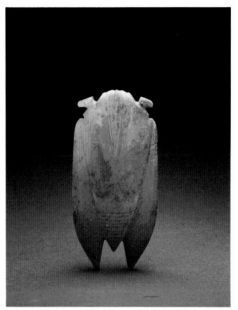

白玉，有土褐色沁斑。體扁，中心稍厚，側邊漸薄。玉蟬頭部及雙目外凸，正反兩面均以寬陰線琢出頭、胸、腹、翅及尾等部分。蟬尾和翅呈倒三角形，末端見鋒。

玉蟬早在新石器時代的紅山文化墓葬中已出現，一般為佩飾，至漢魏間才作為唅，放於死者口中。漢代玉蟬唅，大多形象逼真，雖刀法簡單，但粗獷有力，線條挺拔，刀刀見鋒。一般沒有穿孔，若個別有孔的玉蟬，則可能作為佩飾用。

玉豬
漢
一長11.2厘米　高2.9厘米
一長11.7厘米　高2.6厘米

Jade pigs
Han Dynasty
Length: 11. 2cm　　Height: 2.9cm
Length: 11.7cm　　Height: 2.6cm

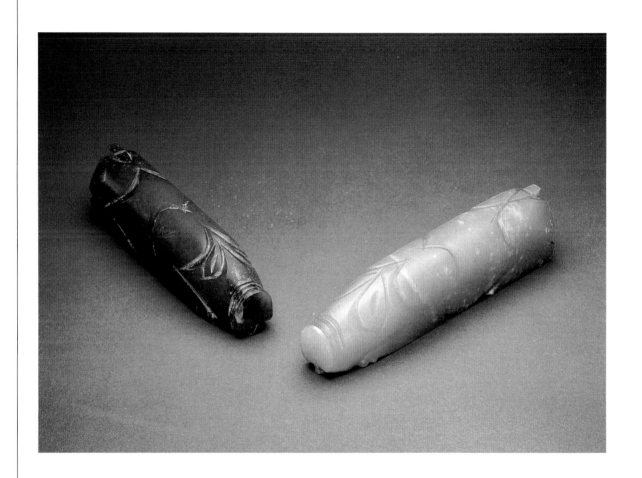

玉料一呈青色，一呈赭褐色。兩玉豬皆為圓雕，長柱形。以較粗的陰線
飾五官和尾足紋，作伏臥狀。

玉豬又稱玉握、玉豚，在漢墓及南北朝墓中常有出現，為隨葬用玉。一
般將其握於死者手中或夾在腋下，象徵握有財富。

玉豬的造型及紋飾隨時代的變化也有所不同，如西漢的比較抽象且體
長；東漢的則有雙耳抿於兩側，額部有皺紋等；魏晉南北朝的較寫實且
短粗。但總的來説，玉豬這一類隨葬品的造型紋飾都很簡單。

玉浮雕螭紋飾
漢
長7.4厘米　寬5.2厘米
厚1.5厘米
清宮舊藏

Jade ornament with hydra design in relief
Han Dynasty
Length: 7.4cm　Width: 5.2cm
Thickness: 1.5cm
Qing Court collection

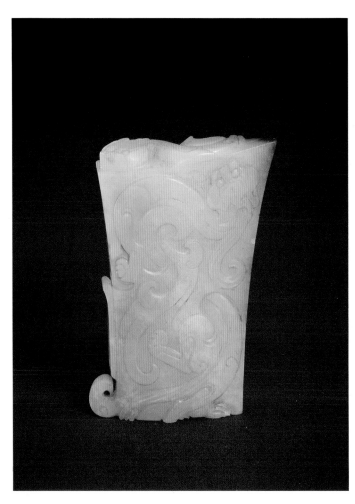

玉料青白色，局部有深褐色沁斑。體扁平，梯形。通器淺浮雕螭紋，有螭臥在地，也有的昂首前行狀。中間有一鑽孔，可嵌插他物。

此器造型特別，在漢代出土物中很少見。從穿孔看，應為某器之柄，或作劍珌用。

玉天馬
漢
長7.8厘米　寬2.6厘米
高4.2厘米
清宮舊藏

Jade steed
Han Dynasty
Height: 4.2cm　　Length: /.8cm
Width: 2.6cm
Qing Court collection

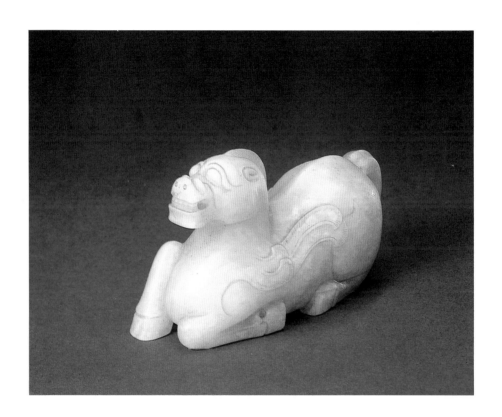

玉料青白色。天馬有翼，羽毛及鬃毛均用細線刻畫，臥伏在地，張口露
齒，昂首前視；胸部較豐滿。

天馬紋飾，流行於漢魏六朝。《山海經》載："馬成之山有獸焉，其狀如
白犬而黑頭，見人則飛，其名曰天馬。"即指此。漢代的玉製天馬，一
般都取其臥姿，因重心較低，不易碰倒或折斷，可謂獨具匠心。

197

玉天馬
漢
長7.5厘米　寬3厘米
高5.5厘米

Jade steed
Han Dynasty
Length: 7.5cm　Width: 3cm
Height: 5.5cm

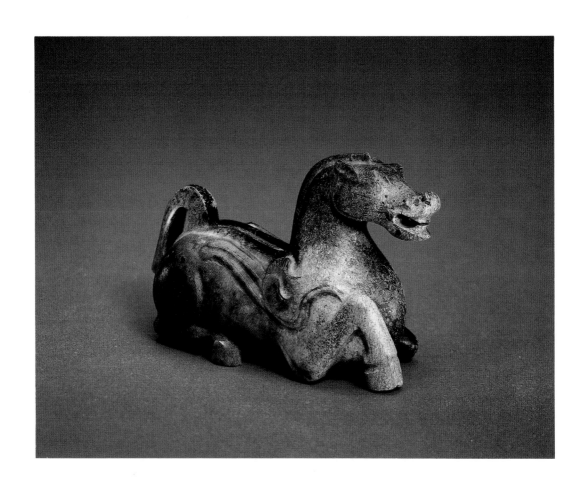

青玉，因經火燒，表面呈黑色。天馬頭較小，形態略誇張，鼻部及額部有凸起，身側飾羽翼，翼由前後兩組羽組成；三足屈於腹下，右前足踏地，似欲立起。

馬是玉器中的常見物，早在商代已出現，但多作片狀，直至漢代，才有較多的立體玉馬。

玉臥羊
漢
長5厘米　寬2.2厘米
高3.1厘米
清宮舊藏

Jade crouching goat
Han Dynasty
Length: 5cm　　Width: 2.2cm
Height: 3.1cm
Qing Court collection

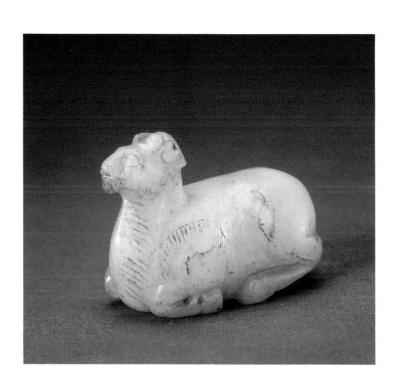

玉料青灰色，局部有褐色沁斑。玉羊昂首前視，眼用圓圈外加弧線組成，雙角變作C字形，頸下以平行短線飾作毛紋，前足一跪一起，後足貼臥地上。

玉羊早在商代已開始製作，西周以後逐漸消失，漢代再出現。漢代玉羊都是立體圓雕，大部分作鎮物或裝飾用，因羊與祥諧音，取吉祥之意。

玉臥虎
漢
長3.9厘米　寬4.6厘米
高2.5厘米
清宮舊藏

Jade crouching tiger
Han Dynasty
Length: 3.9cm　　Width: 4.6cm
Height: 2.5cm
Qing Court collection

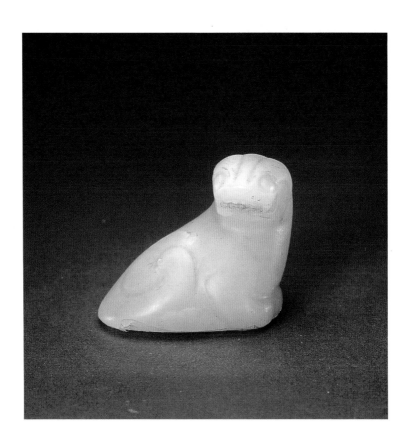

玉料青白色，局部有深褐色沁斑。玉虎前足伸，後足曲，昂首前視，耳後貼，張牙露齒，兩眼突出，尾下垂倒捲，作蹲坐狀。

玉器上出現虎的形象，自殷商起一直不斷，但至戰國即漸少。此器寫實，紋飾簡單，與漢代雕塑風格相似，當為同期物。

玉臥羊形硯滴
漢
長7厘米　高5.6厘米
口徑1.6厘米
清宮舊藏

**Jade water dropper in the shape
of a crouching goat**
Han Dynasty
Length: 7cm　Height: 5.6cm
Diameter of mouth: 1.6cm
Qing Court collection

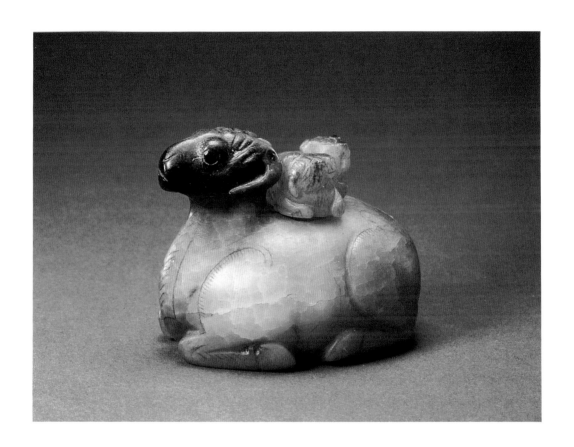

青玉，通身有褐色沁斑，頭部更沁蝕成深褐色。羊昂首挺胸、圓眼，面
呈三角形，雙角回捲，貼於頭兩側。身軀豐滿，四肢屈於腹下，呈跪臥
式。胸前、眼下、面頰及腿彎處皆飾排列整齊的陰刻線。玉羊背部有一
未穿透的圓孔，孔上插一雙獸柱鈕蓋。

硯滴是文房用具，腹空，可貯水，有水注能汲水滴於硯，於明清時代尤
為流行。此器背上的孔、雙獸柱鈕蓋和掏空的腹似明代風格，有可能是
明代人依玉羊外形而改製的。

漢代玉獸，一般身上有細陰刻線，線條短小、排列整齊，或在鳥羽端，
或在獸腿彎處，可作斷代的依據。

玉辟邪
漢
長10.9厘米　高3厘米
清宮舊藏

Jade winged beast
Han Dynasty
Length: 10.9cm　Height: 3cm
Qing Court collection

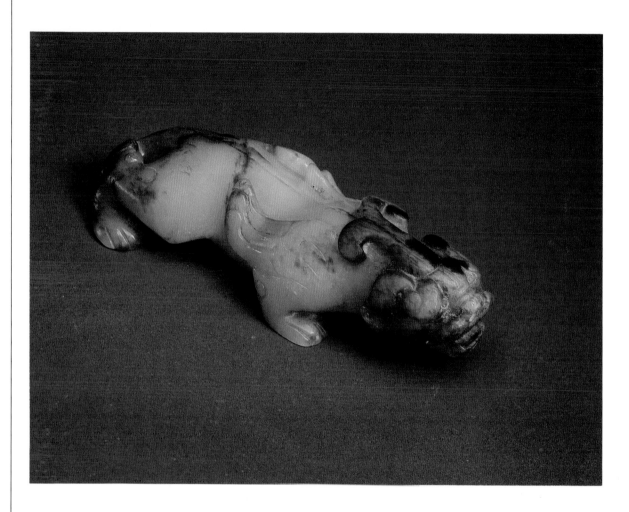

玉料青白，有大面積的橘黃色沁斑。小頭，粗頸，口微張，頭頂有角，
短身，身側有翼，翼由前後兩組羽組成，四肢短而粗，臥伏於地。

陝西咸陽渭陵西北漢代遺址中出土了一件玉辟邪，無論玉質、沁色、姿
式均與此器極相似。兩件類似的作品於不同時期、不同地區發現，説明
漢代玉辟邪的廣泛流行。目前發現的漢代玉辟邪有多種，有的身似馬，
頸細長，有的形似虎，腿短有翼。

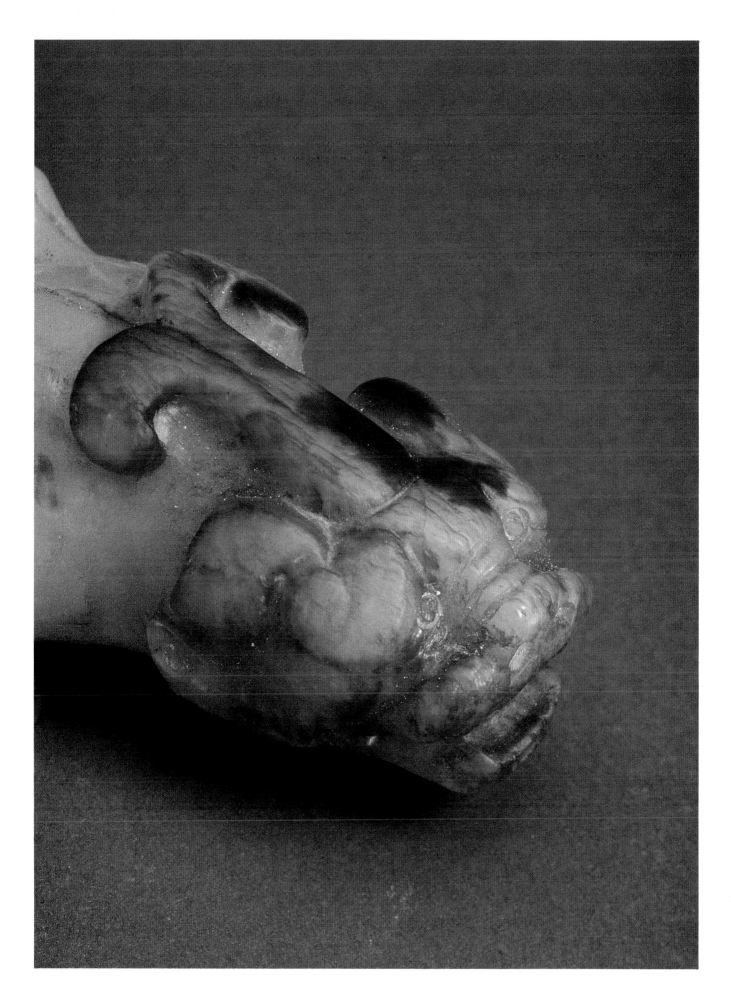

玉辟邪
漢
長13.5厘米　高8.5厘米
清宮舊藏

Jade winged beast
Han Dynasty
Length: 13.5cm　Height: 8.5cm
Qing Court collection

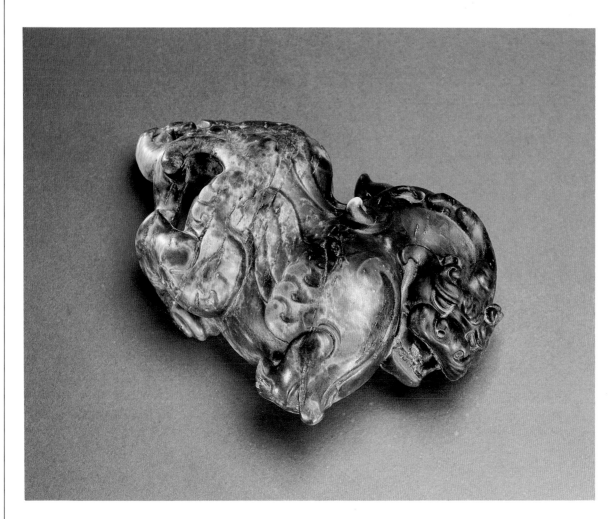

玉料青褐色，有大面積沁斑。辟邪為立體圓雕，屈身成弓形，右側兩足臥地，左側兩足捲起；頭小、唇方、嘴闊、眼圓、有獨角；尾粗大，頂端分叉；身側有翼，翼分兩排，前排四羽，後排三羽。

辟邪形似虎豹，相信是以食肉類猛獸為原型摹造而來的。漢代流行異形動物題材，顯然受古代神話傳說的影響，如天祿、辟邪、獬豸、乘黃、天馬、龍馬等在許多古文獻中都有記載。同時，漢代自張騫通西域後，中亞地區也將一些當地特有的動物貢入漢廷，養於宮中，一般人難以得見，遂將這些動物描述成各種帶有神奇異彩的怪獸，辟邪或即反映這種文化交流的關係。

玉辟邪

漢
長7.2厘米　寬3.7厘米　高7.7厘米
清宮舊藏

Jade winged beast
Han Dynasty
Length: 7.2cm　Width: 3.7cm
Height: 7.7cm
Qing Court collection

203

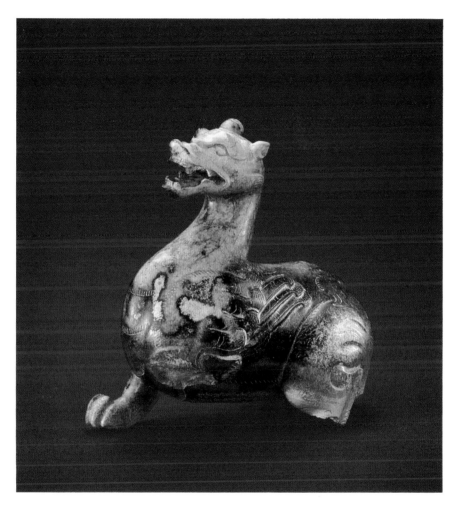

玉料經燒薰後通體變黑，局部顯露原來的白玉質。辟邪為圓雕，昂首挺胸，張口露齒，腹有羽翅，呈半臥狀。辟邪三腿一尾，皆有殘缺；腹部陰刻楷書清乾隆帝御制詩一首，全文稱："茂陵萬里求天馬，既得作歌紀瑞文。看有角為奇弗偶，歷無阜至鎬和汾。肖形刻玉太乙既，閱也出邙長樂羣。漫議水銀浸鮮據，漢家常用有前聞。"末署"乙巳次辛"。詩首名"詠漢玉天馬"，據此可知此器原誤名為"天馬"，最晚於清乾隆時出土並進入清宮。

玉舞人佩（二件）
漢
左：高4厘米　寬2.2厘米　厚0.2厘米
右：高4厘米　寬2厘米　厚0.3厘米

Jade pendant with a dancing figure design (two pieces)
Han Dynasty
Left:
Length: 4cm　　Width: 2.2cm　　Thickness: 0.2cm
Right:
Length: 4cm　　Width: 2cm　　Thickness: 0.3cm

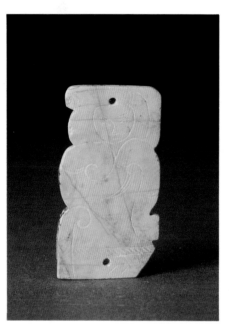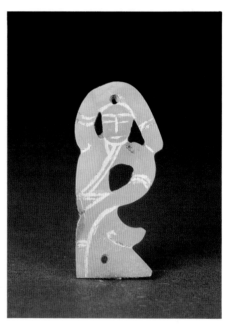

左：玉料青灰色，局部沁色較重。體扁長方形，兩面飾紋和形式均同。皆以陰線飾長袖墜地，長裙墜地，一手舞過頭頂，另一手甩於腰間，頭與足下各有一小圓孔，可供繫佩之用。

右：玉料深青色，局部有淺褐色沁蝕，體扁，兩面飾紋和形式相同。皆鏤空加細陰線刻一舞人，穿長袖大衣，長裙，一手舉於頭頂，一手甩於腰側。頭頂和足下各有一圓孔，可供繫佩之用。

據《西京雜記》載："高帝戚夫人善為翹袖折腰之舞。"故此類玉人之舞姿，有人認為或即是仿所載"翹袖折腰"之戚夫人舞姿而作，反映當時盛行跳此類舞以懷念和推崇戚夫人善舞。但也有人不同意，究竟何説可信，仍有待更多的考古材料來證實。惟此式玉舞人在戰國時已見，故以漢戚夫人為本摹作説似不確切。

玉翁仲（二件）
漢
寬1厘米　高4.3厘米

**Jade statue of Weng Zhong
(two pieces)**
Han Dynasty
Width: 1cm　Height: 4.3cm

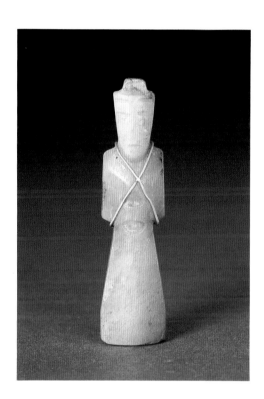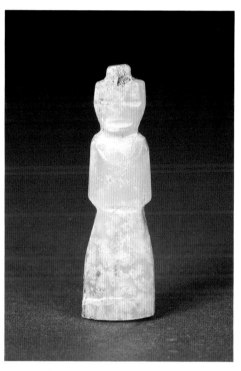

玉料深青色，局部有花白色沁斑，體扁長，為半圓雕。兩翁仲形象相同，造型簡單，頭頂有長髮髻，臉長，以陰刻線飾雙目和口；腰間以兩道粗橫弦紋，表示拱手；著長袍，直立正視。其中一件的上身還纏有交叉的細金絲。翁仲腰間有穿孔，可繫佩。

關於"翁仲"其人其事及作此像的用意，至明代才比較清楚。《明一統志》載稱：翁仲姓阮，秦時安南人，身長一丈三尺，氣質端勇，異於常人。始皇併天下，使翁仲將。翁仲死後，鑄銅為其像。通過這段記載，我們知道翁仲是秦代一個威嚴勇猛的大將軍，以他的形象作佩飾，或有辟邪之意。

玉拱手直立人
漢
寬1.3厘米　高4.9厘米

Jade standing figure making an obeisance

Han Dynasty
Width: 1.3cm　Height: 4.9cm

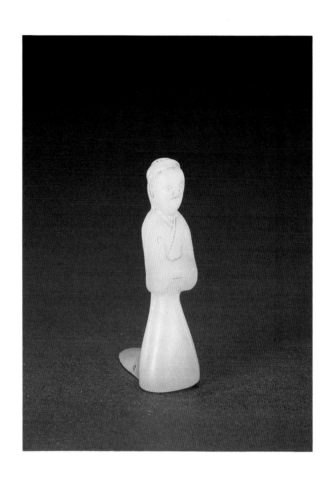

玉料白色,局部有黃褐沁斑。玉人為圓雕,拱手直立,以細陰線雕刻口、鼻、眼、耳;髮作環形髻,細腰束帶,身穿交領長裙。

漢代玉人最常見的有兩種,一種為玉舞人,另一種為玉翁仲。但這件玉人既不是玉舞人,也不是玉翁仲,從做工及雕琢手法看,具有典型的漢代風格。

玉鏤雕螭形佩
漢
長8厘米　寬6.8厘米　厚1.5厘米
清宮舊藏

Jade hydra-shaped pendant in openwork
Han Dynasty
Length: 8cm　Width: 6.8cm
Thickness: 1.5cm
Qing Court collection

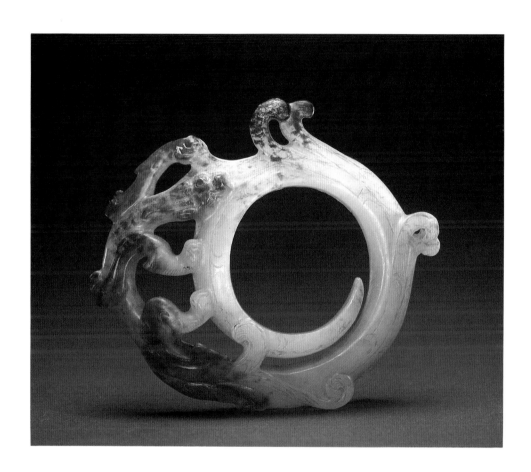

白玉，有褐色沁斑。體扁平，鏤雕一螭，長臉厚唇，張口含尾，身飾又淺又細的毛髮紋，通身盤旋成圓環狀。

漢代玉器中有一種陰刻細線，其線條形若游絲，細如毛髮，後人稱為"游絲毛雕"，此器為其典型。據觀察，這種線紋是用一種非常尖細的堅硬器物在玉器上進行雕刻，若用力不均，會出現叉道和若斷若續的"跳刀"。此種特點在戰國晚期就出現，但普遍應用則在漢代。後來宋、元、明時亦有出現，但線條又深又粗，而無"游絲毛雕"和"跳刀"感。這兩者之差別，是今天識別漢或漢以後玉器的重要標誌。

玉雙螭佩
漢
最長8.7厘米　最寬7.3厘米
厚0.5厘米
清宮舊藏

Jade pendant with double hydra design
Han Dynasty
Maximum length: 8.7cm
Maximum width: 7.3cm
Thickness: 0.5cm
Qing Court collection

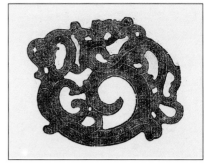

一面拓片

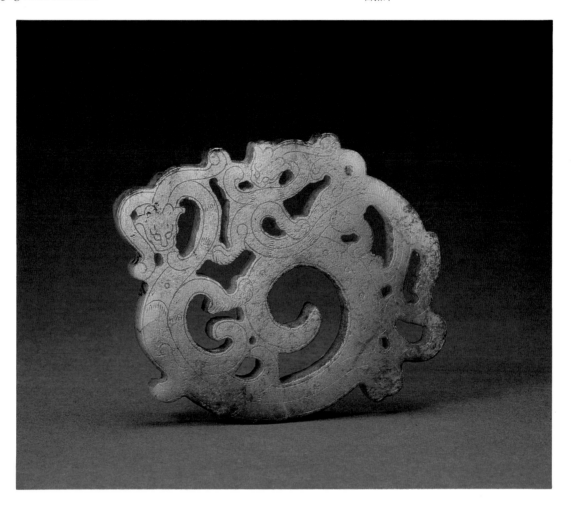

青玉，有大面積的褐色沁斑。體扁平，片狀，兩面紋飾相同。二螭以極細的陰刻線琢成，螭身卷曲盤繞，四肢及身飾有排列整齊的細毛紋。

從戰國到漢代，玉器中大量出現螭紋佩。形態多作螭頭蛇身，長角，螺旋盤繞。

玉鏤雕龍紋珩
漢
長9.4厘米　厚0.4厘米
清宮舊藏

**Jade Heng (a girdle ornament) with
dragon design in openwork**
Han Dynasty
Length: 9.4cm　Thickness: 0.4cm
Qing Court collection

一面拓片

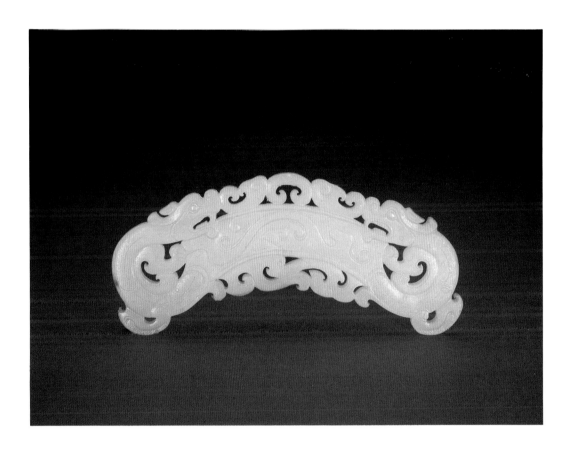

玉料青灰色，局部有赭色沁斑。體扁平並有弧度，兩面形式和紋飾相
同。通體鏤空兩條龍，橢圓形目，張口露齒，髮冠後飄，身飾魚鱗狀細
紋，器中間有一小圓孔，可繫繩。

珩的出現始於春秋，為成組佩玉中最上層的一件。由於漢代禁用成組佩
玉，故此器似只作單個佩用。

玉 "四靈" 紋瑗
漢
外徑10.2厘米　厚0.3厘米
清宮舊藏

**Jade Yuan (a disc with an orifice) with the
design of dragon, bird, tiger and warrior**
Han Dynasty
Outer diameter: 10.2cm
Thickness: 0.3cm
Qing Court collection

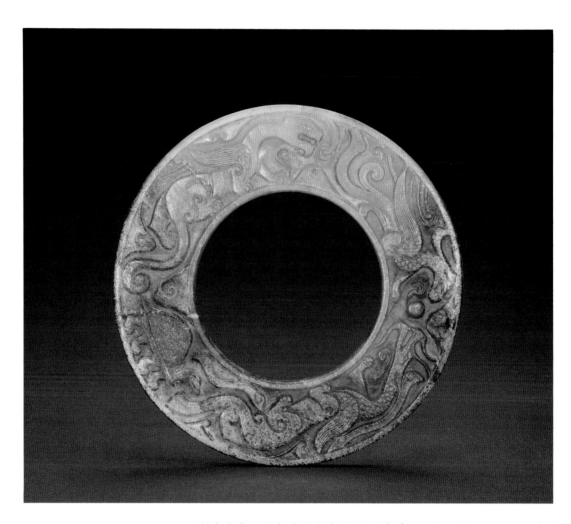

玉料青白色，局部有赭褐色沁斑。體扁圓，中心有圓孔，兩面紋飾相
同。以淺浮雕加刻陰線飾青龍、白虎、朱雀、玄武各一。青龍有鬚髮，
腹間有羽翅，四足，作爬行狀；朱雀有長冠，叉尾，展翅而立；白虎張
口露齒，腹有羽翅，長尾，呈爬行狀；玄武身飾一蛇，背如小山，昂首
挺胸，正視前方，腹間有羽翅，長尾，作爬行狀。所飾四靈，青龍與朱
雀兩首相對，前有一圓珠，玄武隨青龍尾後，白虎隨朱雀尾後，玄武與
白虎尾連接。

"四靈"即四種神異動物的合稱，在不同時期和不同著述中，形式各有不
同，但含意大致有兩種，一是象徵軍隊的佈陣，二是代表東西南北四方
的神。

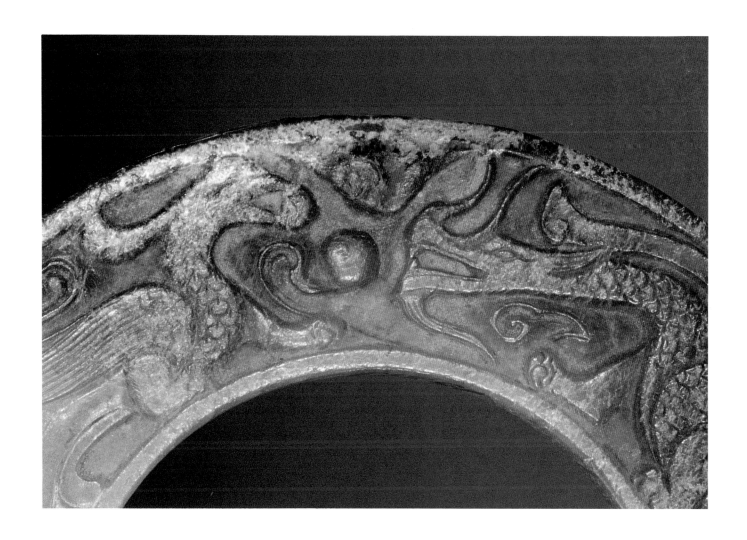

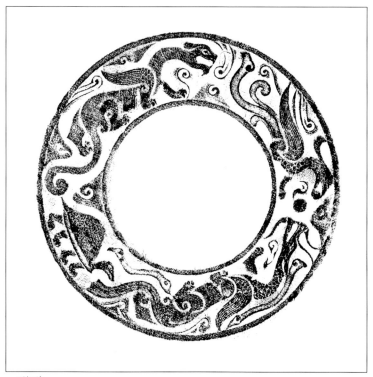

一面拓片

玉鏤雕三螭瑗
漢
徑4.7厘米　厚3厘米
清宮舊藏

**Jade Yuan with three hydras design
in openwork**
Han Dynasty
Diameter: 4.7cm　Thickness: 3cm
Qing Court collection

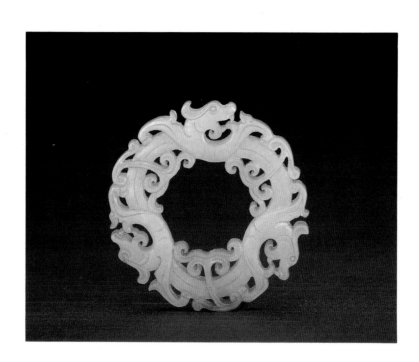

新疆和闐玉，青白色，局部有淺褐沁斑。體扁平，圓形，兩面形式和紋飾相同。

鏤雕三隻相互纏繞的螭，各螭大小相同，均瘦身體長，尖嘴豎耳，身上有淺浮雕和陰刻細線紋。

這類玉瑗在兩漢時較常見，是一種佩飾。此器玉質潔白，雕工精細，非常罕見。

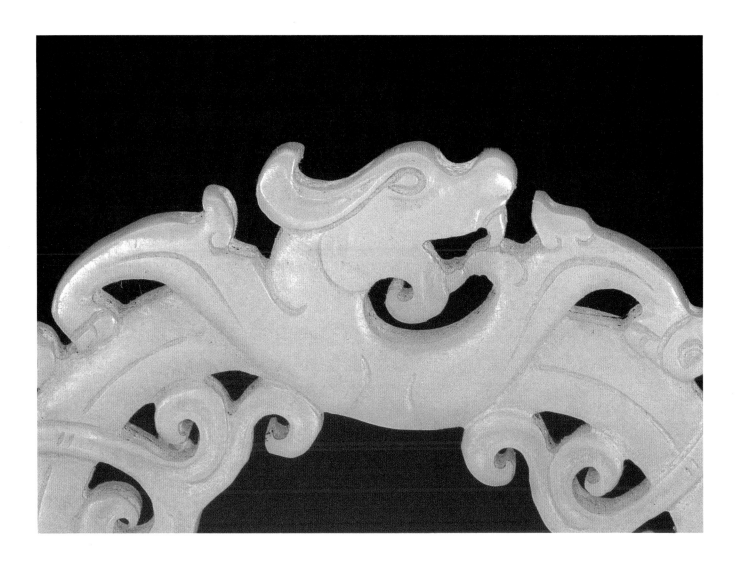

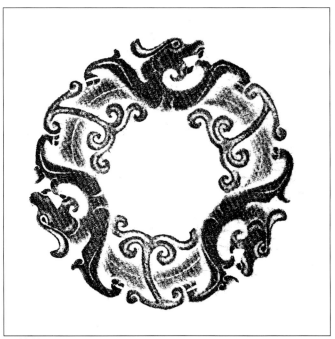

一面拓片

玉鳳紋蒲璧

西漢
徑14.5厘米　口徑2.9厘米
厚0.4厘米

Jade Bi (a flat disc having a circular concentric orifice in center) with phoenix and rush design

Western Han Dynasty
Diameter: 14.5cm
Diameter of orifice: 2.9cm
Thickness: 0.4cm

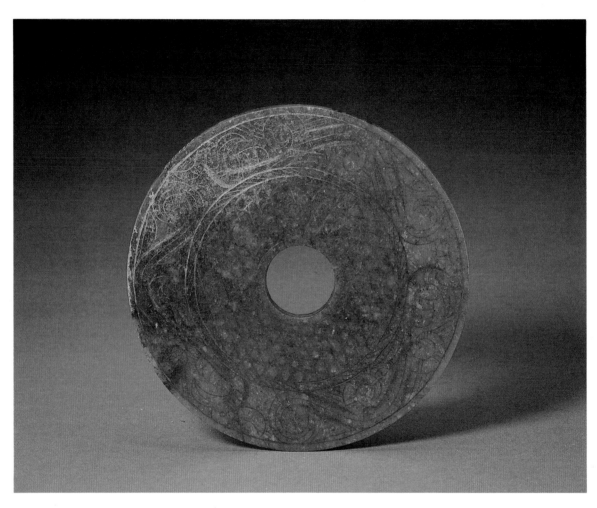

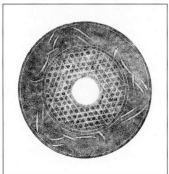

一面拓片

玉料淺碧色，表面有淡赭色沁斑。體作圓片狀，中有圓孔，兩面紋飾相同。孔邊及外沿有陰弦紋一周，以繩紋相隔為兩區。外區琢三鳳紋，內區飾蒲紋。

在戰國至西漢的多層琢紋玉璧中，多飾獸面紋（又稱雙身龍紋），罕有飾鳳紋。西漢玉器上琢刻的細紋有明顯的跳刀痕，而粗紋則圍繞着龍（獸面紋）、鳳之身軀或頭部琢飾。

玉獸面紋璧
西漢
徑27.5厘米　口徑5.1厘米
厚0.5厘米

Jade Bi with beast-mask design
Western Han Dynasty
Diameter: 27.5cm
Diameter of orifice: 5.1cm
Thickness. 0.5cm

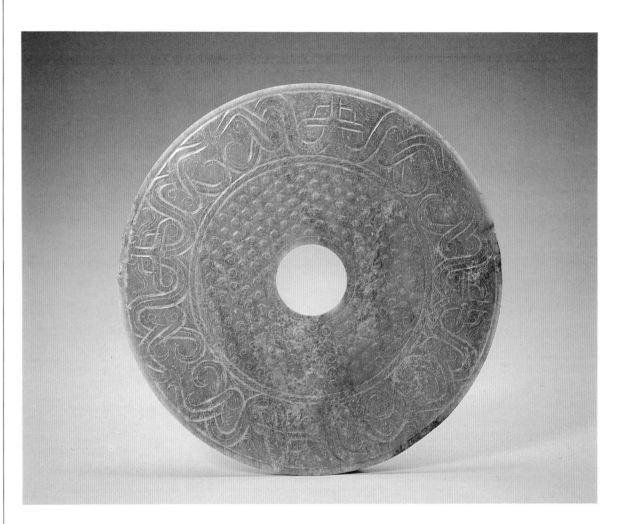

玉為深碧色，有褐色沁斑。體扁圓形，中有圓孔，兩面紋飾相同。內外緣各陰刻一周弦紋；外圈雕四組一首雙身的變形獸紋，內圈琢臥蠶紋，中間以陰刻的繩紋相隔。

西漢玉璧承戰國玉璧而來，既用於禮儀和喪葬，也作人身佩飾和鑲嵌、饋贈、抵押、賞賜等用途。

玉獸面蒲紋璧
西漢
徑30.4厘米　口徑5.4厘米　厚0.5厘米

Jade Bi with beast-mask and rush design
Western Han Dynasty
Diameter: 30.4cm
Diameter of orifice: 5.4cm
Thickness: 0.5cm

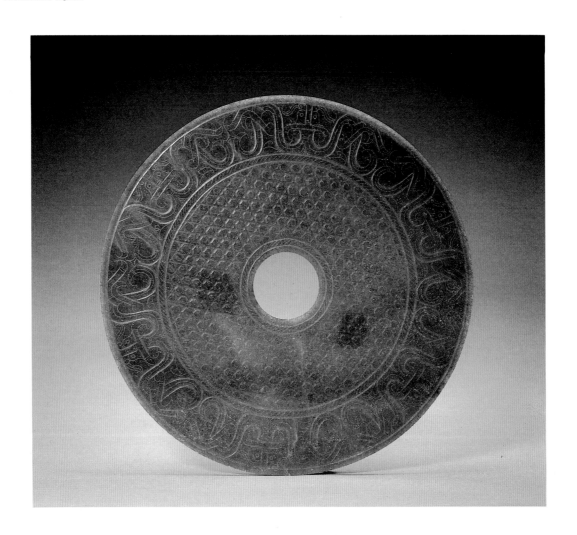

新疆和闐玉，淺碧色，局部有黑色沁斑。體圓片狀，中有孔，兩面紋飾
相同。外緣有一周陰弦紋，孔邊和器中部各飾一周繩紋，紋飾分內外兩
區，外區琢六組一首雙身的變形獸面紋，內區滿飾蒲紋。

這種形式的玉璧，始於戰國，西漢前期，做工最精，數量最多，漢中期
以後，已逐漸減少。這璧玉質精良，飾紋精美，極罕見。

玉鏤雕龍鳳紋璧
西漢
高10.6厘米　直徑6.7厘米
清宮舊藏

**Jade Bi with dragon and phoenix
design in openwork**
Western Han Dynasty
Height: 10.6cm　Diameter: 6.7cm
Qing Court collection

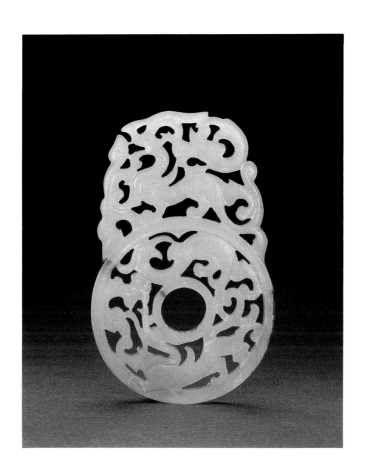

白玉，局部有沁色。璧為圓形，廓外鏤雕龍鳳紋，龍作奔走狀，鳳立於
龍背上；內外沿各飾一邊棱，肉部鏤雕龍鳳紋，龍鳳皆似獸，有翼，長
尾，兩尾相纏。

鏤雕出廓玉璧在漢代大量出現。這玉璧的出廓裝飾很特別，將龍鳳作上
下排列，不同一般左右對稱的圖案結構，且廓外及肉部裝飾大體相同，
又用鏤雕，在漢代很少見。

玉"益壽"銘穀紋璧
東漢
通高13.2厘米　璧徑10.5厘米　厚0.5厘米
清宮舊藏

**Jade Bi with characters "Yi Shou" (longevity)
and grain design**
Eastern Han Dynasty
Overall height: 13.2cm　　Diameter: 10.5cm
Thickness: 0.5cm
Qing Court collection

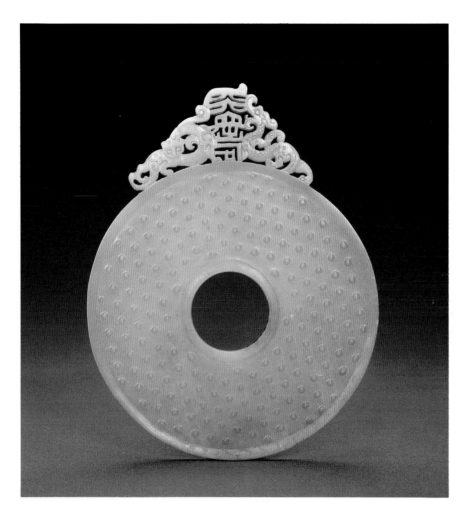

玉料青赭色，局部有深赭色沁斑。體扁平，兩面形式和紋飾相同。出廓
處透雕一螭一龍，環抱"益壽"二字；璧的中央有一圓孔，內外緣飾一圈
弦紋，肉部淺浮雕穀紋。

戰國至兩漢，出廓璧非常流行，但只於東漢墓發現有鏤雕銘文的。傳世
品中，僅故宮博物院有兩件。出廓銘文以"宜子孫"最多，"益壽"僅此一
件。

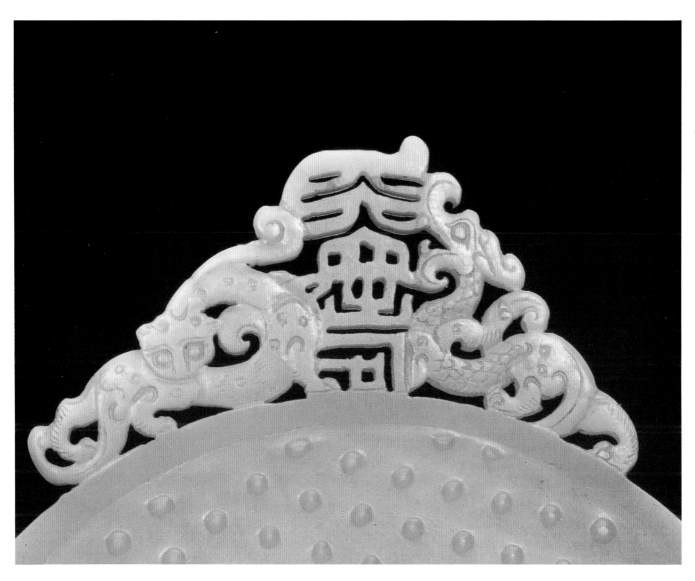

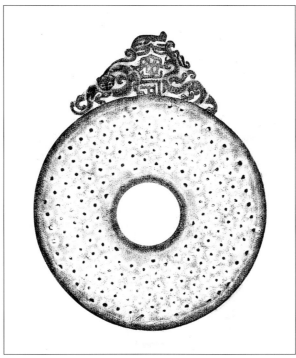

一面拓片

玉"長樂"穀紋璧
東漢
横寬12.5厘米　高18.6厘米
孔徑2.6厘米　厚0.5厘米
清宮舊藏

Jade Bi wilth characters "Chang Le"
(happiness) and rice-grain design
Eastern Han Dynasty
Width: 12.5cm　Height: 18.6cm
Diameter of hole: 2.6cm　Thickness: 0.5cm
Qing Court collection

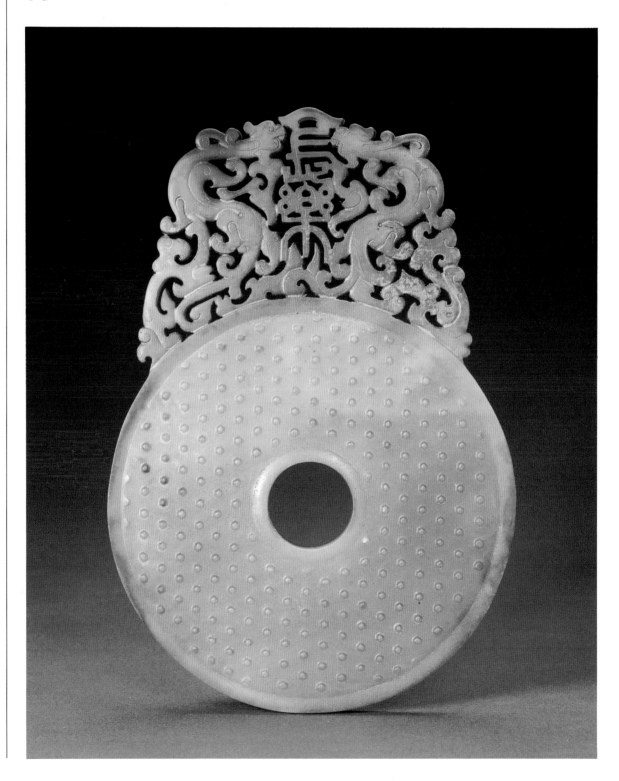

玉"長樂"穀紋璧
東漢

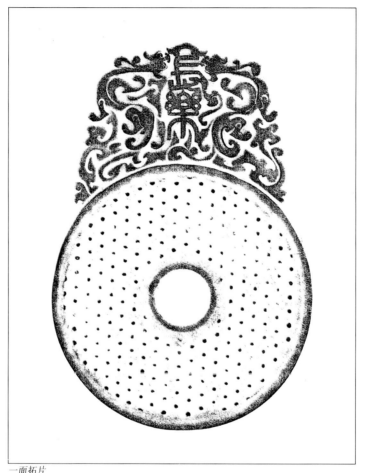

一面拓片

玉料青褐色，局部有深褐色沁斑。體扁平，圓形，兩面形式和紋飾相同。出廓處透雕銘文"長樂"二字，字體圓潤渾厚。字的兩側各有一對稱的獨角獸，造型古樸，形態生動；肉部飾穀紋，內外緣有凸雕絃紋一周。

此璧流傳至清代被收入宮中。清乾隆皇帝非常喜愛此器，特作詩一首，並刻於璧的外圈邊沿上。全文如下："長樂號讌宮，炎劉氣蔚虹。如宜子孫式，可匹夏商周。傳者姤必有，鴆平恨莫窮。郅傳禁中語，曰勇異當熊。"末署"乾隆戊申御題"，詩與年款皆篆書。

玉四鳳紋圓筒形器
漢
高4.5厘米　外徑7厘米

Jade tube-shaped object with four-phoenix design
Han Dynasty
Height: 4.5cm
Outer diameter: 7cm

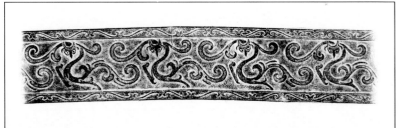

外壁拓片展示

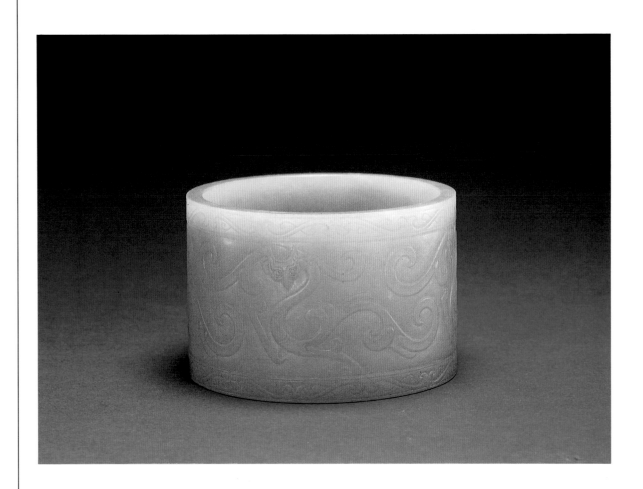

玉料青色，局部有黃色沁斑。體圓筒形，外壁上下施兩圈弦紋，內陰刻勾連雲紋，兩周雲紋間有四組鳳紋，形式大小皆相同。鳳雙長冠，貓頭，尖嘴，雙爪足，叉尾，身彎曲。

尖嘴鳥獸紋，在出土玉器中屢有所見，多視為螭，但牠只有雙爪足，不似有四爪足的螭，故稱為鳳。這器為兩端平齊的圓筒，很可能原是另一件器物的嵌綴物，或是一件實用器皿的一部分。

玉羽觴
漢
長16.4厘米　寬6.3厘米
高2.2厘米
清宮舊藏

Jade wine cup
Han Dynasty
Length: 16.4cm　　Width: 6.3cm
Height: 2.2cm
Qing Court collection

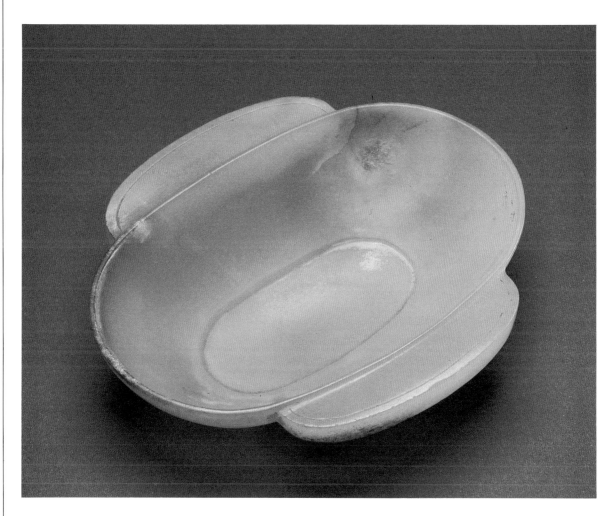

玉料青白色，局部有淺褐色沁斑。體橢圓形，兩側各有一半月形耳，底平，表面光素無紋。

羽觴即酒杯，又名耳杯，始見於戰國，興盛於兩漢，終於唐代。除玉器外，漆器和料器也有類似的形制。

玉雲紋高足杯
漢
高9.7厘米　徑4.6厘米
清宮舊藏

Jade stem cup with cloud design
Han Dynasty
Height: 9.7cm　Diameter: 4.6cm
Qing Court collection

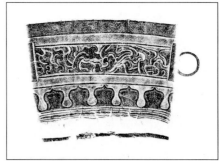

外壁局部飾紋拓片

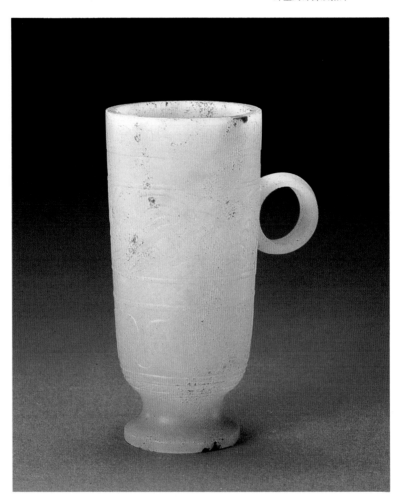

玉料青白色，局部有深褐色沁斑。體圓形，直口，深腹，高足，有圈形柄。杯身飾弦紋與流雲紋。

這種形式的玉杯，始見於秦，兩漢最流行。

玉夔鳳紋樽

漢

高12.3厘米　口徑6.9厘米　足徑6.8厘米

清宮舊藏

Jade Zun (a cup for warming wine) with Kui-dragon and phoenix design

Han Dynasty

Height: 12.3cm　Diameter of mouth: 6.9cm

Diameter of foot: 6.8cm

Qing Court collection

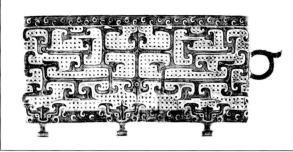

拓片展示

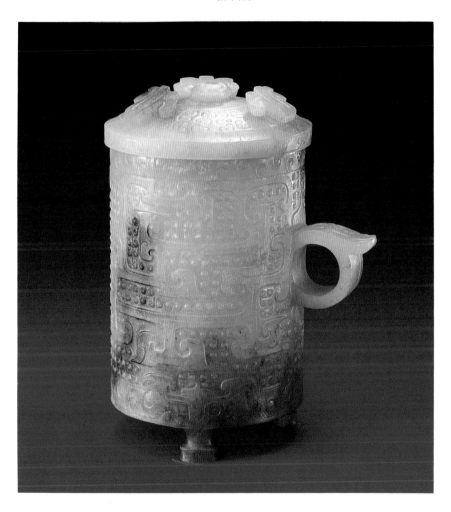

白玉，有褐色沁斑。玉樽有蓋，蓋面弧凸，中心凸起一圓形鈕，鈕邊飾渦紋及小花瓣，中心鈕的外圍凸雕三個旁鈕。樽身表面有帶狀夔鳳紋和穀紋，間刻小勾連雲紋；一側有環形柄，柄端有雲形鋬，上飾一獸面紋；底有三個蹄形足。

這樽是仿青銅器而作，曾定名為盒。1962年，在山西右玉縣大川村發現一批青銅器，其中兩件有銘文為"溫酒樽"，並有西漢成帝"河平三年"造字樣。該兩件青銅器的器形與這件玉器極相似，故定名為樽。

玉辟邪戲子紋水滴
漢
高5.3厘米　寬4.7厘米
清宮舊藏

**Jade water dropper with the design of
three winged beasts at play**
Han Dynasty
Height: 5.3cm　Width: 4.7cm
Qing Court collection

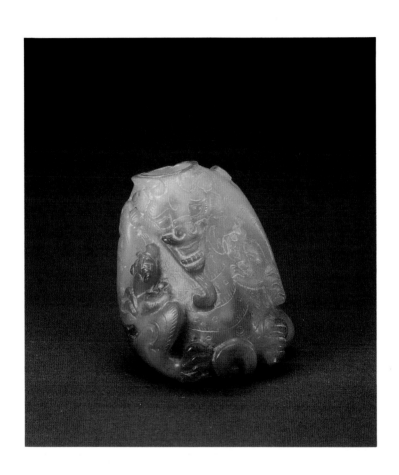

玉料青白色，局部有黃褐色沁斑。體作橢圓形，上窄下寬，內腹空，可以貯水。外壁浮雕三辟邪，大小形態各異，作戲玩狀，有的張口露齒，昂首前視，腦後有獨角；有的頷下有鬚，尾垂於地，腹下有羽翅，雙足交叉，呈坐態。

關於辟邪的形狀，說法不一，大多認為是一種似獅，有獨角或雙角，身有翅的神獸。

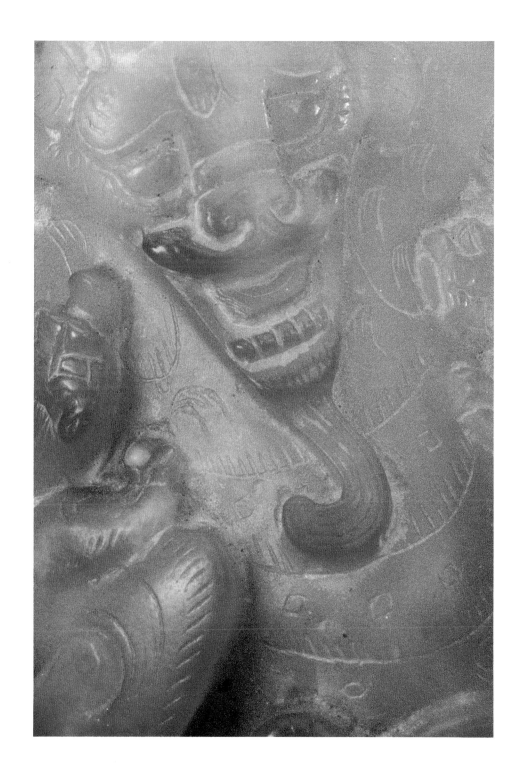

玉螭龍紋柄洗
東漢
長16.8厘米　寬14厘米　高2.8厘米
清宮舊藏

**Jade washer with two ears decorated
with hydra and dragon design**
Eastern Han Dynasty
Length: 16.8cm　Width: 14cm
Height: 2.8cm
Qing Court collection

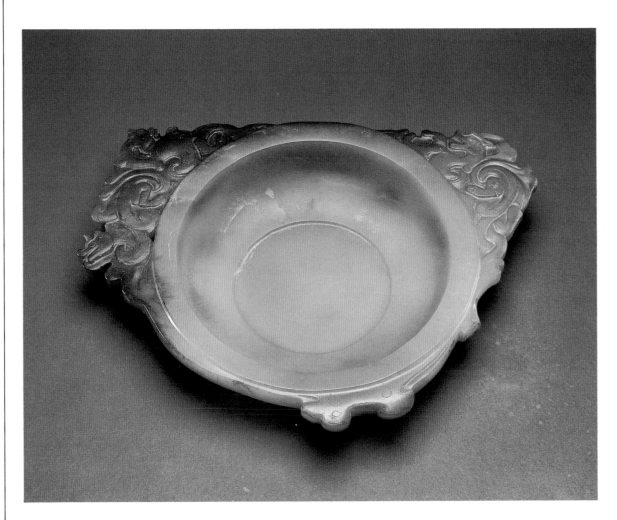

玉料為岫岩玉，青黃色，局部有深褐色沁斑。體矮圓形，平底，內空，
可貯水。兩側各有一耳柄，兩耳上下均飾螭紋，但正面用浮雕琢飾，背
面只以陰線琢畫。

東漢時用岫岩玉（蛇紋石）琢玉器，並不常見。

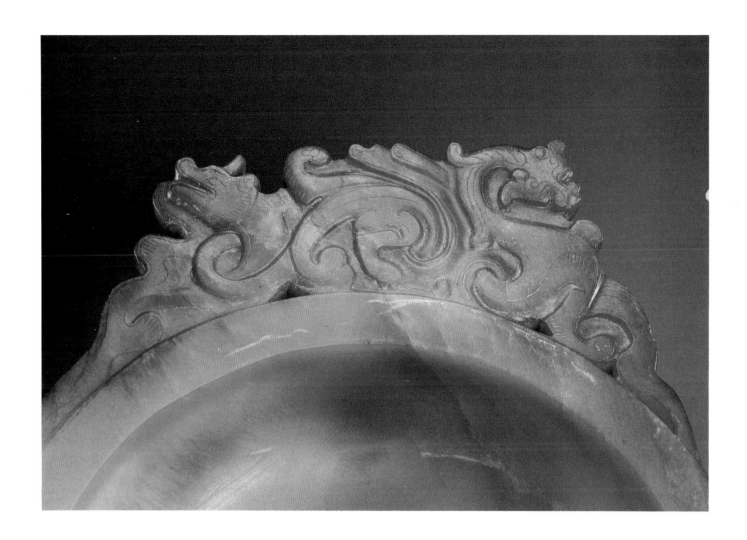

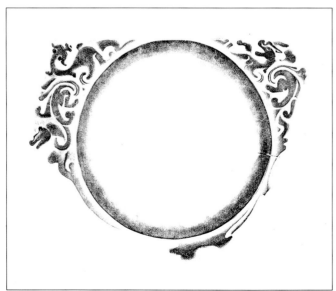
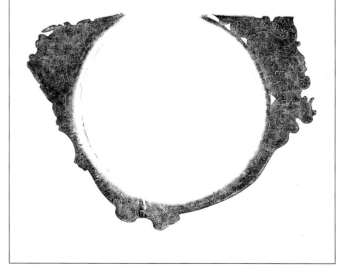

正面與底部拓片

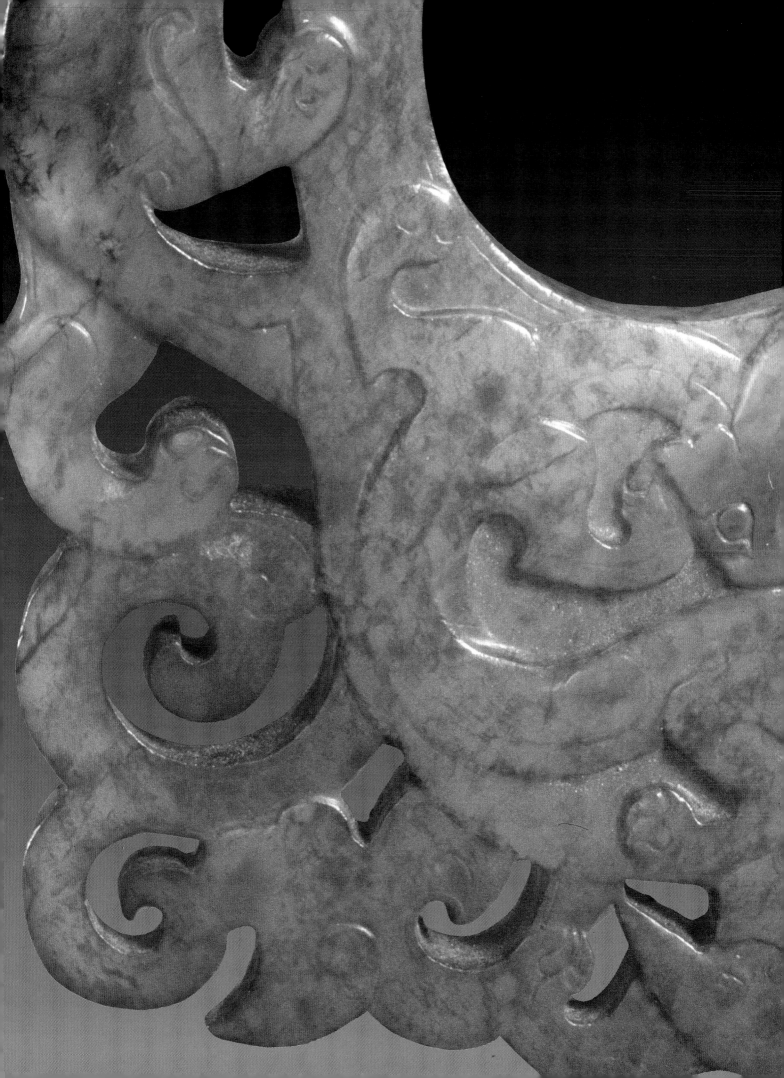

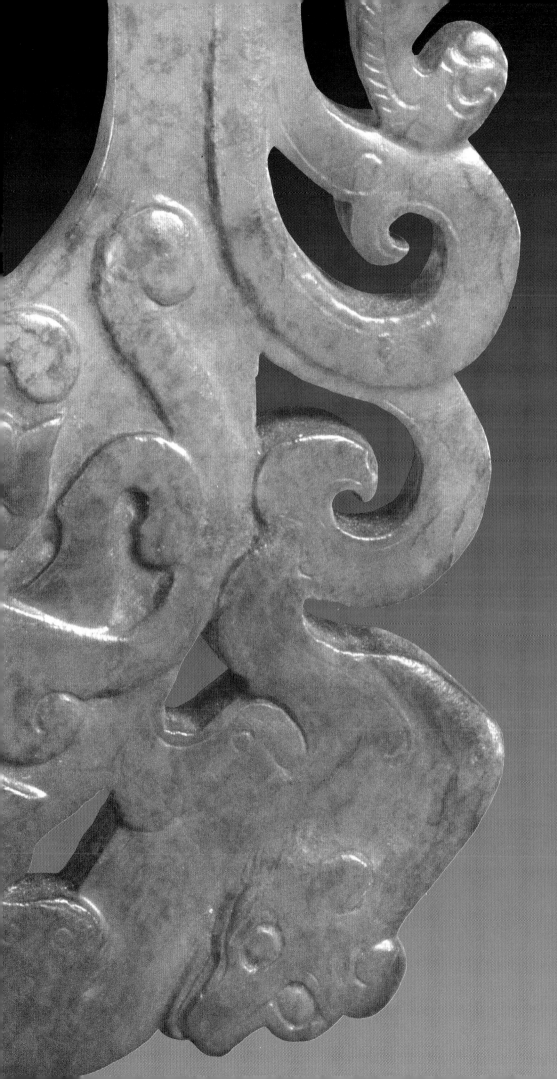

魏晉南北朝

Wei Jin
Southern
&
Northern
Dynasty

玉雲虎紋璜
魏晉
寬5厘米　厚0.5厘米

Jade Huang with tiger and cloud
design
Wei – Jin period
Width: 5cm　Thickness: 0.5cm

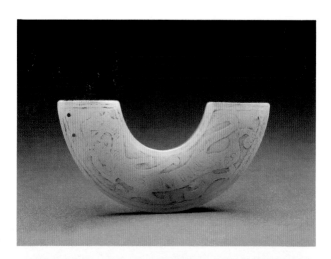

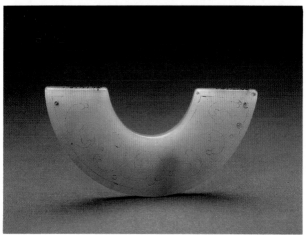

玉料青黃色，局部有淺灰色沁斑。體扁平，呈半瑗形。兩面紋飾不同。
一面用淺浮雕加陰線刻一虎，圓眼，雙耳直豎，張口露齒，昂首挺胸，
目視前方；尾上捲，足直立，側身行走；另一面用陰線刻接連的流雲
紋。璜兩端各有圓孔，可作繩繫用。

這是魏晉時期，唯一飾有虎紋的玉璜珍品。

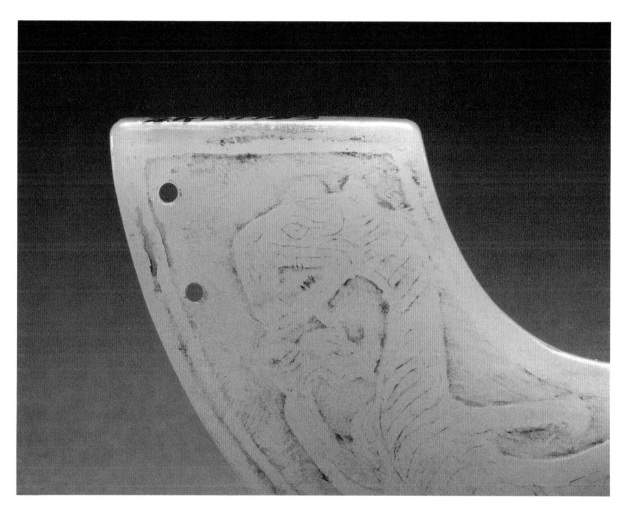

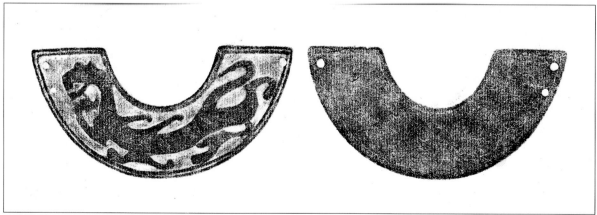

正背面拓片

玉朱雀紋珩
南北朝
長9.6厘米　寬3.9厘米
厚0.3厘米
清宮舊藏

Jade Heng with bird design
Southern & Northern Dynasties
Length: 9.6cm　Width: 3.9cm
Thickness: 0.3cm
Qing Court collection

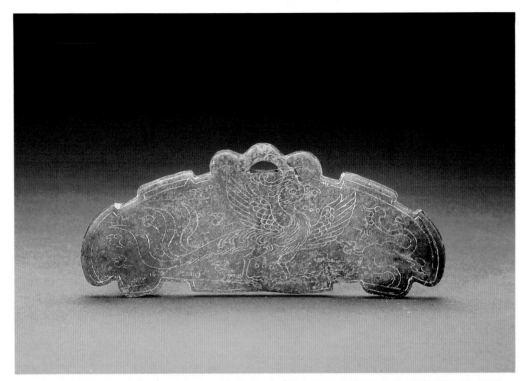

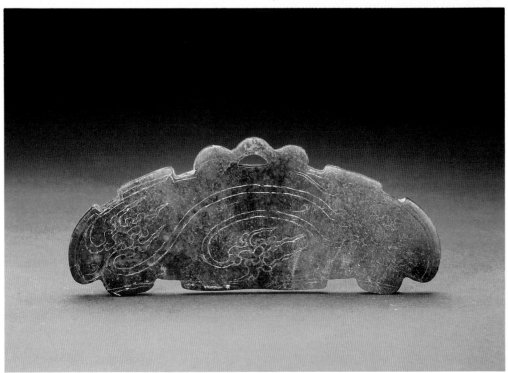

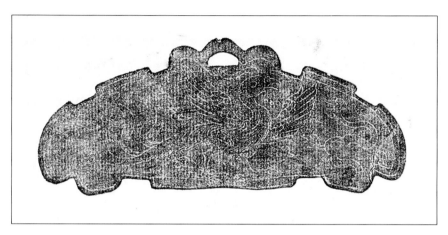

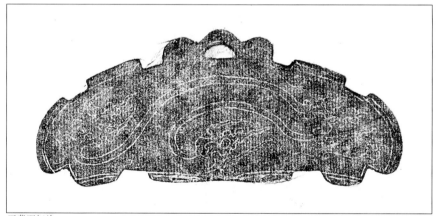

正背面拓片

玉料深碧色，有大面積赭色沁。體扁平，雲頭形，兩面紋飾不同。正面
飾一朱雀，長冠，三岐尾，口啣一圓珠，展翅而立。朱雀周圍有飄動的
花朵和流雲。背面飾火焰狀流雲，如氣流飄動，互有帶狀的雙線紋連
接。珩上端的正中有一半月形穿孔，可供繫佩用。

這珩兩面紋飾不同，具有鮮明的時代特徵，對同期或同類玉器的斷代，
有重要參考價值。

玉雲形珩
南北朝
長11.8厘米　寬5.1厘米
厚0.4厘米

**Jade Heng (a girdle ornament)
in the shaped of cloud**
Southern & Northern Dynasties
Length: 11.8cm　Width: 5.1cm
Thickness: 0.4cm

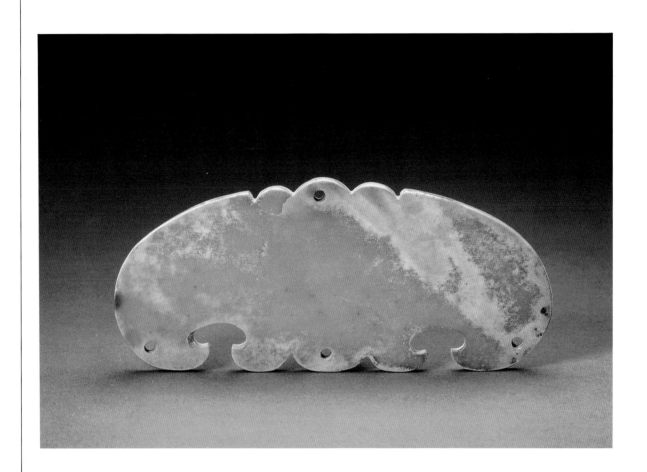

玉料青灰色，局部浸蝕成雞骨白色，體扁平，雲形。兩面光素無紋，上下部及兩端各有一圓孔，可作繫繩用。

類似的玉珩在南北朝時期墓葬中常有出土，為成組玉佩最上一層的飾件。

玉鏤雕雙螭佩
魏晉
長3厘米　寬9.1厘米　厚0.8厘米
清宮舊藏

Jade pendant with double hydra design in openwork
Wei — Jin perold
Length: 3cm　Width: 9.1cm
Thickness: 0.8cm
Qing Court collertion

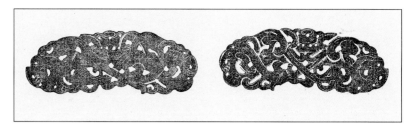

兩面拓片

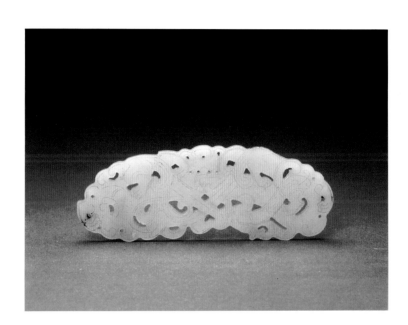

玉料青白色，局部有深赭色沁斑。體扁平，兩面形式和紋飾相同。通體鏤雕二隻大小相同的螭，相互勾纏，身刻陰線細格紋。器上部有圓孔，可作繫繩用。

此器造型獨特，在魏晉時期比較罕見。

玉雙螭紋璲
魏晉
長9.9厘米　寬2.5厘米
高1.8厘米

Jade Sui with double hydra design
Wei — Jin period
Length: 9.9cm　Width: 2.5cm
Height: 1.8cm

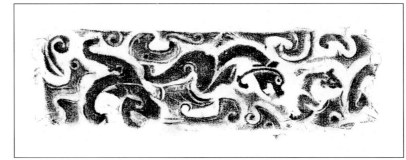

拓片

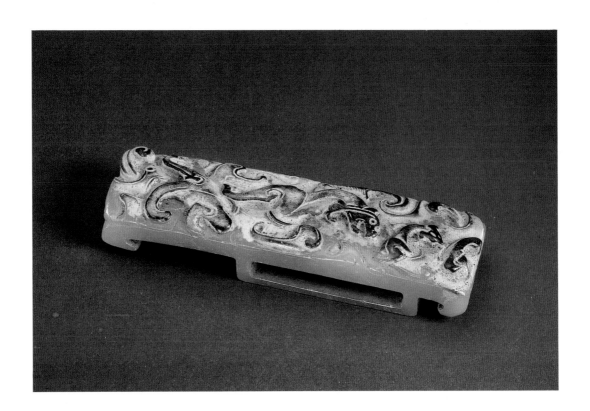

玉料青白色，局部有褐色沁斑。上方正面呈長方形，略弧凸。外緣飾陰線弦紋一圈，圈內淺浮雕一螭虎紋，於雲氣中行走。下側有一長方形穿孔。

戰國至魏晉時期的玉璲，造型相似，惟正面飾紋略有變化。這璲飾螭紋，裝飾風格，具有魏晉典型特徵。

玉辟邪
魏晉
長6.5厘米　寬2.9厘米
高3.2厘米
清宮舊藏

Jade winged beast
Wei – Jin period
Length: 6.5cm　Width: 2.9cm
Height: 3.2cm
Qing Court collection

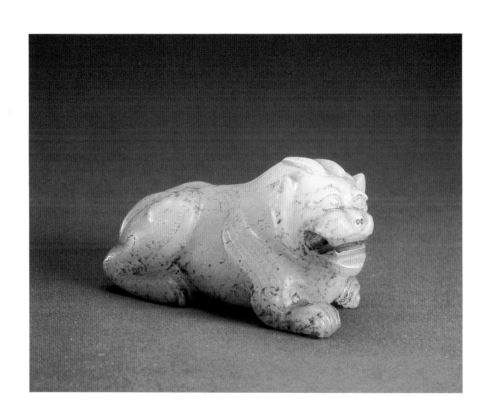

玉料青白色，局部有深褐色沁斑。辟邪昂首挺胸，張口露齒，腦後有支
角，腹側有羽翅，身上有紋，尾垂於地，作伏臥狀。

凡立體的玉辟邪多屬漢魏時期作品，出土和傳世的都有，此器為傳世品
中的佼佼者。

玉螭紋韘
魏晉
長7.6厘米　寬5.1厘米
厚0.5厘米
清宮舊藏

Jade archer's ring with hydra design
Wei – Jin period
Length: 7.6cm　Width: 5.1cm
Thickness: 0.5cm
Qing Court collection

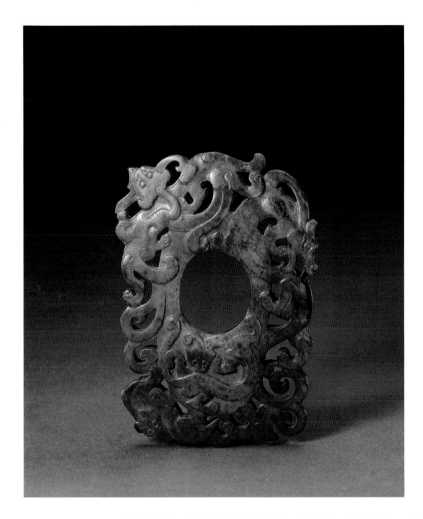

玉料青白色，局部有赭紅色沁斑。體扁平，長方形，兩面紋飾相同。中
心有一孔，周圍透雕四螭虎，皆昂首挺胸，張口露齒，作爬行狀。

漢至魏晉時期的韘造型分三類：一、作片狀，薄而平，紋飾簡單，多琢
勾連紋；二、中部微微隆起，邊緣用圓雕或凸雕作鳥獸及雲紋；三、整
器作橋形、璜形、璧形等，屬變形韘佩。

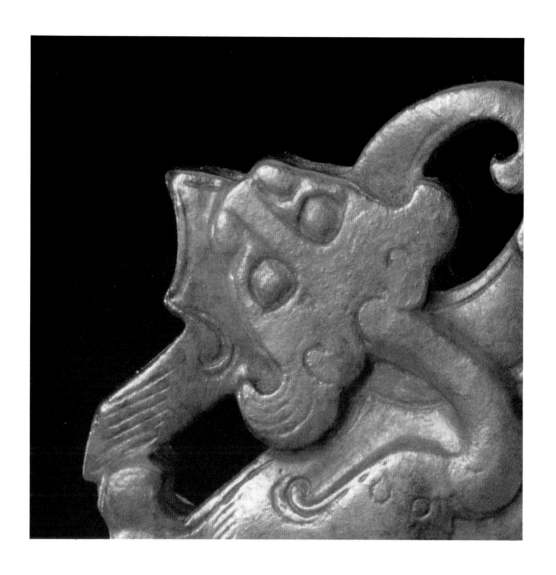

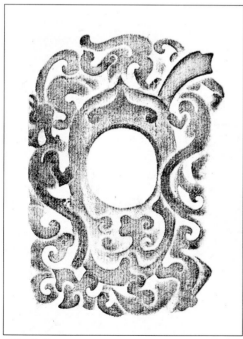

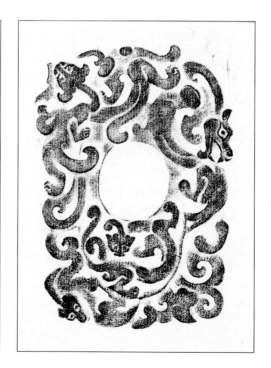

正背面拓片

玉螭紋單柄匜

231

魏晉南北朝
高7厘米　口徑7×4.5厘米
足徑4.8×3.1厘米
清宮舊藏

Jade Yi (a shallow oval ewer) with a handle
decorated with hydra design
Wei Jin Southern & Northern Dynasties
Height: 7cm　Diameter of mouth: 7 x 4.5cm
Diameter of bottom: 4.8 x 3.1cm
Qing Court collection

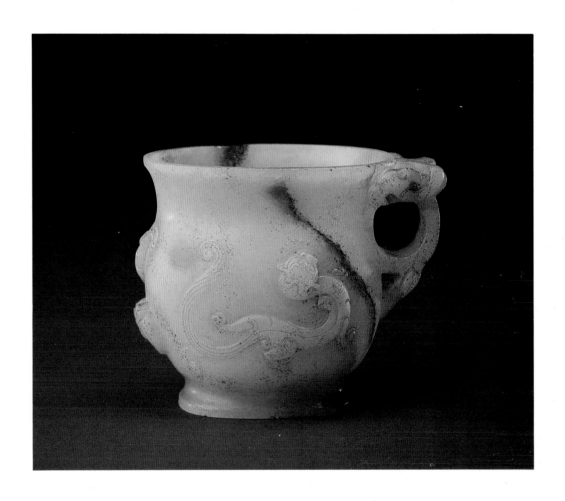

青玉。體作橢圓形，上寬下窄，口沿外撇，鼓腹，底足亦為橢圓形，杯
外浮雕三螭。

螭紋在戰國時出現，於漢代成為流行紋飾。而早在商代，已有仿青銅器
玉雕。

漢代，玉禮器的數量和作用已不如前，而玉製裝飾品和實用器卻大批出
現，玉螭單柄匜就是在這種背景下出現的。

玉螭紋橢圓形杯
魏晉
口徑6.6—9.7厘米
足距2.8厘米　高6.3厘米
清宮舊藏

Oval jade cup with hydra design
Wei – Jin period
Diameter of mouth: 6.6—9.7cm
Foot spacing: 2.8cm　Height: 6.3cm
Qing Court collection

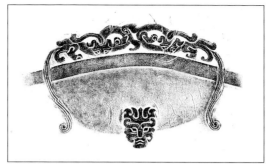

局部飾紋拓片

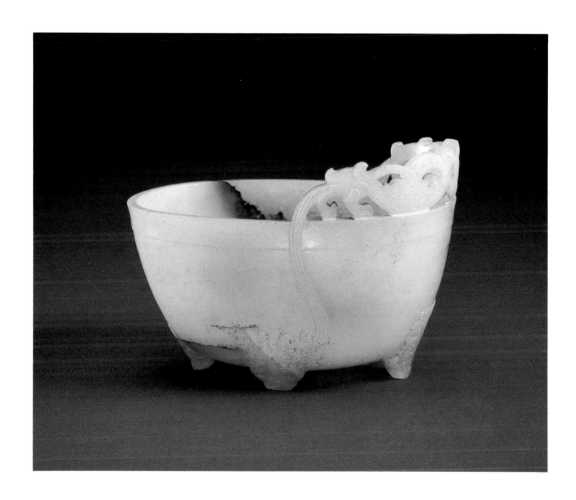

玉料青綠色，局部有深赭褐沁斑。器圓雕，外沿鏤雕三組昂首前視，髮髻後飄的螭紋，其中兩隻前爪趴在杯沿呈爬行狀，杯深腹中空，可貯存物品，底有三獸面紋足。

此式器皿，魏晉時期不多見，從造型到工藝均留有漢代遺風。